本书系国家社会科学基金项目"现代中国文化传播的类型、模式和机制研究"（项目编号：13BZW142）最终成果

本书为中共湖北省委宣传部与中南财经政法大学共建新闻学院项目成果

文澜学术文库

现代中国文化传播的类型、模式和机制研究

罗晓静 / 著

中国社会科学出版社

图书在版编目（CIP）数据

现代中国文化传播的类型、模式和机制研究 / 罗晓静著 . — 北京：
中国社会科学出版社，2023.6
ISBN 978-7-5227-2234-4

Ⅰ.①现⋯ Ⅱ.①罗⋯ Ⅲ.①文化传播－研究－中国 Ⅳ.① G12

中国国家版本馆 CIP 数据核字（2023）第 129101 号

出 版 人	赵剑英
责任编辑	张　潜
责任校对	马婷婷
责任印制	王　超

出　　版	中国社会科学出版社
社　　址	北京鼓楼西大街甲 158 号
邮　　编	100720
网　　址	http://www.csspw.cn
发 行 部	010-84083685
门 市 部	010-84029450
经　　销	新华书店及其他书店

印　　刷	北京明恒达印务有限公司
装　　订	廊坊市广阳区广增装订厂
版　　次	2023 年 6 月第 1 版
印　　次	2023 年 6 月第 1 次印刷

开　　本	710×1000　1/16
印　　张	16
字　　数	246 千字
定　　价	86.00 元

总　序

　　中南财经政法大学新闻与文化传播学院建院虽然只有十余年，但院内新闻系、中文系和艺术系所属学科专业都是学校前身中原大学1948年建校之初就开办的，后因院系调整中断，但从首任校长范文澜先生出版《文心雕龙讲疏》开始其学者生涯，到当代学者古远清教授影响遍及海内外的台港文学研究，本校人文学科的研究是薪火相传，积淀丰赡。

　　1997年，学校重新开办新闻学专业，创建新闻系，相关学科专业建设开始步入新的发展阶段。2004年，新闻与文化传播学院组建。近年来，在学校建设"高水平、有特色的人文社科类研究型大学"的发展目标的指引下，中文系和艺术系又相继在2007年和2008年成立，人文学科迅速得到恢复和发展。

　　为了检阅本院各学科研究工作的实绩，进一步推动研究的深入和学科的发展，我们将继续编辑出版本院教师系列学术论著"文澜学术文库"丛书。

　　丛书以"文澜"命名，一是表达我们对老校长范文澜先生的景仰和怀念，二是希望以范文澜先生的道德文章、治学精神为楷模以自律自勉。

　　范文澜先生曾在书斋悬挂一副对联："板凳要坐十年冷，文章不写一句空。"这种做学问的自律精神在今天更显得宝贵和具有现实意义。《文心雕龙讲疏》是范文澜先生而立之年根据在南开大学的讲稿整理完成的第一部学术著作，国学大师梁启超为之作序："展卷诵读，知其征证详核，考据精审，于训诂义理，皆多所发明，荟萃通人之说而折衷之，使义无不明，句无不达。是非特嘉惠于今世学子，而实大有勋劳于舍人也。"学术研究之意义与价值，贵在传承文明、承前启后、继往开来、推陈出新。范文澜先生之《文心雕龙讲疏》后又经多次修订，改名《文心雕龙注》以传世，作者有着严谨的学风、精益求精的精神，实为吾辈楷模。正因如此，其著作乃成为《文心雕龙》研究史上集旧注之大成、开新世纪之先河的里程碑式的巨著。

先贤已逝，风范长存。高山仰止，景行行止。虽不能至，然心向往之。

是为序。

胡德才

2015 年 7 月 6 日于武汉

目　　录

中 编
"组织化期刊"与文学体制化研究：以《文艺报》（1949—1966）为例

下 编
"网络文学＋"与新媒体文化研究：以阅文集团为例

绪　　论

　　"文化"，在最宽泛的意义上，与"自然"相对而言——一切非自然的东西、人为的东西，都可以视为是"文化"。广义的文化亦可划分为物质和精神两大范畴，即物质文化与精神文化。狭义的文化，则主要指精神文化。1871年英国文化学家泰勒在《原始文化》一书中提出，文化"是一个复杂的整体，它包括知识、信仰、艺术、道德、法律、习俗以及作为社会成员的人所具有的其他一切能力和习惯"①。这是关于狭义"文化"的早期经典表述。

　　至于"文化传播"，亦有狭义与广义之别：狭义的文化传播，亦称文化扩散，主要指人类文化由文化源地向外辐射传播或由一个社会群体向另一群体的散布过程；广义的文化传播，就是指"文化的"传播：它既包含了狭义文化传播的诸种含义，也泛指一切与文化之传播相关联的现象。

　　以上面的辨析为基础，这里所谓"现代中国文化传播"，主要是指发生在现代中国的、以精神文化为主要范畴的传播。

　　对于现代中国文化传播的研究，涉及诸多交叉学科和学术领域。本书主要聚焦于两大学科中的相关领域：一是中国现代文学研究，如文化文学运动、文化文学思潮、以及社团流派史研究领域；二是新闻与传播学研究，如出版史、媒介史，尤其是期刊史研究领域。

　　就中国现代文学史学科而言，新中国建国以来，国内机构、学者也专

---

① 〔英〕泰勒：《原始文化》，蔡江浓编译，浙江人民出版社1988年版，第1页。

门从文学期刊角度做了一些基础性工作，代表性成果有《中国现代文学期刊目录·初稿》（现代文学期刊联合调查小组编，1961）、《中国现代文学期刊目录汇编》（唐沅等编，1988）。近年来，随着中国现代文学学科观念、方法的更新和研究视域的扩大，不少学者把目光转向现代期刊与现代文学的关系研究，出现了一批有影响的论著，如《中国现代文学期刊史略》（黄志雄，1995）、《中国近现代文化期刊史》（周葱秀、涂明，1999）、《中国现代文学期刊史论》（刘增人等，2005）等。此外，亦出现一批较有分量的博士、硕士学位论文，其中包括对著名期刊的个案研究或区域性报刊史的研究。

就新闻与传播学学科而言，早在20世纪80年代初中期，国内相关机构或学者就在报刊出版史资料方面做了一些基础工作，如中国社会科学院近代史研究所丁守和主编的《辛亥革命时期期刊介绍》（1—8集，1982—1987）。近年来，随着新闻与传播学研究在我国高校和学界的迅速发展，出现了一些有影响的中国新闻史、报刊史研究的论著、教材，如《中国近代报刊史》（上、下，方汉奇主编，1981），《中国新闻传播史》（方汉奇主编，2002），《中国期刊发展史》（宋应离主编，2000）等。此外，新闻与传播学专业的研究生也撰写了一些具有较高质量的相关论文。从通史性的新闻传播史，到专题性的报刊史乃至期刊史，是该研究领域近年来的一个趋势。

然而，无论上述哪一个学科，在研究对象、方法和思路上都存在明显的局限或不足。这主要表现在以下几个方面：首先，在中国现代文学史研究领域，大多数研究或者仅限于期刊个案和文学现象个案的结合，或者止步于期刊和文学一般关系的综合描述，而少有从"文化传播"自觉意识和观念出发，对广义的"文化媒介"，尤其是基于这些媒介的"文化传播"的类型、模式和机制进行系统而专门的研究。其次，在新闻与传播学研究领域，一般研究者受"新闻学"或"新闻学史"传统的影响，其研究目光往往聚焦于新闻性强的媒介，而对在文化传播上具有广泛影响的综合性媒介关注较少。此外，其研究的重心往往偏重于"新闻性传播"而非"文化、文学性传播"现象。更重要的是，虽然目前这两大学科在交叉和综合研究方面有所进展，但在理论、方法、对象和重点等方面，仍然存在各行其道、各有偏重的局限。因此，将传播学与文学、文化学融会贯通，在多元视角中还原或阐释历史，在交叉和综合中寻找新的学术生长点，仍然需要更多的学术探索和努力。

因此，本书的着眼点、学术意义在于：在文化学与传播学的交叉、综合视域中，以现代中国印刷媒介、电子媒介乃至新媒体的发生发展为基本背景，以各个时期具有代表性、典型性的媒介或传播事件为切入点和例证，一方面着重考察现代中国文化传播的类型、模式和机制，另一方面深入探讨与此相关的现代中国文化与现代中国媒介之间的互动关系及其规律。笔者期望这种研究不仅可以弥补以往"文化传播"研究之不足，亦可为现代中国文化的生产模式、发生机制，包括现代文化与现代媒介、现代传播之间的关系研究，寻找一种新的观照方式。

本书提炼和选取了"同人期刊""组织化期刊"和"网络文学＋"三种主要的文化传播类型，运用传播学与文化学融会贯通、媒介史与文化史相结合的方法，在交叉和综合视野中揭示现代中国文化传播的主要类型、基本模式和运行机制。

第一，以《新月》月刊为例，从"同人期刊"乃至"同人文学""同人文化"角度，阐释现代中国文化生态的变异以及现代文学社团流派发生的规律和特点。

主要思路和内容包括：其一，采取现象和逻辑相结合的方法，结合现代中国"同人期刊"以及《新月》杂志的实际存在形态和相关传播学理论，对"同人期刊"的内涵和外延予以较为科学的界定，对"同人期刊"的历史形态、阶段性演化进行分类与梳理。其二，以《新月》月刊的演化过程与整体面貌研究为前提和基础，进一步从理论上总结概括《新月》月刊乃至"同人期刊"的媒介体制、运作机制与传播方式。

"同人期刊"是现代中国文化、文学史，尤其是社团流派史上一个十分突出的现象。对现代中国"同人期刊"历史发生的研究，既涉及当时社会、文化、媒介、法律等基本面的变化，也涉及现代"同人"的出场——即现代知识分子由个体而至群体的一种"亚组织"或"结盟"现象。"五四"前后一大批"同人期刊"的出现——从《新青年》《少年中国》《创造》到《新月》等，即是这一现象在媒介乃至传播方式上的体现。就《新月》月刊而言，一方面，它是现代中国自由主义知识分子"亚组织"或"结盟"现象的产物；另一方面，它又在后期新月派的演化发展中扮演了十分重要的角色。《新月》月刊以其时间跨度长、独具特色和影响广泛而尤具有典型性和代表性。

以《新月》月刊为典型代表的"同人期刊"可谓之为"同人媒介"——一种与高度组织化、企业化媒介相对而言的，具有自主、自治和民间色彩的"群体性媒介"。在资本、体制和管理上，它们或以集资或集股方式独立经营，或依托民间资本、机构而相对独立运作；在媒介组织、媒介事务上，它们或自由组合、集体协商，或合同管理、分工负责；在办刊宗旨、编辑方针上，它们多强调社团目标和群体追求，而不以政党原则或企业利益取舍等；在传播者的身份、意识上，编辑主体和创作主体之间有着高度的统一性，而且表现出浓厚的精英意识；在受众的定位、构成上，它们持非读者主导的态度，且往往对受众做出类别化和次群体化的选择。

在《新月》月刊和"新月派"的活动中，可以看到"同人期刊"这种独特的文化、文学生产方式的一些基本特点。"个人"因志同道合而结为"同人"；"同人"导致了"同人期刊"产生，并因之"出场"为有着自己声音和标识的文化文学群体、社团或流派。"同人"在与"媒介"的结合中，经由"同人媒介""同人传播"而产生了形态各异的"同人文学"乃至"同人文化"。从这种意义上讲，"新月派"，作为一种文化文学派别，其传播学、文化学的本质，是一种"同人文学"乃至"同人文化"现象。这种独特的文学生产方式乃至结果又直接参与了现代中国文化生态的建构：个人表达、群体价值、公共空间乃至主流意识形态之间构成了错综复杂的互动。正是在这样的互动中，现代中国"同人期刊"体现着自己独特的媒介功用与传播价值。

第二，以《文艺报》（1949—1966）为例，考察现代中国"组织化期刊"在媒介机构与传播机制上的特点，及其与"政治—经济—文化"一体化的文学体制形成的关系。

主要思路和内容包括：其一，以《文艺报》(1949—1966)为主要研究对象，结合其他"组织化期刊"现象，从理论上总结概括"组织化媒介"和"组织文化传播"的基本要素、结构或模式；其二，通过对《文艺报》(1949—1966)的办刊体制、传播主体和目标受众的考察，进一步阐述"组织化期刊"在媒介机构、传播机制诸方面的特点。

新中国成立到"文革"前的十七年中，文艺界的格局经历了巨大变革。对于初生的中华人民共和国来说，稳固政权和改造国家需要将整个文艺界纳入自身的叙事体系中，这一过程实际上是建立组织文化、统一意识形态、构建符号体系，最终形成共识的组织传播行为。这时，能够持续发行的文化媒介的重要性就凸现了出来，这样的媒介承担着创建组织文化的任务，其表现形态就是"组织化期刊"。因此，"组织化期刊"是1949–1966年前后文化乃至学术生态环境高度组织化、全面体制化的产物。

以《文艺报》(1949—1966)为代表的"组织化期刊"，是展现组织的意识形态、规范组织的成员、构建共同故事讲述系统的文化载体。"组织化期刊"在媒介性质与传播方式上的特点主要体现为：一是在办刊体制上主要依托国家资本和国家机构，这就注定了"组织化期刊"必须受制于党和政府；二是传播者具有浓厚的官方色彩和政治导向性，依据形势和党的相关政策进行文艺内容生产和传播；三是受众高度的目标性和从属状态，从而有益于意识形态的传播和媒介自身的发展等。故而，"组织化期刊"具有浓厚的"组织文化传播"性质——政党、政府、文化组织对媒介的直接控制，以及大众传播中的"组织指向性"。

文学体制包括文学的生产与创造和文学的传播与消费，从根本上说就是对文学的组织和管理问题。在党指导文艺工作的管理思想下，新中国成立之后通过对私营出版业的整顿和公私合营出版业的改造，把文艺作品的出版发行纳入国家管理之中。自此以后，文艺刊物成为党的宣传工作的一部分。"十七年"期间，《文艺报》与《人民日报》等当时影响力较大的"组织化期刊"共同记录了政治和文艺一体化的形成历史。究其原因，一方面是源于抗日战争时期在根据地延安旧有的办报经验，另一方面也是由于当时复杂的国内政治、经济和文化环境。在"组织化期刊"的管理过程中,《文艺报》紧跟党的政治政策对于文艺界的指示,在学习苏联文艺界、推动"双百"方针与反"右派"斗争上努力贯彻党和政府的意志,不断宣传马克思主义文艺理论和中国共产党的文艺政策,目的在于建立工农兵文艺、无产阶级文艺,从而取代旧的封建阶级文学、资产阶级文艺。《文艺报》(1949—1966)是当代文学体制内的产物,一方面作为文学期刊记录了当代文学体制形成的历史,一方面又作为组织化的传播媒介反作用于当代文学体制的重建。

第三,以"阅文集团"为例,从网络文学蓬勃发展带来的全版权运营模式的角度,考察新媒体时代以商业化为主导的泛娱乐文化文学生态。

主要思路和内容包括:其一,运用传播学和文化学相结合的方法,以当下具有代表性的新媒体文化形式即"网络文学 +"为考察对象,梳理总结其生成、发展的历程和特点;其二,以"阅文集团"的发展历史和现有格局为主要研究对象,从"网络文学 +"蓬勃发展带来的全版权运营模式的角度,分析概括新媒体文化的生产体制和传播方式。

近年来网络文学蓬勃发展带来的全版权运营模式,具备将文学与影视、游戏、动漫、音乐以及舞台艺术等相关领域融合起来的先天优势,因此"网络文学 +"在新媒体文化的生产和传播中具有典型意义。"网络文学 +"可以看作是一种商业模式,一种互联网观念,它是网络文学与其他行业融合发展的一种业态。"+"可以理解为整合、重组、重构,可与形态、内容、技术、产品、服务、渠道、产业、生态等相对应。在三大互联网公司 BAT 涌入网络文学市场的今天,形成了百度文学、阿里文学、阅文集团等群雄割据的局面,资本、文化、技术三者共舞。文化企业以网络文学为本,以文字内容生产为核心,依托互联网的技术平台支撑,开展以"+ 出版""+影视""+ 动漫""+ 游戏"等的全版权运营机制。

阅文集团是中国网络文学、数字出版史上迄今为止规模最大、实力最强的一家运营主体。作为正版数字阅读平台和文学 IP 培育平台,一方面要获得商业价值,另一方面又要满足读者的多样化需要,因此它在实践中探索出一套较为良性的文学生产和传播机制:一是作者和阅读平台同时作为传播主体，形成共赢互生的关系；二是受众具有选择权和自主权，甚至可以积极参与到作者的创作中去并影响其创作；三是全方位和多形式的内容运营，为不同媒介生产不同的媒介内容；四是全媒体和立体化的渠道运营，提高内容产品的使用效率；五是统筹产业链上中下游企业，形成 IP 经营的"全产业链"运作。由此可见，尽管"新媒体"形态、形式多样，且仍处于迅猛的发展之中，但其在媒介的"可接近性""开放性""互动性"乃至"自主性""小众性"诸方面，有着传统媒介难以企及的优势。

"新媒体"独特的媒介特性和传播方式，不仅对当下的文化生产、文学生态产生了极大的影响，而且正改变着我们的生活方式、思维方式，包括文化和社会的存在乃至呈现方式。新媒体环境下，粉丝经济成为文化产业市场上举足轻重的力量，以内容为核心的传统娱乐正在向以粉丝为核心的新型娱乐转变。随着泛娱乐产业的不断发展，以 IP 为核心的网络文学、动漫、影视、游戏和音乐等多产业联动的泛娱乐生态体系成型，网络文学的商业化特征日益明显且逐渐增强。从写作到阅读、从创作到传播，网络文学逐步建立起工业化运作的体系，形成一种倚重商业、强化产业的文化文学生态。

本书的研究中，始终注意贯彻传播学与文化学融会贯通、媒介史与文化史相结合的方法，在交叉和综合视野中揭示现代中国文化传播的主要类型、基本模式和运行机制。笔者预期由此得出的主要观念和结论，将有助于从传播学的角度厘清现代中国文化传播的历史脉络，尤其是文化传播的类型、模式和机制；又有助于从文化学的维度阐释现代中国文化与媒介之间的互动关系及其规律。

上 编

"同人期刊"与社团流派关系研究：
以《新月》为例

第一章 "同人期刊"的历史发生与《新月》月刊的整体面貌

现代意义上的"同人"一词来自日语，本义指同好，即有着相同志向的人，后衍生为"共同从事私人出版创作（的伙伴）"。日文也以"同人志"指称"一群同好走在一起，所共同创作出版的书籍、刊物"。日本文学界有记载最早的同人志，应该是 19 世纪末作家尾崎红叶及他所属的"砚友社"的友人们共同发行的《我乐多文库》。"五四"前后，随着现代中国留学运动和文化文学运动的结合，中日、中西文化交流的扩大，"同人"乃至"同人刊物"语汇、概念和观念遂为新文化、文学界所接受和传播；而"同人期刊"则一度成为现代中国文化文学生产与传播实践中一种非常普遍的形式和方式。其情形正如《现代》杂志主编施蛰存所说："'五四'运动以后，所有的新文化阵营刊物，差不多都是同人杂志。以几个人为中心，号召一些志同道合的合作者，组织一个学会，或社，办一个杂志。每一个杂志所表现的政治倾向，文艺观点，大概都是统一的。当这一群人的思想观点发生了分歧之后，这个杂志就办不下去。"[1] 因此，"同人期刊"是现代中国文化、文学史，尤其是社团流派史上一个十分突出的现象。

对现代中国"同人期刊"历史发生的研究，既涉及当时社会、文化、媒介、法律等基本面的变化，也涉及现代"同人"的出场——即现代知识分子由个体而至群体的一种"亚组织"或"结盟"现象。"五四"前后一

---

[1] 施蛰存：《〈现代〉杂忆（一）》，《新文学史料》1981 年第 1 期。

大批"同人期刊"的出现——从《新青年》《少年中国》《创造》到《新月》等，即是这一现象在媒介乃至传播方式上的体现。就《新月》月刊而言，一方面，它是现代中国自由主义知识分子"亚组织"或"结盟"现象的产物；另一方面，它又在后期新月派的演化发展中扮演了十分重要的角色。《新月》月刊以其时间跨度长、独具特色和影响广泛而尤具有典型性和代表性。

第一节 "同人期刊"的理论阐释

"同人期刊"作为现代中国文化文学史上的突出现象，尽管已经得到了学术界的广泛认同，但对"同人期刊"做出理论的界定和阐释并不是一件容易的事情。大量相关的研究著作或论文中，"同人期刊"被当作一个不言自明的概念。就笔者所见到的关于"同人期刊"的定义，除上述施蛰存对"同人杂志"的描述成为经典并被相关研究者反复引用外，还有如下几种：

郭沫若提到："同人杂志的刊行，国内近来似乎渐渐发达了。这确是个可以庆祝的倾向。……《青年文艺》的内容一定可以使我满足无疑，我这是据同人杂志的性质上来下的断案。文艺是迫于内心的要求之所表现，同人杂志正是应乎这种要求的表现机关，所以它的内容当然和坊间专以推广销路为目的的刊行物不可同日而语了。"[①]郭沫若主要强调"同人杂志"是应文艺表达内心的要求而产生，不以销售广泛为目的。

编辑赵家璧曾回忆三四十年代集中于上海，散见于北平、天津、武汉和广州等地的文学期刊盛况，认为当时各种书店出版的可以说都是同人刊物，文坛上理论问题的重大论争都是以自己的刊物为战场。他总结刊物的产生有几种形态：一种是"几位作家意气相投，政治和文艺观点相同或相似，就结合起来找个出版商编个期刊"，一种是"出版商想出版一种文学期刊以资号召而去找一位或几位著名作家来担任编辑"，更多的是"自

---

① 郭沫若：《批判〈意门湖〉译本及其他》，《创造季刊》第 1 卷第 2 期（1922 年 8 月）。

己几个人凑钱办；或找个不懂文艺的经商的亲戚朋友当后台老板"。"期刊的编辑或核心作家，都有他所熟悉的有联系的作家，这些作家当然都是志同道合的居多；但也有许多例外，为了个人交情，为了敷衍某一方面的关系，也有有权势者所介绍的。"他特别指出："有的看来是个同人刊物，作者各有见地，却是个松散的集合体，情况复杂。所以文学研究者如果以我们今天的目光，简单地凭人划线，对某些现象就不易理解，势必需要另找答案。"① 由此可见，对"同人刊物"性质的判断颇有难度。

陈平原认为清末民初的报刊大致形成了"商业报刊、机关刊物、同人杂志三足鼎立的局面"：商业报刊以《申报》《东方杂志》为代表，注重商业利益，立论力求"平正通达"；代表学会、团体或政党立场的《新民丛报》《民报》等，观点鲜明，但容易陷于"党同伐异"；至于同人杂志，"既追求趣味相投，又不愿结党营私，好处是目光远大，胸襟开阔，但有一致命弱点，那便是缺乏稳定的财政支持，且作者圈子太小，稍有变故，当即'人亡政息'"。他谈到陈独秀心目中的理想杂志须具备两大特征：一是"有一种主张不得不发表"，一是"有一定的个人或团体负责任"②，前者凸显同人杂志的精神，后者指向同人杂志的形式。

刘增人的《中国现代文学期刊史论》将现代文学期刊的办刊模式划分为三种，分别是党派性期刊、商业性期刊与文人性期刊。刘增人所说的文人性期刊包括了"同人刊物"和"非同人刊物"，他在比较鲁迅和茅盾所办刊物时提到，鲁迅系列文学期刊一般为同人刊物，其初衷"就是为了摆脱商人的制约，但刊物的生存时间一般较为短暂"；茅盾系列文学期刊"一般都依托某一强大的出版集团，存在时间久长，影响自然也较大"③，但会受到出版商人的制约。这里特别强调资本独立对"同人刊物"的决定性作用。他概括了鲁迅所谓的"编辑要独裁"的编辑立场④：其一，"必须贯

---

① 赵家璧：《现代文学期刊漫话·序》，应国靖著《现代文学期刊漫话》，花城出版社1986年版，第1—2页。

② 陈平原：《思想史视野中的文学——〈新青年〉研究（上）》，《中国现代文学研究丛刊》2002年第3期。

③ 刘增人等纂著：《中国现代文学期刊史论》（上册），新华出版社2005年版，第50页。

④ 刘增人等纂著：《中国现代文学期刊史论》（上册），新华出版社2005年版，第36—40页。

彻自己的主张";其二,"尊重读者,而决不俯就读者";其三,"团结作者,而不迁就作者";其四,"注重与书店即出版商的合作,而决不忍气吞声无原则地接受他们的辖制";其五,"对于政府的禁删、扼杀政策,决不妥协,决不屈服,一息尚存,反抗到底"。鲁迅的这种编辑立场代表了当时很多同人办刊物的态度。

崔波在《清末民初媒介空间的演化论》一书的第五章专门论述"媒介的在地化——同人报刊":"所谓同人报刊,就是指从筹建、创刊、撰稿,到确定编辑策略和用稿方针等诸多方面,基本上是由一个相对固定的团体来完成的。按照通行的规则,刊物的编辑对于同人的稿件没有选择的权利,一般要求来稿必登。因此,这个团体大部分人的兴趣和意志,也就决定了刊物的性质和归属。这部分刊物对于自身观点的纯粹性较为看重,力图将其经营成独领风骚的'自己的园地'。"① 这应该是对"同人报刊"比较全面的界定。

张新民在《期刊类型与中国现代文学生产(1917—1937)》一书中区分了"社团期刊"与"同人期刊",他以"是否有结社的愿望及其为之进行的期刊运作"② 作为两者之间重要的区别。"社团期刊"被界定为"团体主导的文学生产",以文学研究会和创造社的系列期刊为例;"同人期刊"则界定为"编辑主导的文学生产",以《语丝》、徐志摩编辑的文学期刊、"京派"文学期刊和《文学杂志》(朱光潜创办)为例。但正如作者自己所说,"社团期刊"与"同人期刊"之间的界限模糊,界定起来是极为困难、极为复杂的事情。

从以上论述可以看出:就能指来说,"同人杂志""同人刊物""同人报刊""同人期刊"等多种提法共存。就所指来说,情况则更为复杂。

首先,同一本刊物,究竟是不是"同人期刊",有的需要作出历时的观察和判断,有的则很难得出统一的结论。

以《新青年》为例,研究者普遍注意到了它的转变过程。戈公振写于

---

① 崔波:《清末民初媒介空间演化论》,北京大学出版社 2012 年版,第 135–136 页。

② 张新民:《期刊类型与中国现代文学生产(1917—1937)》,中国社会科学出版社 2014 年版,第 101 页。

1926年、出版于1927年的《中国报学史》中介绍《新青年》:"于民国四年九月发刊于上海,为陈独秀所编辑,每月一册。初提倡文学革命,后则转入共产。"[①]这里提到的是刊物内容和倾向的变化,实际上已经暗含了办刊模式的转变。王晓明在《一份杂志和一个"社团"——重评五四文学传统》中明确指出:"在最初的两三年里,陈独秀一直是《新青年》的负责编辑,……1918年1月,《新青年》成立编辑委员会,形成了同人共同主持的局面。……到了1919年秋天,《新青年》同人的分歧日益扩大,编辑委员会实际解散,剩下陈独秀一个人主持编务,……不断染浓杂志的政治色彩,还将它移到上海出版,最后办成为一个完全政治性的刊物。"[②]他梳理了《新青年》从陈独秀独立办刊,到改为同人刊物,最后转为机关刊物的历史过程。陈平原在长文《思想史视野中的文学——〈新青年〉研究》中主张:"1923年至1926年间出现的季刊或不定期出版物《新青年》,乃中共中央的理论刊物,不再是新文化人的同人杂志。故谈论作为五四新文化'经典文献'的《新青年》,我主张仅限于前9卷。"[③]这是更为粗线条的一种处理方式。

《新青年》从1918年1月(即第四卷)开始的"同人期刊"定位,在研究者那里基本达成共识。其重要根据在于,《新青年》第四卷第三号登载编辑部启事称:"本志自第四卷一号起,投稿章程,业已取消。所有撰译,悉由编辑部同人,公同担任,不另购稿。"[④]此时,《新青年》成立了编辑委员会,采取集议制度,每出一期开一次编辑会,共同商定下期稿件,第五卷起编辑部则采取轮流编辑方法。但在此之前,它能否被纳入"同人期刊"的范畴,学界看法并不一致。如王晓明将1918年1月之前的《新青年》主要看作陈独秀的个人刊物。陈平原则认为:"陈独秀之创办《新青年》,虽然背靠群益书社,有一定的财政支持,但走的是同人杂志的路

---

① 戈公振:《中国报学史》,生活·读书·新知三联书店1955年版,第192页。

② 王晓明:《一份杂志和一个"社团"——重评五四文学传统》,《批评空间的开创:二十世纪中国文学研究》,东方出版中心1998年版,第189—190页。

③ 陈平原:《思想史视野中的文学——〈新青年〉研究(上)》,《中国现代文学研究丛刊》2002年第3期。

④ 《本志编辑部启事》,《新青年》第4卷第3号(1918年3月)。

子，主要以文化理想而非丰厚稿酬来聚集作者"，虽然《新青年》乃陈独秀独力创办的杂志，第2、3卷的封面甚至标明'陈独秀先生主撰'；但《新青年》从来不是个人刊物，始终依赖众多同道的支持"，因为"到第2卷结束时，日后名扬四海的《新青年》，其作者队伍已基本成型"①。陈万雄在《五四新文化的源流》一书中通过对《新青年》作者背景的疏解，指出《青年杂志》的初办是以陈独秀为首的皖籍知识分子为主的同人杂志"，"从第二卷起，《新青年》已突破了皖籍作者为主的局面，作者群大为扩大。虽则如此，以迄于第二卷结束，该志'圈子杂志'的色彩仍旧浓厚，因该卷作者与主编陈独秀大都是熟稔和有一定交谊的朋友"②。至于1920年下半年以后的《新青年》如何定位，王晓明和陈平原的观点显然也是有差异的。王晓明认为："从1920年下半年起，《新青年》逐渐成为中国共产党上海小组的机关刊物。"③但在陈平原的研究视野里，1920年下半年到1923年的《新青年》，仍可以被当作"同人期刊"来对待。

再如《现代》杂志。其《创刊宣言》开宗明义地说："本志是普通的文学杂志，由上海现代书局请人负责编辑，故不是狭义的同人杂志。"④主编施蛰存在1980年所写的《〈现代〉杂忆》里，再次强调了不办同人杂志的初衷和贯彻情况："我和现代书局的关系，是雇佣关系。他们要办一个文艺刊物，动机完全是起于商业观点。但望有一个能持久的刊物，每月出版，使门市维持热闹，连带地可以多销些其他出版物。我主编的《现代》，如果不能满足他们的愿望，他们可以把我辞退，另外请人主编。在这样的情况之下，我的《现代》绝不可能办成一个有共同倾向性的同人杂志。因此，我在《创刊宣言》中强调说明了这一点。我主编的各期刊物的内容，也充分贯彻了这个精神。"施蛰存的宣言和态度，显然并没有被所有人接受，对于《现代》的办刊模式早就众说纷纭。《现代》杂志同时期

---

① 陈平原：《思想史视野中的文学——〈新青年〉研究（上）》，《中国现代文学研究丛刊》2002年第3期。

② 陈万雄：《五四新文化的源流》，生活·读书·新知三联书店1997年版，第1页。

③ 王晓明：《一份杂志和一个"社团"——重评五四文学传统》，《批评空间的开创：二十世纪中国文学研究》，东方出版中心1998年版，第190页。

④ 《创刊宣言》，《现代》创刊号（1932年5月）。

的读者"许多人看惯了同人杂志，似乎不能理解文艺刊物可以是一个综合性的、百家争鸣的万华镜"，对于《现代》"总爱用同人杂志的尺度来衡量"①。当下的研究者，有人以毫无疑义的态度将《现代》杂志列入"同人期刊"的目录中；有人注意到了主张和现实之间的悖论，通过对该杂志作者群构成特点的分析，得出"这些人是《现代》的'同人'，正是这些同人，使《现代》成了一本不是同人杂志的同人杂志，而这些人，也就成了不是同人的同人"②的结论；有人考察三十年代杂志面对的生存竞争问题，指出"许多文学杂志主办者争取读者的考虑往往超越了他们对同人性质的追求"，如施蛰存、杜衡、戴望舒等人创办《现代》杂志就"并未向'同人杂志'的方向发展"③。这就意味着，主编施蛰存否定《现代》杂志的同人性质，读者期待则与之相反，研究者和研究者之间对刊物性质的认识又是有分歧的。

第二个难点在于，每一个"同人期刊"在媒介构成和机制上既有同一性，也有其差异性。因此，任何类型化、总论式的概括都不可能适用于所有的这一类刊物。

以资本和管理为例，"同人期刊"获得独立性的前提和保障，便是资金的独立。因此，大多数"同人期刊"以在同人群体中集资或集股的方式独立经营。然而，例外的状况总是存在。如《新潮》杂志，它被归入"同人期刊"的范畴基本没有分歧意见。1919年1月《新潮》创刊号上登载的《新潮发刊旨趣书》中开篇就写道："新潮者，北京大学学生集合同好，撰辑之月刊杂志也。"④《新潮》的编者和作者具有一体性，新潮社员之间兴趣爱好相同或相似，刊物风格稳定等，都显示刊物的同人性质。值得注意的是，《新潮》杂志资金上尽管是独立的，但办刊经费由北京大学校方资助，其资金来源直接相关于《新潮》创办者为北大学生这一特殊性。同样依靠

---

① 施蛰存：《〈现代〉杂忆（一）》，《新文学史料》1981年第1期。

② 张永胜：《试论〈现代〉杂志作者群的构成特点》，《上海交通大学学报》（哲学社会科学版）2002年第4期。

③ 朱晓进：《论三十年代文学杂志》，《南京师大学报》（社会科学版）1999年第3期。

④ 《新潮发刊旨趣书》，《新潮》第1卷第1号（1919年1月）。

外来资金的《创造》季刊，又与之形成差异，它依托民间资本试图相对独立运作。一群无钱无势的热血青年人，创办纯文学团体和纯文学期刊的构想，如果不是泰东图书局帮助解决出版和发行问题，他们的理想和抱负或许不可能那么快实现。但泰东催生了1922年3月15日出版的《创造》季刊，也最终结束了它较为短暂的命运。郭沫若等人之所以愿意与泰东合作，是看中了彼此之间达成的较为松散的雇佣关系。正如创造社同人描述所说，创造社没有一个人靠泰东书局生活，因而也不受书局的拘束，写作态度比较自由，言论的胆量也大。泰东既然为《创造》季刊提供了经济上的支持，因为政治观念的差异与分歧也不可避免会造成经济上的冲突和压迫。郭沫若回忆说："这些饭和这些钱是主人的恩惠，我们受着他的买活，便不能不尽我们奴隶的劳力。"[①] 这种尖锐的经济利益冲突，只能以结束合作关系的方式来解决。其后，郭沫若显然吸取了这个教训。1925年5月12日出版的《晨报副刊》上刊登了一篇题为《关于创造周报的消息》的文章，也是郭沫若写给"LT"的公开信，其中说到将周报和季刊合并成月刊出版的想法，资金上由自己募股来举办。所以，有商业背景的刊物未必不是"同人期刊"，如上文所说就连施蛰存有意强调《现代》杂志的商业背景，但读者和研究者还是会将之看作"同人期刊"；但商业资本的确会在一定程度上限制"同人期刊"的自由发展和存在周期。当然，靠集资或集股运作的"同人期刊"，又往往因为资金不充足摆脱不了持续时间短暂的宿命。

在编辑方针和作者队伍方面，"同人期刊"的差异性也显而易见。如上文所提到的《创造》季刊，是一个公认的同人社团的"同人期刊"，主要由郭沫若、郁达夫和成仿吾轮流编辑而成。其同人圈子比较确定，包括田汉、成仿吾、郁达夫、郭沫若、张资平、郑伯奇和穆天木等。但是《创造》季刊的作者有23位并非创造社成员，诸如黄业初、袁家骅、方光焘、谢康、闻一多、梁实秋、张定璜、张友鸾、黄慎之、冯至、徐志摩、刘梦苇、王环心、王珏、楼建南、顾庆、施若皇、叶宗泰、朱公垂、赵邦杰、

---

① 郭沫若：《创造十年》，《郭沫若全集·文学编》（第12卷），人民文学出版社1992年版，第151页。

冷玲女士、淦女士、王怡庵，其数量占到季刊作者总数的一半之多。由此可见，不同于《新青年》从第四卷起"所有撰译，悉由编辑部同人，公司担任，不另购稿"，《创造》季刊不仅仅局限在一个小圈子内供同人之间互相唱和，而是有着相当程度的开放性[①]。

尽管如此，我们仍需要对"同人期刊"的内涵和外延予以较为科学的界定，从而厘清其构成要素和基本性质。笔者在此持较为宽泛的看法："同人期刊"可谓之为"同人媒介"——一种与高度组织化、企业化媒介相对而言的，具有自主、自治和民间色彩的"群体性媒介"。在资本、体制和管理上，它们或以集资或集股方式独立经营，或依托民间资本、机构而相对独立运作；在媒介组织、媒介事务上，它们或自由组合、集体协商，或合同管理、分工负责；在办刊宗旨、编辑方针上，它们多强调社团目标和群体追求，而不以政党原则或企业利益取舍等；在传播者的身份、意识上，编辑主体和创作主体之间有着高度的统一性，而且表现出浓厚的精英意识；在受众的定位、构成上，它们持非读者主导的态度，且往往对受众做出类别化和次群体化的选择。

第二节　"同人期刊"的历史发生与阶段性特征

现代中国"同人期刊"的历史发生，从大的背景而言，可以追溯到近代以来中国社会、文化的转型以及现代印刷媒介的兴起。从直接的条件和成因来看，相关于清末民初社会文化控制的松动，尤其是新兴知识分子阶层和群体的产生。

以系统论的角度观之，鸦片战争之前的古代中国具有"封闭系统"的诸多特征：它的基本因子和结构关系相对稳定，且与外在环境长期维持一种较低水平的而且往往是"否定性"的交换关系。即或某些社会因子发生变化，但由于该系统内部的作用机制，"不是使新因素逐步建立新的协调关系，而是以周期性的大震荡的方式消除对原有状态的不适应因素，整个

---

① 张勇：《1921—1925：中国文学档案——"五四"传媒语境中的前期创造社期刊研究》，山东人民出版社 2012 年版，第 5-6 页。

系统回到原有的适应态"①。从这种意义上讲，中国封建社会有着巨大的保守性和停滞性，也具有超强的吸纳和调节能力，由此形成了一个所谓的"超稳定结构"。但是，这一"封闭系统"及其"超稳定结构"在西方列强的隆隆炮声中开始动摇、解体，被迫与外界环境交流，并由之发生变异和重构。

从 1840 年的鸦片战争开始，中国经历了一场史无前例的崩溃和衰落过程。灾难接踵而至，一次比一次厉害，中国进入一个前所未有的大变局时代。几乎所有的先进知识分子都强烈感觉到时势的变化，对中国处于"变局"的发现，在这一时期成为知识分子的共识。一个最直接然而也最具有积极意义的后果是："传统中国的自我形象——即它以中国为中心看待世界的观念——的破灭；这一破灭与那些灾难相比，虽然几乎是看不见摸不着的，但却有着更加深远的影响。"②"传统中国的自我形象"的破灭，即"天朝中心观"的破灭，这绝不是一个单纯的事件。一切社会秩序，包括政治制度、社会礼俗、道德规范、价值观念等，均已显得百孔千疮、难以为继。以"变"为前提，中国人开始认认真真地睁眼看世界，对外来文化尤其是西方文化由被动接受转向主动寻求，并开始了早期现代化的要求和尝试。

这场中国社会、文化的现代转型，与现代印刷媒介的兴起和发展，有着相互相生的关系。报刊作为一种全新的传播媒介，晚清时期首先由传教士引入我国，迅速成为文化传播的有力工具，改变了文学的生产方式和社会整体的文化生态。正如戈公振在《中国报学史》一书中所说："一国学术之盛衰，可于其杂志之多寡而知之。"从晚清到民国时期，出版事业日盛，杂志风起云涌，所讨论范围逐步涉及国家政治、家族制度、婚姻、迷信等根本问题。"举数千百年来积习而推翻之，诚我国思想界之一大变迁也。世界新潮，澎湃东来，虽有大力，莫之能御，然一方面杂志之大声疾

---

① 金观涛、刘青峰：《兴盛与危机——论中国封建社会的超稳定结构》，湖南人民出版社 1984 年版，第 196 页。

② ［美］费正清编：《剑桥中国晚清史（1800—1911）》（上卷），中国社会科学出版社 1993 年版，第 4 页。

呼，使酣睡者霍然醒觉，其影响亦非浅鲜，盖可断言。"① 媒介在社会、文化变革中的力量的确不容小觑。

作为新的表达和传播渠道，现代报刊与传统书籍相比，最重要的特征就是能够进行群体表达。正如麦克卢汉所说："书籍是一种个人的自白形式（private confessional form），它给人以'观点'。报纸是一种群体的自白形式（group confessional form），它提供群体参与的机会。"② 从魏源开始，报刊已经被视为允许百姓参与的带有公共色彩的意见交换系统，"刊印逐日新闻纸，以论国政，如各官宪政事有失，许百姓议"③。由于其媒体属性，报刊上的言论逐渐转向社会并诉诸大众。这种"面向不特定人群且带有平等色彩的大型意见表达和交换系统"，它"既带有西式现代出版的形式，又隐含着本土古典政治上下沟通的理想"④，从而迅速吸引了中国知识精英的进入。

中国的知识精英在报纸杂志出现后，很快认识到它们的重要性并投入到新兴的宣传事业中。少数有识之士，以主动的姿态倡导和推进了从经世致用、戊戌维新到五四新文化运动等一系列近现代中国的思想、文化、文学变革；另有一些受新思潮影响的旧式文人、士人，亦在不同方面或程度上认可、拥护了这一系列变革。尤其是戊戌维新之后，这些人居于主流政治话语中心之外，只能通过报刊的公共书写和传播方式来表达政治理想并最终实现其政治抱负，所谓"在野之有识者，知政治之有待改革，而又无柄可操，则不得不藉报纸以发抒其意见，亦势也"⑤。与此同时，随着早期现代化进程的加速，以现代工商经济为基础的市民社会和市民阶层迅速崛起。一般市民受教育的程度，包括阅读能力逐渐提高，媒介产品的丰富性和可接近性的增加，遂使得新的文化、文学思想影响日益广泛。

---

① 戈公振：《中国报学史》，生活·读书·新知三联书店1955年版，第185页。
② ［加］马歇尔·麦克卢汉：《理解媒介——论人的延伸》（增订评注本），何道宽译，译林出版社2011年版，第234页。
③ 魏源：《英吉利国广述上》，《海国图志》（卷五十一），岳麓书社1998年版，第1421页。
④ 李礼：《转向大众：晚清报人的兴起与转变（1872—1912）》，北京师范大学出版社2017年版，第22页。
⑤ 戈公振：《中国报学史》，生活·读书·新知三联书店1955年版，第176-177页。

报刊作为一种公开的民间表达而非体制内议论，其兴起离不开合法地位的获取和活动空间的扩展。新式报刊的正当性很大程度上是官方自身开启的，1908 年颁布的《钦定宪法大纲》是中国第一次在法律文件中承认言论出版自由权，且以根本法的形式确定"臣民于法律范围以内，所有言论、著作、出版及集会、结社等事，均准其自由"①。此后一段时间，国家处于改朝换代之际，社会呈现蓬勃的新气象，文化领域随时随地萌生新思潮，报刊杂志如雨后春笋般纷纷出版。因为此时"举办一种刊物，非常容易，一、不须登记。二、纸张印刷价廉。三、邮递利便，全国畅通。四、征稿不难，报酬菲薄"②，可谓是报纸杂志出版界的黄金时代。

正是在这种背景下，报刊与社团开始形成异常紧密的关系，很多时候甚至合二为一，两者互相依托，开辟了知识精英交往和行动的新平台。知识分子团体需要建构自我舆论空间和表达独立思想，创办属于自己的刊物就成为最佳途径之一。随着出版物数量的不断攀升和影响力的迅速扩大，一个现代期刊追求并保持其独立意识的条件已经基本具备，"同人期刊"遂得以大量出版发行。

如前所述，《现代》杂志主编施蛰存说过："'五四'运动以后，所有的新文化阵营刊物，差不多都是同人杂志。"③施蛰存的这段论述成为了经典，所以很容易造成一个印象，"同人期刊"是五四新文化运动的产物。实际上，一方面，"同人期刊"并不是"五四"运动以后才出现的，陈平原就曾指出"晚清数量极多的同人杂志"④；另一方面，除新文化阵营之外，非新文化阵营也有很多"同人期刊"，如胡先骕、梅光迪、吴宓等人于1922 年 1 月在南京创办的《学衡》杂志，以"昌明国粹、融化新知"为宗旨，是一本以极鲜明的态度反对新文化运动的同人性质的刊物。综合以上说法，从大的历史分期来看："同人期刊"从"五四"运动前后一直到

---

① 《钦定宪法大纲》，韩秀桃、张德美、李靓编著《中国法制史》，法律出版社 2001 年版，第 589 页。

② 秋翁：《三十年前之期刊》，《万象》1944 年 9 月号。

③ 施蛰存：《〈现代〉杂忆（一）》，《新文学史料》1981 年第 1 期。

④ 陈平原：《思想史视野中的文学——〈新青年〉研究（上）》，《中国现代文学研究丛刊》2002 年第 3 期。

二十世纪三十年代都大量存在，是中国现代文化、文学生产与传播实践一种非常普遍的形式和方式；从二十世纪四十年代开始到新中国成立以后，随着作家逐步体制化，文学生产和传播的日益组织化，"同人期刊"的合法性逐渐消失。

就贯穿整个中国现代文学三十年的"同人期刊"来说，仍然存在阶段性特点。刘忠在《同人期刊的知识谱系及文学史评价》[①]这篇文章中，将"同人期刊"划分为两个主要阶段："五四"前后为第一个阶段，是"同人期刊"的多元化时期。20世纪30年代前后为第二个阶段，是"同人期刊"的普罗化时期。笔者认为这样的分期基本合理，但对其阶段性特征的概括有混乱之处。因为对"同人期刊"而言，主要强调它与党派性期刊、商业性期刊的区别，"普罗化"并不是对"同人期刊"作出界定的标准。因为具有普罗化色彩的期刊可能是"同人期刊"，也可能是党派性期刊。刘忠在他的另一篇文章《自由撰稿人、同人社团和期刊的互动关系》[②]中的概括更为准确，"五四"前后是同人社团和刊物的"自由化""多元化"时期，三十年代中后期是社团和期刊的"半同人化""商业化"时期，这就揭示出了"同人期刊"逐步受商业因素影响和意识形态规训的演变特征。

就笔者目前所见，除上述刘忠的论文有所涉及之外，鲜有对"同人期刊"做综合性、整体性研究的显著成果，因而"同人期刊"的历史谱系基本上是模糊不清的。结合学界已有的零散成果，笔者在此尝试对"同人期刊"的阶段性演化及其特征进行初步梳理。

第一个阶段：20世纪20年代，即"五四"前后（1917—1927年），是"同人期刊"的繁盛和多元化时期。这一时期"同人期刊"的特点大致可以归结为：在编辑原则上充分展示团体意志，政治性背景逐渐淡化，经济上尽量摆脱外向依赖，自由多元的办刊姿态等。

"文学革命"之初，《新青年》《新潮》《创造季刊》《沉钟》《浅草》《晨报·副镌》等报刊先后成为知识分子传播思想和文学创作的重要阵地。据

---

① 刘忠：《同人期刊的知识谱系及文学史评价》，《学术研究》2013年第2期。

② 刘忠：《自由撰稿人、同人社团和期刊的互动关系》，《福建师范大学学报》（哲学社会科学版）2016年第1期。

汪孟邹回忆，政治上屡遭失败的陈独秀认识到文化启蒙的重要性，"想出一本杂志，说只要十年八年的功夫，一定会发生很大的影响"①，这就有了《青年杂志》（即《新青年》）的创办。郭沫若、成仿吾、郁达夫等人在筹组创造社过程中也有类似的共识："有了杂志才有'社'，杂志是'社'的凝聚力之所在，杂志是'社'的形象的体现，杂志是使'社'立足于中华文化界的唯一方式，杂志几乎就是'社'的一切。"②刊物不仅对于创造社如此重要，对于五四时期其他社团及作者群也同样重要。而且在那个年代，出一份杂志可以被想象成很容易的事情。正是在众多同人期刊的支撑下，新文学才会在短时间里产生强大的影响力和呈现多元开放姿态。"五四"新文学多元与多维的格局，在一定程度上说，正是由"同人期刊"催生的。

茅盾在《中国新文学大系·小说一集·导言》中提及，到1925年底，同人社团和刊物"不下一百余"。在北平有鲁迅、周作人、孙伏园、钱玄同、川岛等人组成的语丝社，出版《语丝》周刊；林如稷、陈炜谟、陈翔鹤、罗石君、杨晦、冯至等人组成的浅草社（后期为沉钟社），出版《浅草》季刊；韦素园、李霁野、台静农等人在鲁迅支持下组成未名社，出版《莽原》周刊、《未名》半月刊。在上海有欧阳予倩、沈雁冰、郑振铎等人发起成立的民众戏剧社，出版《戏剧》月刊；胡山源等人组成的弥洒社，出版《弥洒》月刊；田汉创办的南国社，出版《南国》半月刊。天津有赵景深、焦菊隐等人组成的绿波社，出版《绿波》旬刊。杭州有冯雪峰、潘漠华、应修人、汪静之组成的湖畔诗社，出版《湖畔》。长沙有李青崖等人组成的湖光文学社，出版《湖光》半月刊。武昌有刘大杰等人组成的艺林社，出版《艺林》旬刊。这些社团和刊物的成员多为作家、学者和青年学生，相同或相似的文学主张、审美兴趣、创作理念等让他们走到了一起。虽然因为时代、人际、观念等因素，同人们聚散离合，但不管怎样，他们的创作对建设期的新文学起到了巨大的推动作用。正如茅盾后来总结的那样："这几年的杂乱而且也好像有点浪费的团体活动和小型刊物的出

---

① 汪原放：《亚东图书馆与陈独秀》，学林出版社2006年版，第33页。
② 刘纳：《创造社与泰东图书局》，广西教育出版社1999年版，第3页。

版，就好比是尼罗河的大泛滥，跟着来的是大群的有希望的青年作家，他们在那狂猛的文学大活动的洪水中已经练得一付好身手，他们的出现使得新文学史上第一个'十年'的后半期顿然有声有色！"① 值得注意的是，由于"同人期刊"的普遍存在，有学者注意到，由商务印书馆出版的《小说月报》的商业性质完全被忽略，它作为文学研究会机关刊物的组织化特征也几乎被忽视，其实它的同人性质并不特别典型。

这一阶段的"同人期刊"有着鲜明的校园背景。现代社会中，大学是较大程度上保留了开放性与自主性的文化机构，在这里人们比较容易找到支持自己观点和看法的同好；而且教书育人是独立于体制之外的知识分子谋生的主要手段，他们往往在收入上比较宽裕，因而可以不考虑经济利益承担刊物的编辑、撰稿和出版工作。尤其是北京大学，《新青年》之所以能够所有撰译由编辑部同人"公同担任"，正是因为有北大教授群体作为有力支持。"主编陈独秀被礼聘为北大文科学长，使一校一刊完美结合，大大推动了新文化运动的进程。"② 关于这一点，当时在北大读书的冯至有过生动回忆："每逢星期日早晨起来，便听见报童们在街上奔跑叫卖，花两三个铜板买来一份周刊，就能很有心得地度过一个上午。因为这些小型周刊的撰稿人主要是北大的教师和个别的学生。他们通过这些刊物跟读者见面，无拘无束发表各种各样的意见和感想，生动活泼，读起来很亲切。"③ 冯至所说的是 1924 到 1926 年相继创办的《语丝》《现代评论》《猛进》等同人性质的刊物。这种独特的校园环境和舆论氛围，为五四时期的"同人期刊"提供了最可靠的支撑。

第二个阶段：20 世纪 30 年代（1928—1937 年），是"同人期刊"的式微时期，具有明显的"半同人化"性质。此时，"同人期刊"本身的缺陷逐步显现，如存在周期短、同人圈子的封闭性等。所以，"刊物在持守

---

① 茅盾：《中国新文学大系·小说一集·导言》，《中国新文学大系·小说一集》（影印本），上海文艺出版社 2003 年版。

② 颜浩：《北京的舆论环境与文人团体：1920—1928》，北京大学出版社 2008 年版，第 8 页。

③ 冯至：《"但开风气不为师"——记我在北大受到的教育》，刘琅、桂苓编《记忆：旧时月色前朝影》，中国友谊出版社 2005 年版，第 329 页。

人学内涵和审美属性的同时，开始有意识地超越同人范围，接纳文学观念和价值立场不同的作家，力求在审美与市场之间取得平衡，兼及社会、政治、经济、文化、抗战等多方面功能"①。这一阶段的"同人期刊"的主要特点表现为：同人趋于分化、商业化渐强、普罗色彩浓厚、意识形态对社团同人的规训与整合不断强化。

一方面，因为文化中心南移至上海，上海的开放性和商业化特征使得文学杂志的商业性质逐步取代了同人性质。期刊进入一个靠竞争力生存的环境，市场和读者的需要，对于杂志来说理所当然比同人追求更为重要。如《语丝》杂志最初的做法是"对于广告的选择是极严的，虽是新书，倘社员以为不是好书，也不给登载。因为是同人杂志，所以撰稿者也可行使这样的职权"，但移到上海出版后，"书籍不必说，连医生的诊例也出现了，袜厂的广告也出现了，甚至于立愈遗精药品的广告也出现了"②。鲁迅作为编辑虽然被读者写信诘责，但他的立场其实和读者一致。他一边在《语丝》上登了一篇读者投来的反对文章《建议撤销广告》，一边就广告事情质问北新书局负责人李小峰。鲁迅回忆道："当袜厂出现时，曾经当面质问过小峰，回答是'发广告的人弄错的'；遗精药出现时，是写了一封信，并无答复，但从此以后，广告却也不见了。"③在鲁迅看来，李小峰算是做了让步，但此时的《语丝》杂志已经并非纯粹的"同人期刊"了，《语丝》的部分作家已经从北新书局取得稿费。《语丝》杂志性质的改变，正代表了"同人期刊"的历史走向。

另一方面，"同人期刊"普罗色彩渐浓，为了逃避国民党文化审查，刊物频繁更名。1930年代初，仍然以"同人期刊"名义出现的杂志，一面是左联系列的《前哨》《北斗》《萌芽》《拓荒者》《十字街头》等，一面是国民党政府出资、国民党政府官员编辑的《前锋月报》《前锋周刊》等，

---

① 刘忠：《自由撰稿人、同人社团和期刊的互动关系》，《福建师范大学学报》（哲学社会科学版）2016年第1期。

② 鲁迅：《我和〈语丝〉的始终》，《鲁迅全集》（第四卷），人民文学出版社2005年版，第175页。

③ 鲁迅：《我和〈语丝〉的始终》，《鲁迅全集》（第四卷），人民文学出版社2005年版，第175页。

双方都并不讳言政党的背景。"同人期刊"的"半同人化"特征十分突出。以《现代》杂志为例，对于它是否属于"同人期刊"之所以很难做出定论，在很大程度上是因为此时很多刊物可能正介于"同人"或"非同人"性质之间，研究者的视野一旦有所偏重就会得出不同的结论。如朱晓进就认为在三十年代不带任何政治倾向的杂志其实是很难存活的，因此"施蛰存、杜衡、戴望舒等人筹备创刊《现代》杂志，三人无论在思想倾向还是在艺术旨趣上都有其一致性，该刊原本是有可能办成一个同人性质的刊物的，但在具体编稿中，他们并未向'同人杂志'的方向发展，而是较多地争取一些进步作家的稿件支持，以至于连国民党检察机关也看出《现代》的背景是'半普罗'的"①。这一结论就是从政治文化的视角出发否定了《现代》杂志的同人性质。

这一阶段"同人期刊"的生存空间逐渐缩小，而且生命周期普遍短暂。20 世纪 30 年代，国内、国际形势异常严峻，民族矛盾、阶级矛盾缠绕，文坛呈现左翼文学和自由主义文学的二水分流格局。特别是中国左翼作家联盟成立后，广泛开展无产阶级文学理论的宣传和建设工作，鲁迅、瞿秋白、冯雪峰、茅盾、周扬、胡风等人对论语派、人性论、第三种人等展开了集中批判，阶级矛盾、民族矛盾、集体主义、大众化等主流词汇进入同人们的视野。从《论语》《人间世》《宇宙风》的创办，到《萌芽》《拓荒者》《七月》的兴起，同人们在逐渐分化，同人期刊的生存空间缩小。《文艺新闻》《现代》《骆驼草》《文学杂志》等一方面宣称独立的同人立场，"不拘守于某一种的主义；不依附于某一种的集团；不为任何的个人或流派；不专为有特定作用的任何事象；凡是属于大众的，为大众所需要的，——有文艺的新闻价值的一切，皆为文艺新闻工作的对象"②；另一方面也一再声称"不是同人杂志，故本志并不预备造成任何一种文学上的思潮、主义或党派"③。因此，30 年代许多期刊迫于竞争压力，往往超越同人界限，借普罗、革命等政治诉求来扩大读者群，增加发行量。如《现代》

---

① 朱晓进：《论三十年代文学杂志》，《南京师大学报》（社会科学版）1999 年第 3 期。
② 袁殊：《文艺新闻之发刊》，《文艺新闻》第 1 期（1931 年 3 月）。
③ 施蛰存：《〈现代〉杂忆（一）》，《新文学史料》1981 年第 1 期。

在保有"作家大集合私愿"的同时，对革命报以同情与宽容，客观上保持了"不是狭义的同人杂志"立场。京派刊物《骆驼草》《文学杂志》固守"乡村梦影"的保守主义，间或也能见到来自"左翼"、海派阵营以及巴金、老舍、曹禺等独立作家的稿件。

第三个阶段：20 世纪 40 年代前后，"同人期刊"逐渐式微，其"合法性"最终消失。

抗战爆发后，由于战争的巨大左右力量，现代中国以文人办刊为主导的模式趋于崩溃，救亡的急迫使得"同人期刊"数量锐减。刘增人在《四十年代文学期刊扫描》①一文中，分析了 40 年代文学期刊办刊模式的多样化特征，主要有四种：第一种是"洋人"办刊。第二种是百货商人办刊的新模式，这两种主要出现在上海"孤岛"时期的杂志界。第三种是政党办刊，主要由边区党政机关在延安及根据地创办。第四种是联合办刊，主要是 1937 年全面抗战之后，各个社团、刊物放弃自己的招牌自费联合办刊，显示国事为重、共赴国难的胸怀和气度。社会现实和文化环境的特殊性，对于"同人期刊"显然造成了弱化和限制的结果。

此后，出版界"同人期刊"的零星存在，是作为异质性的事物出现的。如以胡风为主先后创办的《七月》（1937 年 8 月）和《希望》（1945 年 1 月）杂志，创刊之初就明确了它们的同人性质，是文艺态度接近的作家的文艺阵地，其主要撰稿人大部分是被称为"鲁迅派""胡风派"的作家。因为坚守文学本位和个性思维的立场，与整个文学界"服务于抗战"的共同趋向相疏离，刊物及其主办者在 40 年代文坛上呈现卓异姿态，也埋下了日后被批判的伏笔。新中国成立后，胡风在回忆录中表达了自己的困惑："这种在'五·四'时代是平常现象，但现在却成了特殊现象，于是'七月派''胡风派'的称呼就渐渐出现了。这还是文艺领域上不足怪的现象，但解放后到了周扬等人的口中，就变成了'小集团'，成为革命组织内破坏纪律的政治活动的团体了。"②"同人期刊"的合法性在这个阶段已然虚弱。

---

① 刘增人：《四十年代文学期刊扫描》，《中国现代文学研究丛刊》2003 年第 2 期。
② 胡风：《我的职业病》，《胡风全集》（第 6 卷），湖北人民出版社 1999 年版，第 630 页。

1949—1952 年，尚有十余种"同人期刊"，如茅盾主编的《小说》月刊、司马文森主编的《文艺生活》、沙鸥主编的《大众诗歌》、柯蓝主编的《群众文艺》，以及《大公报》《新民报》《文汇报》三家私营报纸的文艺副刊，可以说是"同人期刊"时代的尾声和余续。这些刊物虽然具有"同人"出身，但努力辩白摆脱"同人期刊"的定性。如《文艺生活》称："我们这个杂志并非同人杂志，而是属于全体读者的。"①《大众诗歌》的前身是 1948 年创刊的《诗号角》，编辑者署名为"北京大学三院诗号角社"，是一份学生刊物。1949 年 12 月为适应形势，更名《大众诗歌》，并改由党员诗人沙鸥主编，但这样的举动并未完全消除其"同人"出身的嫌疑。1950 年，《文艺报》接连三次借故点名批评《大众诗歌》，令沙鸥极为紧张，《大众诗歌》于当年自动停刊。《小说》月刊因有茅盾、周而复等先后编辑，坚持到 1952 年才告终刊。其他数种刊物，在 1952 年后，或告停刊，或改国营。同人社团从式微走向消亡，社团和作家逐渐体制化，报刊杂志成为宣传部门的窗口和喉舌。

1949 至 1953 年，虽然未明文禁止同人期刊，但新政权寻求统一话语的思想文化规划，使得同人期刊不再拥有合适的生存环境。延安及根据地在统一、强大、严密的组织领导下的办刊模式逐渐成熟，并在建国后乃至整个"十七年"中成为所有期刊共同且唯一合法的存在形态，即本书下一编重点论述的"组织化期刊"。曾经盛行一时的"同人期刊"，遂成为逐渐消逝的风景。

第三节 《新月》月刊的演化过程与整体面貌

《新月》月刊是后期新月派的核心刊物，创刊于 1928 年 3 月，终刊时间为 1933 年 6 月，出至第 4 卷第 7 期。

谈《新月》月刊还要从最初的新月社说起。1922 年底前后，徐志摩从英国留学回来后不久，他和胡适等人拉了一些朋友发起"聚餐会"，七八

---

① 《复刊词》，《文艺生活》1950 年新 1 号。

个人轮流着到各人家里集会谈天。1923年3月，以徐志摩、胡适、黄子美、塞常季、张君劢、丁文江、林长民、陈西滢等人为发起者成立"新月社"。徐志摩父亲徐申如和他的好友黄子美垫资提供开办费，在北京西交民巷西首松树胡同7号租了一所四合院作为聚会场所，"新月社俱乐部"正式挂牌成立。这个俱乐部"有舒服的沙发躺，有可口的饭菜吃，有相当的书报看"，"曾经开过会来，新年有年会，元宵有灯会，还有什么古琴会书画会读书会"①。徐志摩1926年6月曾回顾新月社的创办经过："不由的不记起三年前初办新月社时的热心。最初是'聚餐会'，从聚餐会产生'新月社'，又从新月社产生'七号'的俱乐部。"②

新月社以徐志摩为核心人物，经常参加新月社活动的成员身份复杂，他们中有教授、作家、诗人，也有政界、军界、金融界等社会名流。新月社不是一个有着严密组织和目标的社团，对此当事人持比较统一的认识和看法。很早就参加新月社活动的叶公超明确说过："'新月'，不是一个正式的社团，最初是民国十三年在北平的一些教授们，其中包括有胡适、徐志摩、饶孟侃、闻一多、叶公超等人定期聚餐的一种集会。虽然是由徐志摩所集成，但是他这个人既不会反对什么，也不会坚持什么，只是想到要做，就拉了一些朋友，一些真的朋友。因此，没有领袖，也没有组织。"③所以，新月社是一个松散的，没有明确宗旨和共同主张的交际社团，带有很强的沙龙性质。

新月社结社以后的文化活动，主要是社员间的社交活动、排演戏剧和迎送泰戈尔访华。真正产生影响的，是徐志摩1925年10月到1926年9月执掌《晨报副刊》及《诗镌》《剧刊》。徐志摩早就有办刊物的想法，"最早就想办一份报，最早想办《理想月刊》，随后有了'新月社'又想办新月周刊或月刊"④，显然这些想法都未能如愿。1925年10月，经陈博生、黄

① 徐志摩：《欧游漫录——第一函 给新月》，《晨报副刊》1925年4月2日。
② 徐志摩：《剧刊始业》，《晨报副刊·剧刊》1926年6月17日。
③ 叶公超：《关于新月》（原载台湾《联合报》1980年8月6日），程新编《港台·国外 谈中国现代文学作家》，四川文艺出版社1986年版，第161页。
④ 徐志摩：《我为什么来办我想怎么办》，《晨报副刊》1925年10月1日。

子美、陈通伯等人劝说，徐志摩开始接编《晨报副刊》。在类似"发刊词"的《我为什么来办我想怎么办》一文中，徐志摩明确表达了自己的办刊宗旨："我说我办就办，办法可得完全由我，我爱登什么就登什么，万一将来犯什么忌讳出了乱子累及晨报本身的话，只要我自以为有交代，他可不能怨我；……我决不是一个会投机的主笔，迎合群众心里，我是不来的，谀附言论界的权威者我是不来的，取媚社会的愚闇与褊浅我是不来的；我来只认识我自己，只知对我自己负责任。"[①] 徐志摩有相对独立的编辑立场和方针、强烈的个性色彩和精英意识，因此《晨报副刊》虽然不是新月社的"社刊"，但因为徐志摩是新月社的核心人物，加之晨报社内部新月社成员的支持，所以徐志摩主编期间的《晨报副刊》实际上成为了新月社的一个文化传播阵地。从徐志摩主编《晨报副刊》到《诗镌》创刊前半年内所发表文章看，近半数作者为新月社成员或与新月社交往密切者[②]。

随后在新月社同人的提议下，徐志摩以《晨报副刊》为阵地，先后创办了《诗镌》和《剧刊》，新月社的文学活动进入一个更为自觉的具有流派特征的时期。《晨报副刊·诗镌》于 1926 年 4 月 1 日创刊，采取轮流主编制度，每人编两期。《诗镌》出至 1926 年 6 月 10 日终刊，共出版 11 期，发表诗歌 85 首，论文与短评 16 篇，作者包括徐志摩、闻一多、饶孟侃、刘梦苇、蹇先艾、朱大楠、于赓虞、朱湘、杨子惠、王希仁、胡适、张鸣琦、程侃声、孙子潜、钟天心、叶梦林、邓以蛰等 20 多人。这一创作群体虽然并不完全属于新月社，但以新月社成员为主体，并且在以后的"新月"系列刊物中成为基本的创作力量。新月社的文学实践尤其是诗歌创作，由个体的、分散的发展为集体的、有意识的努力，表现出一些共同的追求和倾向。《诗镌》只办了 3 个月就终刊，徐志摩将"暂停"的原因归结为：第一，暑期内同人离京较多，造成约稿困难。第二，几个热心戏剧的朋友想借本刊地位，"来一次集合的宣传的努力，给社会上一个新剧

----

① 徐志摩：《我为什么来办我想怎么办》，《晨报副刊》1925 年 10 月 1 日。

② 周晓明：《多源与多元：从中国留学族到新月派》，华中师范大学出版社 2001 年版，第 251 页。

的正确的解释，期望引起他们对于新剧的真纯的兴趣"①。这一方面道出了"同人期刊"办刊的难处，一方面则预告了另一本"同人期刊"的诞生。

《诗镌》"放假"一周后，《剧刊》于1926年6月17日正式出场。徐志摩在创刊号上发表《剧刊始业》作为发刊词，谈到办刊的想法和计划："我们想集合我们大部分可能的精力与能耐从事戏剧的艺术。……借晨报副刊地位发行每周的《剧刊》，再下去就盼望小剧场的实现。这是我们几个梦人梦想中的花与花瓶。"②《剧刊》具体的主张有四个方面：第一是向社会宣传戏剧的观念，第二是开展戏剧范围内各种问题的讨论，第三是批评与介绍国内外戏剧，第四是研究关于戏剧的艺术和技术。《剧刊》一共出了15期，发表论文10篇、批评8篇、论旧戏2篇、论剧场技术7篇以及十多篇杂著及附录，主要撰稿者有赵太侔、闻一多、陈西滢、邓以蛰、杨振声、梁实秋、熊佛西、余上沅、冯友兰、张嘉铸、叶崇智、杨声初、俞宗杰、顾颉刚、恒诗峰等。但《剧刊》同人本来就少，再加上一个又一个"星散"，《剧刊》也只维持了3个月便不能不告终止。《剧刊》存在时间不长，但意义不容忽视。如前所述，"新月"初起就是为了"做戏"的想望，《剧刊》正是新月同人最初的戏剧活动旨趣得以实现的文化实践和传播媒介。

通过《晨报副刊》《诗镌》《剧刊》这几份同人性质的刊物，以徐志摩、闻一多、余上沅等人为编辑团体，一批志趣相投的作者队伍集合起来，这才开始形成具有流派特征的新月派群体的聚集。这个群体的成员以欧美留学回国的知识分子为主体，具有较高的西方文化素养和较稳定的社会地位，维持这个群体的不是严密的组织形式或明确的宗旨、纲领，而是思想、文化和文学上倾向较为一致的理念和审美趣味。但从1926年下半年开始，随着中国政治地域和文化格局的改变，新月社的骨干人员纷纷南移，活动了三年多的新月社在1926年秋天"逐渐自行解散"③。

1927年上半年，新月社成员在上海重聚，遂有了进一步加强和凸显

---

① 徐志摩：《诗刊放假》，《晨报副刊·诗镌》1926年6月10日。
② 徐志摩：《剧刊始业》，《晨报副刊·剧刊》1926年6月17日。
③ 付祥喜：《新月社若干史实考辨》，《中国现代文学研究丛刊》2007年第6期。

新月派特征的新月书店和《新月》月刊。1927 年 6 月，徐志摩与胡适、邵洵美等人在上海正式成立新月书店，胡适任董事长，余上沅任经理并兼任总编辑，总发行所设在四马路，编辑所设在麦赛尔蒂罗路 159 号[①]。据梁实秋回忆[②]，新月书店最初由余上沅负责，他请了一位书业内行谢先生主持店务，后来余上沅离开上海，书店名义上是张禹九任经理，具体事务仍由谢先生主管。书店开办资金采用集股制，一百元一股，五十元半股，每人可认筹半股至两股，最初共筹款约四千元。

新月书店出版过胡适的《白话文学史》（新月书店出的第一本书，也是最畅销的一本书）和《四十自述》，徐志摩的《翡冷翠的一夜》《巴黎的鳞爪》《自剖》《卞昆冈》，闻一多的《死水》，梁实秋的《浪漫的与古典的》《文学的纪律》《阿拉伯与哀绿绮思的情书》《潘彼德》《织工马南传》《白璧德与人文主义》，潘光旦的《小青之分析》《家庭问题论丛》《人文生物学论丛》，陈西滢的《西滢闲话》，凌叔华的《花之寺》，陈衡哲的《小雨点》，余上沅等人的《国剧运动》，沈从文的《阿丽思中国游记》（一卷二卷）和《好管闲事的人》《蜜月》，等等。新月书店出版的书籍，很大一部分是新月同人的文学作品和学术著作，各种译著、丛书也反映着新月同人的文学趣味与社会观念。所有这些书籍的出版，和《新月》月刊一起形成互动效应，扩大了新月派和新月同人文化文学活动的影响力。

《新月》月刊的筹创从 1927 年 6 月起议，就在新月书店创办后不久。这年冬天筹办《新月》月刊时拟由徐志摩担任总编辑[③]，徐志摩家书中提到"最使我着急的是我们自己的《新月》月刊，至少要八万字，现在只有四万字拿得住，我是负责的总编辑，叫我如何不担心"[④]。徐志摩 1928 年 1 月 23 日的日记中写有"《新月》决定办"[⑤]。梁实秋谈到："杂志的筹划，最

---

① 陈从周：《徐志摩：年谱与述评》，上海书店 2008 年版，第 72 页。

② 梁实秋：《忆新月》，程新编《港台·国外 谈中国现代文学作家》，四川文艺出版社 1986 年版，第 167–177 页。

③ 陈从周：《徐志摩：年谱与述评》，上海书店 2008 年版，第 73、75 页。

④ 《徐志摩致双亲信》（1927 年冬），《徐志摩全集》（第六卷），天津人民出版社 2005 年版，第 10 页。

⑤ 徐志摩：《眉轩琐语》，《徐志摩全集》（第五卷），天津人民出版社 2005 年版，第 347 页。

初是胡先生、志摩、上沅负责在进行，有了成议之后上沅到了闸北斯考特路潘光旦家，宣布杂志由胡先生任社长，志摩为主编。当时聚集在光旦家的闻一多、饶子离等表示异议，表面上是因为社长主编未经同人推选，手续不全，实际上是《新月》一批人每个都是坚强的个人主义者，谁也不愿追随在别人之后，志摩是何等圆滑的人，立刻主张改为集体编辑，胡大哥根本不列名其间。"①

　　1928 年 3 月 10 日，《新月》月刊创刊号出版，由上海新月书店发行，徐志摩、闻一多、饶孟侃三人担任编辑，一直持续到第二卷第一号。第二卷第二号至第五号由梁实秋、叶公超、潘光旦、饶孟侃、徐志摩编辑。第二卷第六七号（合刊）至第三卷第一号由梁实秋编辑。第三卷第二号至第四卷第一号由罗隆基编辑。第四卷第二三号由叶公超编辑，增加了发行人邵浩文。第四卷第四号至第七号由叶公超、胡适、梁实秋、余上沅、潘光旦、邵洵美、罗隆基编辑，邵浩文列为出版者。

　　《新月》创刊号上发表了徐志摩执笔的发刊词《〈新月〉的态度》："我们这几个朋友，没有什么组织除了这月刊本身，没有什么结合除了在文艺和学术上的努力，没有什么一致除了几个共同的理想。凭这点集合的力量，我们希望为这时代的思想增加一些体魄，为这时代的生命添厚一些光辉。"② 文中抨击了现代思想市场上的十来种行业，标举"健康与尊严"两大原则，旗帜鲜明地表明了"新月"的态度。这点从梁实秋的回忆当中也可以得到应证："新月一伙人，除了共同愿意办一个刊物之外，并没有多少相同的地方，……办刊物不为谋利，更没有别的用心，只是一时兴之所至。'我们的态度'一文，是志摩的手笔，好像是包括了我们的共同信仰，但是也很笼统，只举出了'健康与尊严'二义。"③

　　这种笼统的共同信仰和主张，虽然不利于一个社团或流派的聚合，但

---

　　① 梁实秋：《〈新月〉前后》，梁实秋著、陈子善编《梁实秋文学回忆录》，岳麓书社 1989 年版，第 124–125 页。

　　② 徐志摩：《〈新月〉的态度》，《新月》第 1 卷第 1 号（1928 年 3 月）。

　　③ 梁实秋：《忆新月》，程新编《（中国）港台·国外 谈中国现代文学作家》，四川文艺出版社 1986 年版，第 170 页。

的确符合新月同人个性突出的特征。再加之《新月》月刊编辑较为频繁的变动，编辑方针的彼此背离，使得这个本来就很松散的群体更为松散，月刊的稿源出现很大问题。罗隆基任编辑期间曾向胡适抱怨：《月刊》的内容，的确不是我一个人的力量可以改进的。一班旧朋友，除先生文章照样寄来外，都不肯代《新月》做稿。志摩、实秋、一多、英士、公超、上沅、子离、西滢、叔华、从文这一班人都没有稿来。"① 正因为如此，在《新月》月刊刊行的过程中，徐志摩、邵洵美等人又创办了《诗刊》。《诗刊》为季刊，1931 年 1 月 20 日创刊，1932 年 7 月 30 日终刊，只出版了 4 期。《诗刊》以发表新诗创作为主，兼及译诗和诗论，主要作者有徐志摩、邵洵美、孙大雨、饶孟侃、方令孺、陈梦家、方玮德、卞之琳、梁宗岱等。《诗刊》可以看作《诗镌》的继续，既是新月诗歌群体的再一次聚合和壮大，也意味着新月同人的分裂和瓦解趋势更为明显。

随着《诗刊》和《新月》月刊的相继停刊，新月书店也难以为继。经胡适出面与商务印书馆王云五商洽，商务出了大概七八千块钱给新月书店弥补亏空，新月书店所出书籍全部转移到商务继续出版，所有存书一律送给商务。1933 年 9 月 23 日，胡适作为新月书店"清理委员"，在新月书店与商务印书馆协商的"让与合同"上签字，"新月"遂告解散。对于"新月"的失败，叶公超概括了如下几点原因②：第一是没有组织，各人意见不能统一；第二是没有钱，坚持不接受他人支援，自己又不善于经营；第三是没有稿子，同人们都有职业，早期还能抽空写一些，后来却有了懒于写的现象，刊物后期的内容与质量都不尽如人意，销路受到影响，经营就更困难；第四是徐志摩的突然去世，他在朋友之间的黏合力量是新月同人之间不可缺少的；第五是同人们的职业问题造成了四分五散不容易聚合。

后期新月派，以新月书店和《新月》月刊为主要的文学生产和传播媒介，体现了中国现代文学"同人期刊"——更严格地说是"同人媒介"的

---

① 《罗隆基致胡适信》（1931 年 5 月 20 日），中国社会科学院近代史研究所中华民国史组编《胡适来往书信选》（中册），中华书局 1979 年版，第 68 页。

② 叶公超：《关于新月》（原载台湾《联合报》1980 年 8 月 6 日），程新编《（中国）港台·国外 谈中国现代文学作家》，四川文艺出版社 1986 年版，第 166 页。

发生、发展和消亡的演化过程。以《新月》月刊的演化过程与整体面貌研究为前提和基础，进一步从理论上总结概括"同人期刊"的媒介构成、媒介体制、运作机制与传播方式，将有利于对中国现代文学史上"同人传播"这种典型文化传播类型、模式和机制的整体面貌和具体特征予以辨析和把握。

第二章 从《新月》看"同人期刊"的媒介性质与传播方式

《新月》月刊作为一份"同人期刊",以其时间跨度长、独具特色和影响广泛而尤具有典型性和代表性。在媒介性质和传播方式方面,"同人期刊",尤其是新文化文学阵营的"同人期刊"有其自身的特点:一是相对独立的所有权和经营机制;二是群体性和个体性共存的编辑制度;三是传播主体浓厚的精英色彩;四是受众高度的被选择性和次群体化,等等。故而,"同人期刊"又具有所谓的"同人传播"性质——志同道合的文化精英群对大众媒介的直接控制,以及大众传播中的"小众化"或曰"群体指向性"传播机制。

第一节 相对独立的所有权和经营机制

媒介的所有权和经营机制的"独立",是"同人期刊"这种媒介形态得以存在的基础。1921 年,已基本退出政界的梁启超在为《时事新报》写"出版五千号纪念辞"时,饶有感触地阐发了经济问题对言论独立的掣肘。他指出从事报业的第一难关在于"经济之不易独立",报馆是要靠广告费维持营业的,但中国产业尚属幼稚,还不可能由广告收入来供给报纸的生存,所以办报者往往不得不寻求"不可告人"之收入,则"其报殆不得自存"。因为金钱来自势力,"无论受何方面金钱之补助,自然要受该方面势力之支配,最少亦受牵制"。梁启超哀叹,由于经济力量的限制,他理想中"言论独立"的报纸多少年来一直没有出现，不是胎死腹中，就是中道夭折。知识精英们仍在延续这种跨越政党报纸与商业报纸分野的努力①。李大钊在《晨钟报》任职不到一个月，已经痛苦地认识到报纸的经济不独立，导致舆论的自由表达不可能实现。"报馆本来性质，在于营业。既为营业，则经济学上需要供给之原则，不可不一顾也。……吾同业诸公，千辛万苦之余，卒不免为经济所困，而呻吟于势力者之前，仰人鼻息，以供其驱策之用，是则可为痛哭者也。"②因此，为了避免经济上的外部依赖造成一系列掣肘问题，在资本、体制和管理上，"同人期刊"或以集资、集股方式独立经营，或依托民间资本、机构而相对独立运作。

于是，判断一份刊物是否为"同人期刊"，经济上的独立与否成为非常重要的前提。《语丝》上的《反周事件答问》一文曾提到《现代评论》的资金来源："据说现代评论社开办时，确曾由章士钊经手弄到一千元，……国民党亦曾津贴一千元，还有二百元是武昌某大学校长送的。那么，1000+1000+200=2200"③，这被认为是现代评论社诸人为章士钊呐喊、捧场的直接原因。此后，《语丝》和《现代评论》就因为"二千元事件"陷入旷日持久的争论之中。鲁迅称《现代评论》是"讨得官僚津贴或银行广告费的'大报'"。其中的是非曲直我们很难探个究竟，但它所涉及的话题非常明确："作为舆论阵地的报章杂志和围绕它们形成的同人社团，在为生存和延续而努力的同时，应该如何维护自由和独立的神圣性。"④《语丝》认为《现代评论》一旦在经济上依附政府和官僚，必然会违背其创刊词中提出的"不附和"的基本原则，《语丝》对自我的肯定也就在于"不愿意在有权者的刀下，颂扬他的威权，并奚落其敌人来取媚，可以说，也

---

① 梁启超：《〈时事新报〉五千号纪念辞》，《梁启超全集》（第六册），北京出版社1999年版，第3368页。

② 李大钊：《新现象》（原载《晨钟》报1916年9月4日，署名守常），《李大钊全集》（第二卷），河北教育出版社1999年版，第399页。

③ 王子欣、川岛：《反周事件答问》，《语丝》第68期（1926年3月）。

④ 颜浩：《北京的舆论环境与文人团体：1920—1928》，北京大学出版社2008年版，第128-129页。

是'语丝派'一种几乎共同的态度"①。

"不用别人的钱",才可以理直气壮地"不说别人的话"。因此,同人内部捐款或集资,是"同人期刊"解决资金问题的首选办法。如胡适等人创办《努力周报》时,经费就是由同人"从民国十年七月起每人每月储蓄收入的百分之五来分任"②。《语丝》最初商定由鲁迅、周作人、孙伏园和川岛四个人,按月分担所需的印刷费。《语丝》的销售情况很好,同人们只付了第一期的两千份印刷费之后,刊物收支已足相抵,后来且有了盈余③。但经济独立并不是那么容易办到的,对于大多数"同人期刊"而言,销售所得都极为有限,即便在不支付编辑费和稿费的情况下也常常难以为继,如精英荟萃的《努力周报》就只持续了一年半的时间。胡适后来总结道:"无钱而办杂志办报,全靠朋友友谊的投稿,那是变态的现象,是不能持久的。"④有感于无钱办报的困难,《努力周报》停刊后胡适"主张先筹点资本,然后办月刊"。至于资本从何而来,他非常明确表示不能依靠政府(无论帝国主义还是反帝国主义的政府),必须要有一笔非官方的独立资金来支撑刊物运作,因而可以效仿以前《新青年》的办法由一家书店发行,"发行人须出一点编辑费,以供聘用助手及酬报外来投稿之用"⑤,这种方式即依托民间资本、机构相对独立运作。

现代中国"同人期刊"中,有很大一部分依托北京或上海的书局、书社作为出版和发行机构。这些书局、书社都是民间资本的性质,它们为刊物提供资金和发行渠道,一般不干涉刊物的具体编辑事务,编辑部拥有很大的自主权,因而刊物的同人性质基本能够得到保障。书局并不直接依靠这些刊物来创收,如胡适觉得商务印书馆是因为赞成"努力"同人们"奋

---

①　鲁迅:《我和〈语丝〉的始终》,《鲁迅全集》(第四卷),人民文学出版社2005年版,第173页。

②　《努力周报·本报特别启事》,《努力周报》第39期(1923年1月)。

③　川岛:《忆鲁迅先生和"语丝"》,《文艺报》1956年第16号(1956年8月)。

④　《胡适致高一涵信》(1924年9月8日),中国社会科学院近代史研究所中华民国史组编《胡适来往书信选》(上册),中华书局1979年版,第258页。

⑤　《胡适致〈晨报〉副刊》(1924年9月9日),《胡适全集》(第23卷),安徽教育出版社2003年版,第383页。

斗牺牲的态度"提供"友谊的帮助"①，笔者认为这些民间商业实体看中的应该是编者、作者的名气以及刊物的潜在商业利益，期望实现两者"双赢"的良性结合，如《新青年》与群益书社、《创造》季刊与泰东图书局的关系就是如此。但这种合作关系往往以不愉快的方式结束，矛盾的焦点仍然集中在"钱"和"权"的问题上。

《新月》月刊是将这两种资本来源和经营机制结合起来的一个典型。谢家崧（曾参加新月书店创业工作，后又任新月书店北平分店营业主任）曾谈及新月书店和《新月》月刊的创办缘起："徐和新月社一些人到上海后感到写作缺少发表的地盘，亟思成立一个出版机构"，于是在徐志摩家里成立了筹备处，并"决定成立新月书店"，"除出版图书外并决定出版《新月》月刊"②。新月同人1927年6月创办了新月书店，它是同人们以集股方式独立经营的出版机构，1928年3月创刊的《新月》月刊的出版发行以新月书店为依托。尽管徐志摩强调月刊的独立性，"我们这月刊题名新月，不是因为曾经有过什么'新月社'，那早已消散，也不是因为有'新月书店'，那是单独一种营业，他和本刊的关系只是担任印刷与发行。新月月刊是独立的"③，但《新月》月刊与"新月社""新月书店"一脉相承的渊源关系是显而易见的。

从人员构成来看，新月书店与《新月》月刊高度重合。新月书店成立时有一个董事会，胡适为董事长，董事有徐志摩、潘光旦、闻一多、梁实秋、董任坚、张歆海、吴经熊、余上沅、张嘉铸等。此外还设有编辑委员会，主要由胡适、徐志摩、潘光旦、闻一多、梁实秋、饶孟侃、叶公超、张嘉铸、余上沅等人组成④。《新月》月刊的历任编辑包括徐志摩、闻一多、饶孟侃、梁实秋、叶公超、胡适、潘光旦、罗隆基、邵洵美、余上沅。这

---

① 《胡适致高一涵信》（1924年9月8日），中国社会科学院近代史研究所中华民国史组编《胡适来往书信选》（上册），中华书局1979年版，第259页。

② 谢家崧：《新月社始末我见》，俞子林主编《那时文坛》，上海书店出版社2008年版，第69页。

③ 徐志摩：《〈新月〉的态度》，《新月》第1卷第1号（1928年3月）。

④ 谢家崧：《我记忆中的新月书店》，俞子林主编《百年书业》，上海书店出版社2008年版，第77—78页。

三组名单的交错重叠，尤其是新月书店编辑委员会和《新月》月刊编辑的一致性，有效避免了刊物依托其他民间资本、机构不可避免的"钱"与"权"的矛盾。事实上，新月书店和《新月》月刊在编辑事务上可以说是合署办公。《新月》月刊第二卷第六七号合刊上登载的《新月书店编辑部启事》和《新月月刊编辑部启事》中，稿件寄送地址都是"上海望平街新月书店"，名义上分别由书店转交"编辑部"和"新月月刊编辑部"，处理稿件的编辑乃是相同的群体。

从经济关系来看，《新月》月刊和新月书店之间也是互为支持的。从书店总编辑梁实秋的回忆可知，《新月》月刊的销售和账目情况，都是需要向新月书店股东会报告的，《新月》月刊不可能脱离新月书店而存在。《新月》月刊的封面和版权页上，一直印有"上海新月书店发行"字样。新月书店在北平东城米市大街开设分店后，《新月》月刊第四卷第二号版权页上的"发行所"地址也随之改为了"上海四马路中"和"北平米市大街"两处。罗隆基给徐志摩写信谈到新月书店营业情况时说："广东分销处据说不坏。舜琴已带去《新月》书一大箱，拟在南洋为《新月》设一分销处。"[①] 由此可见，《新月》月刊也能给新月书店带来经济效益，新月书店销售网络的扩大一定程度上得益于《新月》月刊。

由新月同人购股集资形成的新月书店，为《新月》月刊提供资金、稿件、出版、发行等的全面支持，这种非官方的经济属性在最大程度上保证了《新月》月刊的独立性。从《新月》月刊上的"新月书店启事"内容来看，新月书店经营范围包括兼售各式文具、信笺信封以及装裱字画，第一卷第三号推销"新月"稿纸"是用上等中国毛边纸印的，最宜于起稿及缮写之用"。这体现出同人们并不缺乏商业头脑和产业意识，以新月书店为代表的同人书店具有明显的营业性质。所以，新月书店出版图书不仅限于新月同人，也曾出版过丁玲的《一个人的诞生》、胡也频的《圣徒》等作

---

① 《罗隆基致徐志摩信》(1931 年 5 月 20 日)，中国社会科学院近代史研究所中华民国史组编《胡适来往书信选》(中册)，中华书局 1979 年版，第 70 页。

品，并因此遭到过书报检查机关的查禁①。新月书店除了同人认股集资以外，还利用徐志摩与银行业人物的交往关系采取"向银钱业贷款或透支"的融资方法。但新月书店的出版物能赚钱的不多，有不少书都只卖了几百本，连印刷成本也捞不回来。有几套丛书计划如"英文名著百种丛书""现代文化丛书"总共也只出版了十多种就悄无声息了。而徐志摩去世后，新月书店"告贷无门"资金周转更加困难，"再加上几个经理缺乏经营书店业务的能力"，因此"《新月》月刊出版到四卷七期也就寿终正寝了"②。所以，叶公超曾总结说："办新月杂志，颇表现了中国传统读书人的个性，同仁之间有几项不曾形诸文字的约定：要成立独立的机构，不假借任何其他力量，尤其是官方的力量；需要用的钱，都要由同仁自己拿出来；以自己能够筹到的钱为准，可以维持多久就维持多久。"③

但期刊本质上是一种商品，需要通过市场来实现其价值。为了避免不健全的市场经济对刊物的左右，"同人期刊"在经营管理上格外谨慎。突出表现在以下几个方面：

首先是经营收入并不依赖于广告。《新月》月刊上的广告主要有两大类：一类是自己为自己做广告，包括对新月书店、书店所出版之图书及《新月》月刊和《诗刊》的推介；一类是交换性质的广告，即其他同类书籍和刊物的出版广告。第一类自己为自己做广告，是《新月》月刊广告的绝对主体。新月书店所出的书籍，从即将出版到正式出版以至于再版，《新月》月刊上会反复打广告。如创刊号上出现的 7 本书《寸草心》《死水》《国剧运动》《中国之家庭问题》《人文生物学论丛》《白话文学史》《西滢闲话》，徐志摩的诗集《志摩的诗》《翡冷翠的一夜》等，出现的频率都非常高，而且

① 据《一九三四年国民党伪上海市党部批令附件》之二《应禁止发售之书目》，有新月书店版《一个人的诞生》（丁玲著）。又据《国民党反动派查禁六百七十六种社会科学书刊目录（1936）》，在"乙、国家主义派刊物"目录下有新月书店 1931 年版的《救亡两大政策》（王造时著），理由为"取消一党专政，改组国防政策"，于"二十年十一月令上海邮检所查扣"。参见张静庐辑注：《中国现代出版史料乙编》，中华书局 1955 年版，第 204、226 页。

② 谢家崧：《我记忆中的新月书店》，俞子林主编《百年书业》，上海书店出版社 2008 年版，第 82 页。

③ 叶公超：《关于新月》（原载台湾《联合报》1980 年 8 月 6 日），程新编《港台·国外 谈中国现代文学作家》，四川文艺出版社 1986 年版，第 162 页。

往往也是重版次数很多的。如《白话文学史》（上卷）在第四卷第四号广告中出现时已经“六版不日出书”，《志摩的诗》广告一直刊登到《新月》月刊终刊并注明是“六版”。新月书店所出版图书的广告形式多样化，有的是单本推介、有的是按作者归类、有的是按体裁分类等；所占页面从全面、半面到四分之一面不等，同样的广告在同一卷号内还有出现多次的情况。《新月》月刊从第一卷第五号起开始登载过刊的目录或要目，《诗刊》创刊后在《新月》月刊第三卷第四号开始出现，重要卷号的目录也会登载多次，如《诗刊》第四期（徐志摩纪念号）在《新月》月刊第四卷第二号和第四号都有推介。“在传播信息过程中，一个很重要的原则就是‘重复律’，传播者要使受传播者接受内容（信息）、采取行动，需要反复传播某一特定信息，增强‘刺激’（即加深印象）。……重复律在政治宣传（包括竞选）和商业广告上尤为明显。”① 由此来看，徐志摩等新月同人是深谙此道的。

其他出版社书籍的广告非常有限，主要有香港 KELLY & WALSH, LIMITED 出版的两本英文书（*TWO YEARS OF NATIONALIST CHINA* 和 *THE CIVIL CODE OF THE REPUBLIC OF CHINA*），商务印书馆的最新出版物（如第三卷第三号列出了 23 种书籍的类别、书名、作者或译者、价格）。第三卷第四号刊登了纽约 THE MACMILLAN COMPANY 在 1930 年秋季新出版的英文文学书籍共 4 本（BALDWIN, CREEK & McKEE: *A HANDBOOK OF MODERN WRITING*、PIECRY: *MODERN WRITERS AT WORK*、HAMLIN GARLAND: *ROADSIDE MEETINGS*、FULTON: *CHARLES LAMB IN ESSAY & LETTERS*，包括书名和内容简介），以及亚东图书馆出版、新月书店代售的《胡适文选》。第三卷第十号刊登了村治月刊社村治丛书之二《国民革命与农村问题》（日本田中忠夫著、李育文译）。第四卷第七号刊登了新月书店特约代售书之一《白屋吴生诗稿》等。其他同类刊物的推介比较集中出现在第一卷第一号至第二卷第六七号合刊，为多种刊物的多期目录登载了广告，出现频率比较高的有《贡献》《真善美》

---

① 张隆栋主编：《大众传播学总论》，中国人民大学出版社 1993 年版，第 89–90 页。

《现代中国》《小说月报》《生活》《一般》《新女性》《春潮》，其次是《秋野》《东方杂志》《当代》《红黑》《人间月刊》《华严月刊》《泰东月刊》《文学周报》《世界月刊》等。第三卷第九号起登载目录的刊物则有《村治》《人文月刊》《社会杂志》《文艺月刊》《国文周报》《独立评论》《论语半月刊》《法学杂志》《华年》《图书评论》《外交评论》《清华周刊》等。大量新月书店、《新月》月刊和《诗刊》的广告属于内部行为，是不可能产生广告收入的。其他同类书籍和刊物的广告，当属友情赞助和交换性质，也无法带来经济上的收益。

"同人期刊"对于商业性广告总体上是排斥的。如《现代评论》因为长期刊登银行广告，便遭致《语丝》同人的冷嘲热讽。鲁迅谈及自己和《语丝》的关系时，特别提到"看广告的种类，大概是就可以推见这刊物的性质"。他嘲讽"'正人君子'们所办的《现代评论》上，就会有金城银行的长期广告；南洋华侨学生所办的《秋野》上，就能看见'虎标良药'的招牌"①。鲁迅对于商业资本通过广告的渗透对刊物进行控制格外敏感，内在的动因依旧是对刊物独立性的固守和维护。《新月》月刊对待商业广告的态度同样如此，但并不能完全避免登载商业广告。《新月》月刊从第一卷第一号至第三卷第一号有"林诚记纸号""东华印刷所""浙江兴业银行"等零星的商业广告，第三卷第二号至第三卷第十号集中出现了一定数量的商业广告，广告类别涉及食品、药品、汽车、金融等。虽然《新月》月刊从创刊号上就标明了广告价格，"全面"30元、"半面"16元、"四分之一"9元且"长期刊登者面议"，后来又根据等次、地位、页面大小制定了更为详细的广告价目表，最高价格是"特等""封面里之封面""全面"为50元，最低价格是"普通""正文前后""四分之一"为8元②。但我们有理由相信，《新月》月刊的广告收入是极为有限的，因为商业广告占广告总数的比例很小。

因此，增加销售量几乎成为刊物自身收入的唯一来源。《新月》月刊

---

① 鲁迅：《我和〈语丝〉的始终》，《鲁迅全集》（第四卷），人民文学出版社2005年版，第175页。

② 《新月》第2卷第2号（1929年4月）。

创刊伊始就以"长期订阅者特号不加价"的方法吸引长期读者。梁实秋主编期间恳请读者"长年的订购",并分析对于双方的好处:"这样订购对于我们是有益的,因为我们在营业方面可以有一点把握,我们可以放心的编辑下去了,对于读者方面更是有益,价钱较为便宜,每期出版立刻便可邮奉,既可早点看到,又可免得每次都要到书店去买。"①《新月》月刊也尝试过用多种促销方式来提高销售收入:如出完三卷后发行了合订本,每卷分上、下两册,售价均为四元;再如《诗刊》广告注明"与《新月》月刊合订者全年只收大洋一元"(全年四册原价一元四角)②等。但《新月》月刊的销售状况一直都不理想。

既然收入有限,甚至入不敷出,尽量减少开支就是第二个重要的经营原则。晚清以来现代出版业的迅速兴起、发展是建立在稿酬制度化这一基础之上,如《新小说》的稿酬标准是"章回体小说在十数回以上者及传奇曲本在十数出以上者,自著本甲等,每千字酬金,四元;乙等,每千字,三元;丙等,每千字,二元……"③,《小说月报》以更细的等级支付稿费"甲等每千字五元,乙等每千字四元,丙等每千字三元,丁等每千字二元,戊等每千字一元"④等,并由此催生了作家职业化的形成,如林纾翻译西方小说从商务印书馆可获得千字最高六元的稿酬并为此而自豪,"幸自少至老,不曾为官。自谓无益于民国,而亦未尝有害。贫居穷巷,日以卖文为生"⑤。然而,"同人期刊"的编者和作者在这种发展趋势下开辟出一条特殊的路径。按照通行的规则,编辑部为杂志服务的同人基本上是没有报酬的。"同人期刊"的作者基本上也是没有稿酬的,撰稿属于同人应尽的义务。如《现代评论》创刊之初推举刘光一任总经理,原因在于"同人中只有他没有固定的职务,就推他为经理",刘光一为了这个刊物"奔走了好几个月,费了不少的心血,报酬自然是没有的,非但没有报酬,他还

---

① 梁实秋:《新月月刊敬告读者》,《新月》第2卷第6、7号合刊(1929年9月)。

② 《新月》第4卷第4号(1932年11月)。

③ 转引自郭浩帆《新小说社征文启及其价值和意义》,《济南大学学报》2001年第3期。

④ 《本社通告》,《小说月报》1911年第6期(1911年6月)。

⑤ 林纾:《〈践卓翁小说〉自序》,陈平原、夏晓红编《二十世纪中国小说理论资料》(第一卷),北京大学出版社1989年版,第389页。

贴了不少的车钱和邮费"①《语丝》创办之初,许小峰和川岛也是"自跑印刷局,自去校对,自叠报纸,还自己拿到大众聚集之处去兜售"②。冯至回忆《骆驼草》办刊情况时说:"刊物的经费是几个朋友拼凑的,我们用费不多,因为在那上边发表文章,一概不付稿酬,唯一的开销是每期的印刷费。"③1930 年 5 月 12 日在北京创刊的《骆驼草》,是"骆驼社同人"的一份同人性质的刊物,现在已经引起了学术界的重视,被誉为当时沉闷的、荒芜的北方文化沙漠中的一抹绿色,同人们默默耕耘"自己的田园"回归文学本身。这一代知识分子的理想和情怀,的确让我们后人景仰和追慕。

《新月》月刊最核心的人物徐志摩,就是这样一个理想的浪漫主义者。他为了"新月",可以说是不遗余力,包括筹措资本方面。最初新月社在松树胡同挂牌,就是由他父亲出资的。新月书店在同人集股之外能够向银行贷款,也是徐志摩动用的社会关系。他的父亲徐申如是浙江兴业银行的大股东,中国银行的总经理是他第一任夫人张幼仪的哥哥,徐志摩与他一直交好。直至 1931 年 8 月,徐志摩写给胡适的信中主要还在谈为新月书店筹集新股和资金的事情:"新月不日开股东会,书稿陆续已收不少,有钱即可大批付印。新股招得虽有,但现金流通终感不便,因此我们向公权商量在中国银行做壹万元透支。……再有一件要事,昨夜在中社为新月扩充股份开会,成绩极佳。现决定另招三万,股不足以透支足之,分十五组径招,每组任二千。李孤航颇热心,自任一份外,另任招二组数目。马君武将去香港,至少招二千,多至二万二(那就扩成五万了)。此外任坚、品琴、老罗、春舫、洵美、'光旦和我'、陈光甫、'老八公权'、新六、季高,各任一组。北京责成你和公超负责一组,我想源宁等当然得招致入伙。计划不久印得,大致拟岁出书至少五十种,此外办《新月》及书报流通社。期限为三月十五日。这消息想你一定乐于听到。我们这份基础,决

① 西滢:《刘叔和》,《现代评论》第 2 卷第 42 期(1925 年 9 月)。
② 鲁迅:《我和〈语丝〉的始终》,《鲁迅全集》(第四卷),人民文学出版社 2005 年版,第 171 页。
③ 冯至:《〈骆驼草〉影印本序》,《立斜阳集》,工人出版社 1989 年版,第 93 页。

不能放弃，大家放出精神来做吧。"① 话语间的那种喜悦、兴奋，以及为理想而奋斗的"燃烧性的热情"，今天读来仍然让人为之动容。

当然，"同人期刊"能够成为现代文学期刊中一道清新的风景，也得益于这些编辑和作者的非职业身份。他们大多拥有大学教授的职位，且收入较为丰厚，没有经济利益的同人性质刊物的编辑和出版因此才成为可能。经济上的独立性，使刊物的自主得以实现。也正因为如此，"同人期刊"独立的媒介立场、自由的人文追求，这些不同于政党期刊和商业期刊所特有的运作方式和精神价值，才真正被彰显出来。

不过，诚如胡适所言，这种办刊方式是"变态"的、不能长久的，"同人期刊"经营上的问题非常明显。谢家崧比较细致地分析了《新月》月刊在经营上的不善："《新月》月刊虽名为月刊，但经常脱期，如创刊号是1928年3月，四卷七期终刊日期是1933年6月，四卷半的月刊却用了五年多时间。该刊开始时都写有出版年月，从三卷三期起干脆连出版日期也不写，成了不定期刊物，这样一来预定的读者就更少了，此也是经营乏术的具体表现。停刊以后，尚有部分预定户的余款也退不出而发了'优惠代价书券'，凭券购买本版图书可享八折优待，外版书可享九折的优待。当时读者对此是很有意见的。"② 叶公超总结新月失败的原因时也突出强调这一点："没有钱，我们坚持不接受任何他人的支援，而本身又不善于经营，总是亏损，终至于无法维持。"③ "同人期刊"的所得所失，也就由此注定了。

第二节 群体性和个体性共存的编辑制度

现代中国的"同人期刊"，是一群知识分子基于相同或相近的志趣耕

---

① 《徐志摩致胡适信》（1931年8月19日），《徐志摩全集》（第六卷），天津人民出版社2005年版，第275—276页。

② 谢家崧：《我记忆中的新月书店》，俞子林主编《百年书业》，上海书店出版社2008年版，第82页。

③ 叶公超：《关于新月》（原载台湾《联合报》1980年8月6日），程新编《港台·国外 谈中国现代文学作家》，四川文艺出版社1986年版，第165—166页。

耘的"自己的园地",在编辑策略、用稿方针等方面,由一个相对固定的团体来完成,同时又保留了个体一定程度上的独立性。因此,在编辑制度上,它们或自由组合、集体协商,或合同管理、分工负责。《新月》月刊采用集体编辑和独立编辑轮替的方式,显示共同理想和个人旨趣之间的制衡状态。

一 集体编辑和独立编辑的轮替

《新月》月刊每期的版权页上印有"编辑者"名单,我们可以看到是集体编辑和独立编辑两种制度轮流进行。集体编辑共有 21 期:创刊号至第二卷第一号的编辑者是徐志摩、闻一多和饶孟侃三人,第二卷第二号至第五号的编辑者是梁实秋、潘光旦、叶公超、饶孟侃和徐志摩五人,第四卷第四号至第七号(终刊)则增加到叶公超、胡适、梁实秋、余上沅、潘光旦、罗隆基和邵洵美共七人。独立编辑总计 22 期:第二卷第六七号合刊至第三卷第一号的编辑者为梁实秋,第三卷第二号至第四卷第一号的编辑者为罗隆基,第四卷第二号和第三号的编辑者为叶公超。所以,《新月》月刊的编辑制度不能笼而统之概括为"集体编辑制",而是"不但没有主编,而且没有固定的编辑者,编务是'轮流坐庄'办理的"[①]。

《新月》月刊这种编辑制度的形成,直接原因与新月同人的个性有关。如前所述,据梁实秋回忆,最初筹划《新月》时拟由胡适任社长、徐志摩为主编。但同人们聚集商议时有人提出异议:"表面上是因为社长主编未经同人推选,手续不合,实际上是《新月》一批人每个都是坚强的个人主义者,谁也不愿追随在别人之后,志摩是何等圆滑的人,立刻主张改为集体编辑。"[②]所以,《新月》创刊时编辑者有三个人,后来增加至五个人乃至七个人,这些人中梁实秋、罗隆基、叶公超又分别担任过独立编辑,形成了编辑者"轮流坐庄"的情况。由此,有助于我们考察"同人期刊"群体性和个体性并存的特征。

---

① 倪平:《〈新月〉月刊若干史实之考证》,《编辑学刊》2004 年第 6 期。
② 梁实秋:《〈新月〉前后》,梁实秋著、陈子善编《梁实秋文学回忆录》,岳麓书社 1989 年版,第 125 页。

　　《新月》月刊初创时及其后一段时间采用集体编辑，可以起到凝聚同人群体情感的作用。同人群体并非经由严格组织建构起来，而是彼此间志同道合、求同存异的松散结合。为了避免一开始就给同人们造成"独断独行"的印象，性情明达如徐志摩当然乐于形成"民主化"的局面。"同人期刊"既然是同人们发表言论和主张的"自己的园地"，合同管理、集体协商的方式也便于集稿。饶孟侃说："办法是采用集稿制，每人只负责编一期，以便在轮转中有足够的时间去约稿、选稿，并料理自己的事情。"① 梁实秋也回忆过："一多（闻一多，笔者注）负着编辑人之一的名义，给《新月》写了一些稿，也为《新月》拉了一些稿，例如费鉴照、陈楚淮几个年轻人的稿子都是他介绍来的，这编辑人的名义一直到二卷二期（一九二九年四月）才解除。"② 徐志摩、胡适等人的往来书信和日记中，也多次记载了向人约稿、催稿、收稿和荐稿的事情。以《新月》为代表的"同人期刊"的编者与作者有高度的同一性，所以编辑承担着写稿、约稿和编稿的多重责任。多位编辑协同合作、分工负责，很大程度上保证了刊物的稿源和质量。

　　《新月》月刊虽然一半是多人署名的集体编辑者，实际上也是每期由一个人具体负责。梁实秋说："《新月》杂志于一九二八年三月十日首刊，编辑人列徐志摩、饶子离、闻一多三个人。事实上饶子离任上海市政府秘书，整天的忙，一多在南京，负责主编的只是志摩一个人。"③ 谢家崧则说："创刊时以徐志摩、闻一多、饶孟侃三人为主编，但实际编辑大权却在梁实秋手里，因为该刊最后清样都必须送交梁实秋阅后才能付印。"④《新月》月刊版权页从未标注"主编"，无论集体编辑还是个人编辑均署"编辑

---

　　① 饶孟侃：《关于新月派》（未刊手稿），转引自王锦厚《闻一多与饶孟侃·饶孟侃年谱》，电子科技大学出版社 1999 年版，第 299 页。

　　② 梁实秋：《谈闻一多》，《雅舍怀旧——忆故知》，中国友谊出版公司 1986 年版，第 50-51 页。

　　③ 梁实秋：《谈闻一多》，《雅舍怀旧——忆故知》，中国友谊出版公司 1986 年版，第 50-51 页。

　　④ 谢家崧：《我记忆中的新月书店》，俞子林主编《百年书业》，上海书店出版社 2008 年版，第 81 页。

者"。梁实秋和谢家崧对于到底是谁实际掌握编辑大权的说法不一致，但都肯定了事实上是有主编的。无论是事实上的主要编辑者，还是单独署名的编辑者，因为个人风格和倾向性的差异，决定了刊物不同的关注点和风貌特征。如徐志摩对刊物文学性的坚持，梁实秋、罗隆基等人对政治批评和言论自由的倚重，在《新月》月刊不同的卷号中均得以体现。

梁实秋开始独立编辑时，在第二卷第六七号合刊发表《敬告读者》，其中谈到："自从第二卷第二期起《新月》月刊的面目和从前不同了。我们接连着登了胡适梁实秋罗隆基几位先生的文章，于是许多人都异口同声的说：'新月谈政治了！'不错，我们是谈政治了，我们以后还要继续的谈。"他还特意提到："胡适之先生的那篇《人权与约法》已引起了全国人士的注意，不，全世界人士的注意。编者无意的发表了几篇文章，但是新月月刊的性质变了，赢到了许多的新朋友。反对的声浪也起来了，这是我们认为当然的。"[1]新朋友让梁实秋们感到了振奋，但老朋友的反对则被忽略或者置之不理，同人之间思想主张的裂隙完全彰显出来。因此，徐志摩、闻一多、饶孟侃等人不愿再编《新月》，改由梁实秋和罗隆基相继独立编辑了总共20期。

梁实秋在《忆〈新月〉》中说："新月一伙人，除了共同意愿办一个刊物之外，并没有多少相同的地方，相反的，各有各的思想路数，各有各的研究范围，各有各的生活方式，各有各的职业技能。"[2]正是因为同人群体的这种特点，"同人期刊"可以相对独立于经济、政治，但也缺乏强有力的凝聚力，很容易走上分手涣散之路。

二 共同理想和个人旨趣之间的制衡

作为一种"群体性媒介"，"同人期刊"在办刊宗旨、编辑方针上，多以社团目标和群体追求定位，而不以政党原则或企业利益取舍。

《新月》月刊发刊词《〈新月〉的态度》一文中说："我们这几个朋友，

---

[1] 梁实秋：《新月月刊敬告读者》，《新月》第2卷第6、7号合刊（1929年9月）。

[2] 梁实秋：《忆新月》，程新编《港台·国外 谈中国现代文学作家》，四川文艺出版社1986年版，第170页。

没有什么组织除了这月刊本身，没有什么结合除了在文艺和学术上的努力，没有什么一致除了几个共同的理想。凭这点集合的力量，我们希望为这时代的思想增加一些体魄，为这时代的生命添厚一些光辉。"① 全文最突出的特点是第一人称复数词"我们"的频繁使用，全文 24 个自然段，其中 13 个段落用"我们"开头。"我们"的自称、"集合的力量"，都是"新月"作为同人群体的自觉表达。因为"在文艺和学术上的努力"的结合，借助于"月刊"这一媒介来表达"共同的理想"，也正是同人群体的基本内涵。文中首先列举了思想市场上的十三种派别、思潮，旗帜鲜明地指出"里面有狠多是与我们所标举的两大原则——健康与尊严——不相容的"。《新月》月刊的办刊宗旨和定位，即以"尊严与健康"为两大原则，承担起"对我们光明的过去负有创造一个伟大的将来的使命"和"对光明的未来又负有结束这黑暗的现在的责任"，"为这时代的思想增加一些体魄，为这时代的生命添厚一些光辉"②。这正是新月同人共同思想意趣的传达。

　　《新月》月刊创刊时的办刊定位和内容，是以"文艺为主"，"因为同人中以文人为多。但是文艺以外的学术思想方面稿件也收"③。以徐志摩、闻一多、饶孟侃编辑的《新月》第一卷至第二卷第二号为例，主要登载的是文学作品和文艺论文，另有少量哲学、历史、经济、民族等学术思想方面的文章。徐志摩的诗歌《我不知道风是在哪一个方向吹》《再别康桥》、散文《谒见哈代的一个下午》《浓得化不开》和戏剧《卞昆冈》，沈从文的小说《阿丽思中国游记》《雨》《旅店》，闻一多的诗歌《答辩》《回来》和传记《杜甫》，梁实秋的文学论文《文学的纪律》《文学与革命》等，都是"健康和尊严"两大原则下的产物，"对于当时文艺界的现象也不无挑战的意味"，充分彰显了新月同人在文学方面较为一致的审美特征和艺术趣味！

　　因此，刊物的宗旨、标准会在一定程度上形成群体意愿，对编辑者

---

① 徐志摩：《〈新月〉的态度》，《新月》第 1 卷第 1 号（1928 年 3 月）。
② 徐志摩：《〈新月〉的态度》，《新月》第 1 卷第 1 号（1928 年 3 月）。
③ 梁实秋：《〈新月〉前后》，梁实秋著、陈子善编《梁实秋文学回忆录》，岳麓书社 1989 年版，第 126 页。

产生制约作用。《新月》月刊联合署名的编辑者，或者并未署名但处于核心地位的同人，在编辑事务上会出现相互制衡的情况。以徐志摩筹划出版"梁启超纪念专号"事件为例：梁启超去世后部分原新月社成员准备把《新月》第二卷第一号作为纪念专号出版，梁启超去世的第二天（1929 年 1 月 20 日）徐志摩致胡适信中明确了《新月》出专号纪念的意图和计划："《新月》出专号纪念，此意前已谈过，兄亦赞成，应如何编辑亦须劳兄费心。先生各时代小影，曾嘱廷灿兄挂号寄沪，以便制版，见时并盼问及，即寄为要。"① 徐志摩还将处理梁启超未竟之作《桃花扇考证》和《稼轩年谱》的续作与出版，以及将纪念文章、遗像、墨迹合出纪念册等事宜均委托给胡适。三天后（1 月 23 日）徐志摩再次致函胡适，对于出版"梁启超纪念专号"做出了更为详细的安排，并明确表示"专号迟至三月十日定须出版，《新月》稿件应于二月二十五日前收齐，故须从速进行"②。最终结果却是，徐志摩热心筹划的"梁启超纪念专号"未能如愿出版，《新月》第二卷第一号延期一个月出版，也并非梁启超纪念专号。有研究者认为主要原因就在于徐志摩和胡适缺少起码的沟通，他们之间发生了误会③。以梁启超和新月同人的关系，纪念专号流产的确令人有些费解，其中的隐情也已无从稽考，谢家崧在《新月社始末我见》中谈到此事只说"遭到部分成员的反对而没有出成，并把已付排的稿件从印刷厂抽了回来"④。"部分成员"是谁我们无从得知，但徐志摩没有和《新月》月刊的编辑群体达成共识、编辑个人意愿不得不服从群体追求则是事实。

　　类似事情无独有偶。徐志摩 1929 年 7 月 21 日致李祁信中说："我编'新月'，早已不满同人之意。二卷一期我选登外稿《观音花》，读者颇多称赞（例如邵洵美至称为杰作。其实此文笔意尚活泼可取，作者系一年青

---

　　① 《徐志摩致胡适信》（1929 年 1 月 20 日），《徐志摩全集》（第六卷），天津人民出版社 2005 年版，第 256 页。

　　② 《徐志摩致胡适信》（1929 年 1 月 23 日），《徐志摩全集》（第六卷），天津人民出版社 2005 年版，第 257-258 页。

　　③ 王耀文：《胡适、〈新月〉与梁启超纪念专号》，《书屋》2008 年第 6 期。

　　④ 谢家崧：《新月社始末我见》，俞子林主编《那时文坛》，上海书店出版社 2008 年版，第 70 页。

学生，我不相识也），但梁实秋大不谓然，言与《新月》宗旨有迳庭处，适之似亦附和之，此一事也。《X光室》及译文我一齐送登二期，梁君又反对，言创作不见其佳，译文恐有错处。我说我意不然，此二文决不委屈《新月》标准，并早已通知作者。结果登一篇。我谓梁君如必坚持尽可退回，无妨也，但不知如何，译作仍在三期登出。胡先生亦谓《X光室》莫名其妙，我亦不与辩。适《新月》董事会另有决议，我遂不管编辑事。上月陈通伯夫妇来，说及《X光室》，皆交口赞美，我颇觉抒气，继雪林女士及袁昌英亦都说好。我说如此看来，我眼睛不是瞎的，但始终未向梁胡诸前辈一道短长，因无可喻也。"[①]梁实秋和胡适以"《新月》宗旨"为衡量标准，对徐志摩在第二卷第一号选登的外稿《观音花》颇有微词，第二卷第二号徐志摩选送的稿件也遭到梁实秋、胡适的反对，但可能出于对徐志摩作为集体编辑者权利的尊重仍然登载出来了。对于文学作品的评价，的确会因为阅读者的个人趣味产生较大差别，不同编辑者的偏好差异也属于正常现象。但从徐志摩信中流露的情绪来看，他与梁实秋、胡适等人之间的冲突已经较为明显，以至于"不管编辑事"。

但"同人期刊"的社团目标和群体追求并没有严格的一致性和约束性，因而期刊与其说是共同主张的表达平台，不如说是作为众人言说空间的一种存在。因此，"同人期刊"往往因为编辑更换导致办刊宗旨、编辑方针发生变化，即便有不同意见和主张也不会刻意去维护其连续性。徐志摩致李祁信中最后所表达的，就是对于《新月》更换编辑者之后办刊宗旨变化的态度。《新月》月刊从第二卷第二号起由梁实秋、潘光旦、叶公超、饶孟侃和徐志摩五人编辑（主编权力掌握在梁实秋手里，徐志摩排在最后一位），第二卷第六七号合刊至第三卷第一号则由梁实秋独立编辑，《新月》编辑方针的确发生了变化。此时政论文章不但篇幅大为增加，而且编排上往往放在最前面，有些卷号里文学创作和研究文章几乎成为点缀（如第二卷第四号）。如前所述，梁实秋在第二卷第六七期合刊发表《敬告读者》一文，明确宣告这种转变，并对这种转变的由来加以说明：

---

① 《徐志摩致李祁信》（1929年7月21日），《徐志摩全集》（第六卷），天津人民出版社2005年版，第58-59页。

我们办月刊的几个人的思想是并不完全一致的，有的是信这个主义，有的是信那个主义，但是我们的根本精神和态度却有几点相同的地方。我们都信仰"思想自由"，我们都主张"言论出版自由"，我们都保持"容忍"的态度（除了"不容忍"的态度是我们所不能容忍以外），我们都喜欢稳健的和合乎理性的学说。这几点是我们几个人都默认的。

正因为"思想是并不完全一致的"，相同之处在于信仰和主张"思想自由""言论出版自由"和"容忍"的态度，《新月》月刊没有严密的组织机构，是"散漫的""志同道合"的几个朋友"发表文章"的机关，它既能够在同人合作之下保持同中有异、异中有同的风格和标准，为各个编辑者及其所属群体的诉求表达留下了一定的空间，但也容易出现各自的个性表达和"派中之派"利益诉求上的冲突。这种冲突和裂缝一旦产生，同人似乎也无意弥合，于是徐志摩有"另组几个朋友出一纯文艺月刊，因《新月》诸公皆热心政治，似不屑文艺，我亦不便强作主张"[1]的想法。

《新月》月刊最后的终刊也跟同人之间主张上的差异直接相关。第三卷第二号至第四卷第一号由罗隆基主编后，"政治文章更加增多了，这一作法是完全与徐志摩、闻一多、饶孟侃等人初创时的宗旨完全违悖的，对此徐、闻、饶等及其他一些老成员更加不满了"[2]，就连之前主张谈政治的梁实秋也有所不满了，"《新月》杂志改由罗努生编辑，内容逐渐变质，文艺学术的气氛少，而政治评论的成分多"[3]。不少当事人和研究者都指出，正是因为《新月》月刊大谈政治，很多新月社的成员不愿把自己的作品交给月刊发表了，稿源枯竭是《新月》月刊突然终刊的重要原因之一。因此，

---

① 《徐志摩致李祁信》（1929 年 7 月 21 日），《徐志摩全集》（第六卷），天津人民出版社 2005 年版，第 58—59 页。

② 谢家崧：《新月社始末我见》，俞子林主编《那时文坛》，上海书店出版社 2008 年版，第 71 页。

③ 梁实秋：《〈新月〉前后》，梁实秋著、陈子善编《雅舍谈书》，山东画报出版社 2006 年版，第 499 页。

罗隆基向徐志摩诉苦:《月刊》内容非大家负责不可。半年来,一多、实秋、英士、子离、上沅、公超、西滢、叔华等先生都没有稿来,你的稿亦可说太少。《新月》内容的退步,大家都要负责任的。"①叶公超接编后,《新月》月刊恢复了文学刊物的性质,但仍未能改变稿源缺乏的局面,叶公超几乎以一人之力执笔写稿勉强维持。

第三节　具有浓厚精英意识的传播主体

期刊的传播主体,具有群体性特征,即不仅仅由一个人承担,而是需要一组传播者。其中至少包含两个小群体,主要是编辑主体和创作主体。"传播者不但掌握着传播工具和手段,而且决定着信息内容的取舍选择,作为传播过程的控制者发挥着主动的作用。"②因此,传播主体作为信息的发送者,在传播过程中居于优先地位。从传播主体的角度进行考察,"同人期刊"的编辑主体和创作主体之间有着高度的统一性,而且表现出浓厚的精英意识。

一　编辑主体—创作主体之间的高度统一

一般而言,编辑是刊物的"守门者"(又译为"把关人")。"守门者"最初是一个社会学术语,勒温在《人类关系》一书中描述这样的过程:一则消息经由某些信道传送过程中,必须在某些检查点获取通行许可。这些点被称之为"门",那些掌管发放通行许可证的人或组织被称为"守门者"。这一术语被引入大众传播研究之后,指称"那些在决定某种消息的性质和流量方面有着一定权力的人或机构"③,正是"守门者"决定着什么可被传播以及怎样传播。在实际的传播过程中,"守门者"和"传播者"这两种角色往往重合在一起。当一个人从事创作的时候,他就是"传播

---

① 《罗隆基致徐志摩信》(1931年5月20日),中国社会科学院近代史研究所中华民国史组编《胡适来往书信选》(中册),中华书局1979年版,第70页。
② 郭庆光:《传播学教程》(第二版),中国人民大学出版社2011年版,第182—183页。
③ 周晓明:《人类交流与传播》,上海文艺出版社1990年版,第354页。

者";当他从事评价他人创作的时候,又成为"守门者"。"同人期刊"的编辑主体和创作主体的高度统一性,避免了"守门者"和"传播者"两种角色之间可能产生的"交流沟裂",使得"传播者"的意见表达最大限度保持原貌,这对于实现同人媒介的群体诉求无疑是极为有利的。

《新月》月刊从总体上看,编辑和作者的重合性十分明显。列入《新月》月刊"编辑者"名单的一共有10人,即徐志摩、闻一多、饶孟侃、梁实秋、潘光旦、叶公超、罗隆基、胡适、余上沅和邵洵美,他们既是刊物的编辑主体,也是最重要的创作主体。有研究者对这10位编辑者在《新月》月刊发表文章的数量做过统计,虽然统计数据存在一定误差,但并不影响对其整体情况的评价。如史习斌在《〈新月〉——一种同人期刊与自由媒介的综合透视》中提供了"《新月》月刊主要作者情况一览表",这10人在《新月》月刊发表文章总数为245篇,其中核心成员徐志摩、梁实秋、罗隆基、胡适4人所发表文章分别为49篇、50篇、35篇、31篇,数量远远超过其他单一身份的作者。

《新月》月刊因为编辑者的轮替,作者队伍的随之更新也十分显著。以《新月》创刊号为例,徐志摩名列编辑者的首位,这一期《新月》也几乎成为他一个人的刊物。徐志摩不仅发表了自己的两首诗歌《我不知道风是在那一个方向吹》和《秋虫》、散文《白郎宁夫人的情诗》,以及由他执笔的《〈新月〉的态度》,而且对哈代做了高密度的集中推介,包括《汤麦氏哈代》《谒见哈代的一个下午》《哈代的著作略述》《哈代的悲观》四篇文章、《对月》《一个星期》两篇诗歌翻译和以《哈代》为题创作的一首诗歌。徐志摩在《新月》创刊号上合计发表文章11篇,超过了所有其他作者文章的总和[①],也占到了他在《新月》月刊上所发文章总数的五分之一。徐志摩在担任主要编辑的创刊号至第二卷第一号,总共发表文章31篇,数量更是达到了总发稿量的60%以上。闻一多和饶孟侃的文章也都集中在

---

① 其余总共9篇文章,分别是梁实秋的《文学的纪律》、沈从文的《阿丽思中国游记》、王味辛的《只要你说一句话》、闻家驷的《谢绝》、西滢的《一个懂得女子心理的人》、胡适的《考证红楼梦的新材料》、闻一多的《白朗宁夫人的情诗》(一)、叶公超的《写实小说的命运》和余上沅的《最年轻的戏剧》。

这一阶段，数量分别是 9 篇和 11 篇，他们在《新月》月刊上的发稿总量分别是 12 篇和 17 篇。罗隆基独立编辑第三卷第二号至第四卷第一号，在此期间他大概发表文章 25 篇，也占据了发稿总量（35 篇）的 70% 以上。

虽然编辑与作者合二为一的原因不尽相同，如闻一多可能出于尽编辑之职的责任感，徐志摩、罗隆基等人可能更多来源于自我表达的强烈愿望。徐志摩曾在 1925 年 7 月由狄更生介绍专程去哈代的自建住宅拜谒这位"老英雄"，将之称为"天神"并表达了见到他的"神奇"[①] 感，而哈代又恰好在《新月》创刊前刚刚逝世，所以徐志摩有意无意中把《新月》创刊号办成了"哈代专号"。罗隆基担任主编之前就在《新月》月刊上发表政论文章，他主持《新月》期间因集中发表政论文章导致刊物被查禁和店员被拘捕，但他始终坚持这种激进的办刊思路和政治举动。当徐志摩等人为了维持刊物生存提出要《新月》转向文艺时，罗隆基对此很不以为然，嘲讽以前有天津的报纸打着"言论自由"的招牌却并无实质，认为"《新月》的立场，在争言论思想的自由。为营业而取消立场，实不应该。相当的顾到营业则可，放弃一切主张，来做书店生意，想非《新月》本来的目的"[②]。

《新月》月刊的其余主要作者，大都是新月同人。有的原本就是新月社的成员，如陈西滢、凌叔华、林徽因等；有的是经同人（尤其是编辑）推荐加入进来。在《新月》月刊上发表小说最多的沈从文，众所周知是受徐志摩赏识和提携的，虽然他从未加入"新月社"或"新月派"，但不能否认其新月同人的身份。如前所述，闻一多任编辑期间发展了费鉴照、陈楚淮等几个年轻作者。闻一多时任南京中央大学外文系主任，费鉴照、陈楚淮都是外文系学生。费鉴照关于英国诗人德拉迈尔的课程论文得到闻一多的充分肯定，并受其鼓励写了《现代诗人》（一）（二）（三）（四）等交由《新月》发表[③]。陈楚淮的话剧处女作《金丝雀》由闻一多推荐在《新

① 徐志摩：《谒见哈代的一个下午》，《新月》第 1 卷第 1 号（1928 年 3 月）。
② 《罗隆基致胡适信》（1931 年 8 月 6 日），中国社会科学院近代史研究所中华民国史组编《胡适来往书信选》（中册），中华书局 1979 年版，第 76 页。
③ 费鉴照：《现代英国诗人·自序》，新月书店 1933 年版。

月》第一卷第五号发表，此后陈楚淮还陆续发表了《药》《韦菲君》《桐子落》《浦口之悲剧》《骷髅的迷恋者》等剧作，成为《新月》月刊的戏剧主要作者。从事新诗创作的陈梦家也是颇受闻一多赏识的学生，方玮德则是陈梦家最亲密的朋友，方玮德又是方令孺的侄儿，这些学缘和亲缘关系，逐步扩大了新月同人的范围。

因此，《新月》月刊是同人们表达自己的主张和理想的阵地。"他们没有划一的主义和统一的主张，但却有同一的志趣和相近的精神，这种志趣和精神支配着新月派同人的文学趣味。"① 这一方面保证了同人阵地上较纯粹的艺术追求和较高的艺术水准，另一方面也限制了同人阵地的发展和刊物影响力的扩大。

二　浓厚的精英身份意识

《新月》月刊传播主体的一个明显特征是，他们具有浓厚的精英意识，这是由其教育背景、社会地位和文化态度等共同形成的身份意识。

从新月社开始，新月同人就并非为贯彻某种文学思想或宣扬某种艺术主张而聚合，聚会的形式从聚餐会发展成俱乐部，带有明显的沙龙性质。"沙龙"译自法语词 Salon，原指法国上层人物住宅中的豪华会客厅。"沙龙"有两种含义，一种是艺术展览（official exhibition of art sponsored by French government），一种是文艺聚会（artistic and literary gathering）。本书主要采用第二种含义。作为一种聚会场合与方式，沙龙起源于法国 17 世纪上半期并风靡欧美文化界，聚会地点从宫廷宴会厅到兰布依耶饭店再到名媛贵妇的内室客厅，聚会人员主要是音乐家、画家、评论家、戏剧家、诗人、小说家、哲学家及政治家等社会名流，他们因为志趣相投而聚会一堂畅谈各种感兴趣的问题。因而沙龙具有先天性的贵族化品格和开放性的文化精神，是上流社会的社交活动中心。徐志摩、胡适等人正是受这种沙龙风气的影响，从欧美留学回来之后发起了聚餐会、俱乐部等沙龙活动。

围绕《新月》月刊形成的编辑—作家群体，无论是早期参加过新月社沙龙的徐志摩、胡适、饶孟侃、闻一多等人，还是《新月》月刊中后期的

---

① 　朱寿桐：《绅士气度与新月派的形成》，《江苏社会科学》1993 年第 4 期。

骨干力量潘光旦、罗隆基、陈梦家、方玮德等人，他们的教育背景、社会地位、文化态度都决定了一种精英的身份认同。

从教育背景来看，新月同人普遍在国内就读于北京、上海、南京、天津等地的高等学府，受过系统而良好的现代教育，并且大多在欧美国家留学或获得最高学位。"欧风美雨"的熏陶和浸染，对新月同人的人生观、价值观乃至学识、学养和人格，都造成了深远的影响。如果把徐志摩念念不忘的"康桥"视为西方文化尤其是英美文化的一种象征，那么徐志摩笔下的这段话很能说明西方文化对他的影响："我不敢说受了康桥的洗礼，一个人就会变气息，脱凡胎。我敢说的只是——就我个人说，我的眼是康桥教我睁的，我的求知欲是康桥给我拨动的，我的自我意识是康桥给我胚胎的。"[①] 徐志摩性格开放，擅长人际交往，尤喜结交名流。留学尤其是留英期间，徐志摩的交往更加广泛且具有精英文化色彩。罗素、拉斯基、狄更生、瑞恰慈、威尔斯、魏雷、曼殊斐尔等，徐志摩都曾一一拜访，并同他们中的许多人保持长久的友谊。徐志摩在家信中还表露过结交"名士"的兴奋和感受："儿自到伦敦以来，顿觉性灵益发开展，求学兴味愈深，庶几有成，其在此乎？儿尤喜与英国名士交接，得益倍蓰，真所谓学不完的聪明。"[②] 就英美两国高等教育的风气乃至整个社会风气而言，美国注重科学和自由精神，英国更具有人文气息和贵族绅士气。所以《新月》同人之间的差异也体现得较为明显，如徐志摩、陈西滢、邵洵美、林徽因都更有潇洒的绅士淑女风情，胡适、罗隆基等更多的是科学理性精神。正因为如此，沙龙宽松的氛围和方式更适合他们。

从职业情况来看，《新月》同人主要是大学教授并担任院长、系主任等职务，或者是书局、报刊杂志的主编，薪水收入和社会地位都比较高，毫无疑问属于社会中的精英阶层。在享有充分物质保障的基础上，他们更要追求精神上的娱乐。如前所述，新月社最初的文学艺术活动，就颇有些"玩"的意味。徐志摩说："我们想集合几个人的力量，自编戏自演，要得

---

① 徐志摩：《吸烟与文化》，《徐志摩全集》（第三卷），天津人民出版社 2005 年版，第 331 页。

② 《徐志摩致双亲信》（1920 年 11 月 26 日），《徐志摩全集》（第六卷），天津人民出版社 2005 年版，第 6—7 页。

的请人来看，要不得的反正自己好玩。"①"自编戏自演"和"自己好玩"，这真是一种潇洒自在的态度。当新月同人南迁至上海后，他们因为"群居终日言不及义"而想发言的欲望，"大家拼拼凑凑"②办起了《新月》月刊。同人们围绕《新月》月刊开展的编辑、创作等活动，很大程度上出于自我表达的需要。他们自己出资维持刊物运转并且也不领取稿酬，无须关心刊物是否能够迎合读者需要并有好的销量，因而获得了较大的创作自由。

从文化态度来看，新月同人普遍带有精英化倾向，将文艺看作少数人的高雅之事。梁实秋曾就文学的性质与价值断言："文学家就是一个比别人感情丰富感觉敏锐想象力发达艺术完美的人。……好的作品永远是少数人的专利品，大多数永远是蠢的永远是与文学无缘的。"值得注意的是，梁实秋在这里并未把文学作品价值的高低、鉴赏能力之有无与贵族资本家和无产阶级对应划等号，他特别强调文学的创作和鉴赏都是天赋才能，是属于少数人的，"文学的价值决不能以读者数目多寡而定"。因此，文学只能是天才的、小众的，与工具论、大众化毫无关系，"为大多数人读的文学必是逢迎群众的，必是俯就的，必是浅薄的"③。新月同人讲究情趣相投和品位高雅，注重"个人的情绪的表现"和"人心中最深处发出来的声音"④，并不具有启蒙主义的激进姿态和大众意识。这也形成了新月同人较为一致的自由主义、个人主义态度，以及从个体贵族精神立场来审视文学的独立、审美意识。

所以准确地说，《新月》月刊具有精英文化的特征，是一个同人性质的"小众传媒"。"小众传媒"是"现代传媒的重要组成部分，它指的是由精英知识分子主办的、具有精英文化特征的、为高级知识分子阶层读者而办的报刊，它不追求广大市民读者的购买阅读，也不以发行量作为办刊的唯一目标"⑤。高度统一的编辑主体和创作主体是源于共同的身份意识和文

---

① 徐志摩：《欧游漫录——第一函 给新月》，《晨报副刊》1925 年 4 月 2 日。
② 梁实秋：《忆新月》，梁实秋著、陈子善编《梁实秋文学回忆录》，岳麓书社 1989 年版，第 107 页。
③ 梁实秋：《文学是有阶级性的吗？》，《新月》第 2 卷第 6、7 号合刊（1929 年 9 月）。
④ 梁实秋：《文学是有阶级性的吗？》，《新月》第 2 卷第 6、7 号合刊（1929 年 9 月）。
⑤ 周海波：《现代传媒视野中的中国现代文学》，中华书局 2008 年版，第 25 页。

化趣味，他们作为文学传播活动的"守门人"，坚持对于健康、尊严、理性、秩序的追求，将文学活动基本上限于同人圈子之内，使《新月》月刊自始至终保持了一种较为"纯正"的立场。

第四节　受众高度的被选择性和次群体化

印刷媒介的受众是读者，以阅读的方式来接收信息。作为读者的受众，具有人数众多、分布广泛、成分复杂、相对独立等特征。在现代社会中，任何一个人都可能成为印刷媒介的受众，因此其绝对数量、地域分布、性别年龄、职业阶层、性格心理等都难以明确限定。而且印刷媒介的阅读行为在绝大多数情况下是一种个人行为，传播者与受众、受众与受众之间往往是相互隔绝、彼此独立的状态。因此，研究《新月》月刊的受众群体存在既定的障碍，不可能将其精确量化，只能以有限的资料对《新月》月刊受众的特征做些探索。

一　非读者主导的传播媒介

《新月》月刊是"同人期刊"，它不仅迥异于宣传政治见解和主张的党派性期刊，也有别于以盈利为目的和以娱乐为品位的商业化期刊，具有非常显著的以编辑为主导而非读者为主导的特征。

徐志摩对《新月》月刊起着核心和支柱作用，他的编辑思想从接编《晨报副刊》时就已经做了明确表达。他在《晨报副刊》"发刊词"[①]里自称"决不是一个会投机的主笔"，不会去"迎合群众心里"，不会去"谀附言论界的权威"，也不会去"取媚社会的愚暗与褊浅"，这是一个享有完全编辑权的主编，只认识自己、只知对自己负责任、只说自己愿意说的话，总而言之"办法可得完全由我，我爱登什么就登什么"。徐志摩一开始就已经预料到了难免会使一部分读者失望，因为"每回我说话比较自以为像话的时候，听得进听得懂的读者就按比例的减少"，而且一个作者往往宁可暗伤读者也不肯牺牲自己的思想。在徐志摩看来，"思想的事业"和"报

---

① 徐志摩：《我为什么来办我想怎么办》，《晨报副刊》1925 年 10 月 1 日。

纸"天生就是相悖的，"思想的事业"是"少数人的特权与天职"，"报纸"是跟着"平民主义工商文明一套"而来"为一班人设的"。现在拿"报纸"来做"思想的事业"，也就注定了营业上失败的结果。

徐志摩追求的是"完全由我"的编辑权，对"自己"而非对"读者"负责。这与前任主编孙伏园的编辑思想明显不同。孙伏园主张"日报附张的正当作用就是供给人以娱乐"①，所以文学艺术类的作品比学术思想的作品更为重要，教科书或讲义式艰深沉闷的学术文章尤其要避免。孙伏园是从社会需要和大众趣味出发来办副刊的，徐志摩则将《晨报副刊》办成了"仅留副刊之名，别具一幅精神"的"'疯子说疯话'的志摩报"②。这位自负而真诚的主编，用自己的眼睛看，用自己的心感受，说自己想说的话，甚至把"说的话有没有人听，有没有人懂"③当成另外一件事不予理睬。他看重的是同人之间的志同道合，不仅自己常常开口说话，连"志摩附识"都会超过正文篇幅，还约了一些朋友来给他帮忙，包括多才多艺的赵元任，擅写政治文章的张奚若，熟谙西洋艺术的刘海粟、钱稻孙、邓以蛰，谈文学戏剧的闻一多、余上沅、赵太侔，专撰科学论文的翁文灏、任叔永等。这种独立自主的编辑原则也得到同人们的认可和支持。张奚若曾专门写文痛陈"副刊"的流毒与罪状，并声明自己向来不为副刊做文章，现在之所以答应徐志摩的约稿，乐在主编许诺的"'尽量发泄'的自由权"④。徐志摩在这块寸土之上，坚守着"决不能让实利主义的重量完全压倒人的性灵的表现"⑤的理想！

徐志摩这种不太顾及读者反应的编辑风格，无疑会大大削弱副刊作为大众传媒的商业效益以及副刊的综合性、大众化。因此，《晨报副刊》逐渐具有了"同人期刊"的性质。《诗镌》和《剧刊》专栏的创办，则进一步强化了这一特质。徐志摩在《诗刊弁言》中讲述了开辟《诗镌》这一专

---

① 孙伏园：《理想中的日报附张》，《京报副刊》1924 年 12 月 5 日。
② 张奚若：《副刊殃》，《晨报副刊》1925 年 10 月 5 日。
③ 徐志摩：《"迎上前去"》，《晨报副刊》1925 年 10 月 5 日。
④ 张奚若：《副刊殃》，《晨报副刊》1925 年 10 月 5 日。
⑤ 徐志摩：《读桂林梁巨川先生遗书》，《晨报副刊》1925 年 10 月 12 日。

栏的主张和宗旨，即致力于新诗的革新和创造，要发现"诗文与各种美术的新格式与新音节"，从而达成这个民族新文艺的"伟大美丽的将来"。作为主编的徐志摩，他考虑更多的是将《诗镌》办成新诗艺术探索的实验场，而不是读者对内容的期待，因此特地声明第一不敢担保诗刊生命的长久，第二不敢担保"这诗刊的内容可以满足读者们最低限度的笃责"①。《诗镌》因为同人离京"稿事太不方便"出了 11 期之后停刊，随后又有了《剧刊》，希望通过讨论、批评、介绍与研究，"给社会一个剧的观念，引起一班人的同情与注意"②。但徐志摩的热心和余上沅等人的努力，仍然没有避免《剧刊》遭遇读者冷落的结果，《剧刊》出了 15 期后难以为继。余上沅曾哀叹："社会，像喜马拉雅山一样屹立不动的社会，它何曾给我们半点同情？"③余上沅等人在欧美国家留学，学习了西洋戏剧，一心想在中国推动新剧的发展，但当时的社会环境下中国戏剧不可能与世界戏剧同步发展。而且《剧刊》因为篇幅限制无法登载剧本，发表的基本属于戏剧理论文章，对于文学爱好者和一般民众而言，这样的内容显然过于抽象、艰涩。正如余上沅所说"社会既不要戏剧，你如何去勉强它"④，不考虑读者需求，单凭热心来发表自我主张，终不免凄恻地凋零。

新月书店的成立和《新月》月刊的创办，如前所述，是因为新月同人意识到要系统表达自己的文学主张，深入进行文学艺术的研究，非得有自己专门的刊物和出版机构不可。1928 年 3 月 10 日，《新月》月刊在上海文坛横空出世，处处显示了它的特别。从版式上看，《新月》月刊的版型是方方的，而不是常见的长方形，这种方的版型大概是模仿英国十九世纪末的著名文艺杂志 Yellow Book 的形式。封面是蓝色的，贴黄标签，签上写着古宋体的"新月"两个字。这里传达的是主编徐志摩、闻一多的审美趣味，无关大众读者的欣赏眼光，甚至连梁实秋也对模仿《黄皮书》颇有点

---

① 徐志摩：《诗刊弁言》，《晨报副刊·诗镌》1926 年 4 月 1 日。

② 徐志摩：《剧刊始业》，《晨报副刊·剧刊》1926 年 6 月 17 日。

③ 上沅（余上沅）：《一个半破的梦——致张嘉铸君书》，《晨报副刊·剧刊》1926 年 9 月 23 日。

④ 上沅（余上沅）：《一个半破的梦——致张嘉铸君书》，《晨报副刊·剧刊》1926 年 9 月 23 日。

不以为然。作为发刊词的《〈新月〉的态度》，标举"健康"与"尊严"两大原则，对当前思想市场上的十三种倾向逐一进行批判，表达了"要从恶浊的底里解放圣洁的泉源，要从时代的破烂里规复人生的尊严"①的雄心壮志。整篇宣言里，并未提及对读者受众的期许，这束曙光自顾自地要充满整个天地。

二 对于受众态度的转变

直至《新月》月刊第一卷第七号，我们才看到了一篇谈及读者的《编辑余话》。文中提到，《新月》月刊发行半年来有三四千读者，但编者自己回头一看，"内容太趋向于'沉重'方面"，因此决定从下期开始要"略略添点轻松的色彩，使读者不至于感觉到过分的严正"②。具体的做法是，除了本期已经增添的新栏目"我们的朋友"外，以后每期新增"书报春秋""零星""海外出版界"三个栏目，希望通过刊发一些短小的文章来增加刊物的可读性。文末还对发行价格特意作了说明，每期因为篇幅太多都是以特价销售，因而要向读者告罪，并希望以后不要总是这样。这是《新月》月刊首次提到要照顾读者的阅读感受，以及读者颇为关心的销售价格问题。《编辑余话》一类的文章，对我们了解《新月》月刊的受众情况起到很大作用。

《新月》第一卷第八号出版时，编者果然做出了有效的探索和尝试，他们匀出两万字的篇幅给新增的三个栏目，但造成许多长篇稿件无法刊登。《编辑余话》对此做出解释：长篇续稿如潘光旦的《自然淘汰与中华民族性》和饶孟侃的《梧桐雨》，以及闻一多的短篇小说《履历片》等稿件延至下期发表；沈从文的《阿丽思中国游记》为避免稿件过于冗长，第三卷第四卷不再在《新月》上发表，等全部完稿之后出版单行本，取而代之的是作者将为刊物写短篇小说。同时，编者对杂志定价问题特意做了说明，刊物在篇幅上仍旧超过了原定的字数，但"决定只售三角，不卖特

① 徐志摩：《〈新月〉的态度》，《新月》第 1 卷第 1 号（1928 年 3 月）。
② 《编辑余话》，《新月》第 1 卷第 7 号（1928 年 9 月）。

价，以应读者纷纷的要求"①。编者对读者的要求给予及时、积极的回应，并且信守承诺，显示了《新月》月刊从象牙塔中走出来对于受众态度的变化。

值得注意的是，编者还通过对杂志内容进行预告和说明，提供给读者阅读期待从而稳固受众。上述延期发稿和出版单行本的公告，既可以预告下期杂志内容引起读者关注，也给新月书店即将出版的书籍打了广告。对于沈从文以短篇小说替代长篇小说的说明，也是抓住读者阅读心理的重要手段。此后的《编辑后言》中，特别注重对不太知名的作者作品的推荐和深受读者欢迎的作者作品的预告："本期皮西先生的译文是不易得到的，我们希望能继续得到他的帮助。趣剧的妙处几于完全在对话上；《艺术家》原文的对话，按译者来信说，有如'海上的冰山，十之九是隐藏在底里的'。观音花那篇小说是一位不知名的青年朋友的来稿。下期有雪林女士的陆放翁研究，梁实秋与胡适之先生等的论文。志摩译的杜威的游俄印象第二篇等。"②这些都体现了编者试图贴近读者的态度和想法。

以刊发同人稿件为主的《新月》月刊，还通过新增的栏目主动积极地向读者约稿。同人们在《新月》月刊之外再出版《平论周刊》的计划未能如期进行的情况下，转而利用"我们的朋友"栏目向读者发出邀请，"我们欢迎讨论的来件，如果我们能知道在思想的方向上，至少我们并不是完全的孤单"③。从第三卷第五六号合刊开始，月刊又增加了"新月讨论"栏目，一方面供星散于各地的新月同人以书信方式讨论问题，一方面诚恳邀请读者加入讨论，并声明刊物秉持"信仰思想自由"的原则，"喜欢稳健的合夫理性的学说"，题目范围不限，主张不受拘束。"本刊的读者们，在任何问题上——哲学的，政治的，文学的，家庭的……等等问题——想要得到质疑问难的机会，只要把问题和他自己的意见写出来，我们月刊编辑部很愿意代他介绍各个问题的专家来讨论，并愿把他们讨论的文字在这栏

---

① 《编辑余话》，《新月》第 1 卷第 8 号（1928 年 10 月）。

② 《编辑后言》，《新月》第 2 卷第 1 号（1929 年 3 月）。

③ 《编辑后言》，《新月》第 2 卷第 2 号（1929 年 4 月）。

发表。"① 正如鲁迅所说："凡有一人的主张，得了赞和，是促其前进的，得了反对，是促其奋斗的，独有叫喊于生人中，而生人并无反应，既非赞同，也无反对，如置身毫无边际的荒原，无可措手的了，这是怎样的悲哀呵！"② 具有浓厚精英意识的新月同人因为曲高和寡难免感到孤独和悲哀，"希望藉此可以多结识几个同情的读者"，"得到纯凭精神相感召的朋友是一个莫大的愉快"③；再加上经济往往成为制约同人性质的刊物生存的重要因素，他们试图在一定程度上消除编者与读者之间的距离和隔膜，让读者能够真正参与、关注杂志的发展。这对于开拓市场和扩大受众范围都是有所裨益的。

即便如此，《新月》月刊并没有采用使自己世俗化的方式来赢得更广大的读者。为了维护文学的"健康"与"尊严"，保持"郑重矜持"的决心，《新月》月刊不得不对它的受众做出类别化和次群体化的选择。

三 受众的次群体化

《新月》月刊发行半年得到"三千到四千个的同情者"，其中很大一部分受众就是新月同人。《新月》月刊的核心受众应该包括：《新月》月刊的编辑、作者，新月书店的编辑、作者，不同阶段的"新月"成员以及他们的亲朋好友等。前面两大群体属于"自消费"，后面一个群体也会得到免费寄送的月刊。如丁文江给胡适写信时提到《新月》已经收到，谢谢"④，江绍原也告诉胡适"您赏的《新月》一册，早已寄到"⑤。丁文江曾留学英国，是中国地质事业的奠基人之一，他同时也是一名公共知识分子，1922年与胡适等人创办了《努力周报》，掀起了"科学与玄学人生观"的大论战。江绍原曾留学美国，是中国现代著名民俗学家和比较宗教学家，江绍

① 《新月讨论》，《新月》第3卷第5、6号合刊（原刊未注明出版时间）。
② 鲁迅：《呐喊·自序》，《鲁迅全集》（第一卷），人民文学出版社2005年版，第439页。
③ 《编辑后言》，《新月》第2卷第1号（1929年3月）。
④ 《丁文江致胡适信》（1928年3月20日），中国社会科学院近代史研究所中华民国史组编《胡适来往书信选》（上册），中华书局1979年版，第473页。
⑤ 《江绍原致胡适信》（1928年8月2日），中国社会科学院近代史研究所中华民国史组编《胡适来往书信选》（上册），中华书局1979年版，第490页。

原与胡适同为安徽人，且因为与胡适夫人江冬秀的亲缘关系和胡适来往较为密切。编辑部通过向新月同人寄送《新月》月刊，建立同人圈子内的观点交流和往来联系，从而巩固同人精神、扩大同人范围和加强刊物影响。

《新月》月刊的次核心受众，包括新月同人的同事、朋友、学生，也有一些新月同人并不熟识通过订阅刊物产生的自然读者。这些读者应该属于月刊的理想读者，即认同《新月》月刊所传播的精神价值、政治主张和文学原则。可以推测得知，这些受众和月刊的传播主体一样，具有精英化特点。以《新月》月刊发表的文学作品为例，虽然小说、诗歌、散文和戏剧各类文学体裁均有所登载，但诗歌和戏剧这两种属于比较"小众"的文体显然更受编辑们所青睐。即便是《新月》月刊政治色彩较为浓厚的时期，诗歌专栏都一直被保持下来了。再如《新月》月刊从第一卷第八号开始设立的"书报春秋"栏目和"海外出版界"，其中"书报春秋"登载文艺学术思想各方面的评论文章，"海外出版界"介绍世界文坛的现状，包括国外出版界和作家的最新消息。能够真正理解翻译版外国书籍的读者已经是知识分子，可以顺利阅读外文原版书籍甚至能够批评这些书籍的译本的读者，更应该是高级知识分子。受众不仅是传播媒介的消费者，同时也是传播活动的参与者，《新月》月刊在理想读者的选择与被选择中，更加强化了其同人媒体的性质。

事实上，这些栏目的增加对销量似乎没有多大帮助，经过了一年的调整后，"月刊的销路，老实说是不好的"[①]。《新月》月刊销量的显著增长和受众范围的扩大，是在开始"谈政治"以后。《新月》月刊在第二卷第二号上发表了胡适的《人权与约法》、罗隆基的《专家政治》等文章，读者很快注意到"新月月刊的面目和从前不同了"，"新月谈政治了"。作为主编的梁实秋，在《敬告读者》一文中不无夸张地提到胡适的《人权与约法》这篇文章"引起了全国人士的注意，不，全世界人士的注意"，这让《新月》"赢到了许多的新朋友"，"反对的声浪也起来了"。他请求读者用长年订购的方式来帮助、支持月刊的发展，作为回馈月刊以后每期提供给读者

---

① 《新月月刊敬告读者》，《新月》第 2 卷第 6、7 号合刊（1929 年 9 月）。

一两篇关于现在时局或一般政治的文章。所以,《新月》月刊相继登出了《论思想统一》《我们什么时候才可有宪法? 》《论人权》《新文化运动与国民党》《告压迫言论自由者》《我对党务上的"尽情批评"》《孙中山先生论自由》《我们走哪条路? 》等一系列批评政府和政治的文章。《新月》月刊的政治味道越来越浓,以致最后遭到党部的查禁,但月刊销量和读者影响也越来越大。月刊从"销数稍增,但是比起时髦的刊物还差得远"到"销路好起来了",达到一万份左右,《新月》月刊凭借先锋和激进的态度一度也跻身时髦刊物的行列。这个阶段支持《新月》月刊的"新朋友",明显对政治评论感兴趣,从而形成了受众群体的政治化特征。

这些谈政治的文章,在读者中引起的反响是热烈的、也是多样化的。以胡适的《人权与约法》发表后的读者反应来看,不同的人态度差别很大,正所谓"誉之者曰,是空谷之足音,警世之晨钟;毁之者曰,包藏祸心,图谋不轨者也。胡氏之文刊布未及一月,而鼓噪之声,洋溢全境"①。有对文章观点及胡适本人进行怀疑、批判和嘲讽的,如《争自由与胡适的胡说》(依然)②《胡适所著〈人权与约法〉之荒谬》(灼华)③《赞美的圣经 拥护胡适博士》(何来)④《胡适之的反动与迷梦》(和尚)⑤等,这些都被胡适以剪报形式收入了自己的日记;有读者是持理性、真诚的态度进行探讨的,如《新月》月刊第二卷第四号《〈人权与约法〉的讨论》就是胡适从读者来信中选了两篇"应该提出讨论的通信"予以发表,并附上了自己较为详细的答复;肯定、赞同胡适观点的读者也不乏其人,如史济行给胡适写信说"读了《人权与约法》后,觉得中国是很需要这

---

① 沧波:《胡适之最近几篇文章》,曹伯言整理《胡适日记全编》(5),安徽教育出版社2001年版,第481页。
② 剪自1929年6月6日《白话三日刊》,曹伯言整理《胡适日记全编》(5),安徽教育出版社2001年版,第431–433页。
③ 剪自1929年8月9日、10日两日《民国日报》,曹伯言整理《胡适日记全编》(5),安徽教育出版社2001年版,第478页。
④ 曹伯言整理:《胡适日记全编》(5),安徽教育出版社2001年版,第484–486页。
⑤ 曹伯言整理:《胡适日记全编》(5),安徽教育出版社2001年版,第486–488页。

样，并没有其他可说"①，陶愚川则表达"今见一事，益信先生之《人权与约法》之重要"②。无论是批判性受众、讨论性受众，还是支持性受众，都对《新月》月刊的传播起到了积极作用。因为"只有通过读者的传递过程，作品才进入一种连续性变化的经验视野"③，如果缺乏受众的参与，作品的意涵将无法真正呈现。

20世纪30年代是一个杂志风起云涌的时代，杂志本身就面临生存竞争的问题，能否生存主要看是否能顺应读者受众普遍的阅读需求。正因为如此，许多文学杂志主办者将争取读者作为优先考虑的问题，往往超越他们对同人性质的追求。例如施蛰存等人筹备创刊《现代》杂志，该刊原本有可能办成一个同人性质的刊物，但主编在《创刊宣言》中声明"本志是普通的文学杂志，由上海现代书店请人负责编辑，故不是狭义的同人杂志"，"不预备造成任何一种文学上的思潮、主义或党派"，"希望得到中国全体作家的协助，给全体的文学嗜好者一个适合的贡献"④。所以，《现代》杂志才成为当时销量较大、颇有影响的杂志。《新月》月刊作为典型的"同人期刊"，对受众有着很强的选择性，即便一段时间内会放下"清高"争取读者的"同情"，但新月同人一直尊崇"最高的艺术只有少数人能了解"的文学观，较少关注处在大众媒介另一端的受众。新月同人的文学理论和文学实践，无论是在普通的知识青年还是后来的文学传统中，始终无法获得广泛的支持，这或许是意识形态之外最重要的原因之一吧。

---

① 《史济行致胡适信》（1929年8月30日），中国社会科学院近代史研究所中华民国史组编《胡适来往书信选》（上册），中华书局1979年版，第540页。

② 《陶愚川致胡适信》（1930年5月13日），中国社会科学院近代史研究所中华民国史组编《胡适来往书信选》（中册），中华书局1979年版，第14页。

③ ［德］H·R·姚斯、［美］R·C·霍拉勃：《接受美学与接受理论》，周宁、金元浦译，辽宁人民出版社1987年版，第24页。

④ 施蛰存：《〈现代〉杂忆（一）》，《新文学史料》1981年第1期。

第三章 "同人期刊"与现代文学 社团流派的生成

《新月》月刊的媒介运作、传播活动，比较典型地体现了现代中国"同人期刊"独特的传播功能、文化文学价值与社会历史价值。因此，本章运用传播学和文学、文化学相结合的方法，以《新月》月刊与"新月派"关系为考察对象，分析概括"同人期刊"与流派生成、文学生产之间的内在联系和互动方式。

第一节 《新月》月刊与"新月派"之形成

"新月派"的存在与否，历来是一个颇有争议的话题。对当事者而言，他们大多不承认"派"的存在。如梁实秋就断然否认有所谓的"新月派"："《新月》不过是近数十年来无数的刊物中之一，在三四年的销行之后便停刊了，并没有什么值得称述的。不过办杂志的这一伙人，常被人称做为'新月派'，好像是一个有组织的团体，好像是有什么共同的主张，其实这不是事实。"[①]《〈新月〉的态度》则宣称："我们这几个朋友，没有什么组织除了这月刊本身，没有什么结合除了在文艺和学术上的努力，没有什么一致除了几个共同的理想。"[②] 当事人对松散共同体的回忆有出入，甚至不承

---

① 梁实秋：《忆新月》，梁实秋著、陈子善编《梁实秋文学回忆录》，岳麓书社 1989 年版，第 105 页。

② 徐志摩：《〈新月〉的态度》，《新月》第 1 卷第 1 号（1928 年 3 月）。

认从属于某个社团流派,多半起因于松散集会而形成的公共空间边界的模糊性。

但从 1930 年代开始,文坛上对"新月派"或肯定或否定的评价态度,都是以其流派属性为基础的。如 1930 年 11 月《民众评论》杂志刊载白荼的文章《罗隆基被捕与"新月派"》,明确指出近两三年中国政治言论界有"新月派"这一集团,是从文艺的集团转向政治方面的,"极力歌颂资产阶级的文明",主张"好政府主义"[①],而且有日渐热闹的趋势。1930 年 12 月《展开》杂志发表慕陶的《新月派与左联派》一文,称"新月派"是"中国老牌纯粹资产阶级"[②]的文学团体,其文学主张代表了中国压迫阶级的文学理论,猛烈抨击梁实秋关于文学无阶级性的观点是"悖乎事实""荒谬绝伦"的。"新月派"对新诗的贡献,则得到比较普遍的认同。1933 年唐也发表评论文章《略论新月派的诗》,认为"新月派对于新诗革进的努力是不容抹煞的,特别是关于诗的外形"[③]。直到 1946 年,徐行还在《记新月派诗人闻一多》一文中将徐志摩和闻一多并列为"新月杂志出版年代(约民国十七八年)以另一艺术技巧写新诗的宗匠",充分肯定"新月派诗人如徐志摩闻一多陈梦家朱湘之流"对于"新诗中兴之功,是不可抹杀的"[④]。

在后来的研究者那里,"新月派"则指代不同的群体。有的是将"新月派"和"新月诗派"等同,将其分为前期和后期。前期新月派,"是 1928 年以前,以北京《晨报》副刊'诗镌'为基本阵地的诗人群。主要诗人有闻一多、徐志摩、朱湘、饶孟侃、杨世恩、孙大雨、刘梦苇、于赓虞等",提出了"理性节制情感"的美学原则与诗的形式的格律化主张。后期新月派,"以 1928 年创刊的《新月》月刊'新诗'栏及 1930 年创刊的《诗刊》季刊为主要阵地;基本成员除前期新月派的徐志摩、饶孟侃、林徽因等老诗人外,主要包括陈梦家、方玮德等南京中央大学学生为主干的

① 白荼:《罗隆基被捕与"新月派"》,《民众评论》第 1 卷第 1 期(1930 年 11 月)。
② 慕陶:《新月派与左联派》,《展开》第 3 期(1930 年 12 月)。
③ 唐也:《略论新月派的诗》,《上海邮工》第 6 卷第 3 期(1933 年 11 月)。
④ 徐行:《记新月派诗人闻一多》,《七日谈》第 31 期(1946 年 7 月)。

南京青年诗人群"①。有的强调"新月派"作为文化族群和文化派别的特征，"是一个以五四前后美英留学生和'准留学生'为主体的，具有浓重美英文化色彩——尤其是美英留学文化色彩的——文化族群和文化派别"②，"新月诗派"是其在诗歌领域里的实践和存在。

新月同人的确是一个松散的群体，是否有"共同的主张"或"共同的理想"尚未达成一致，但《新月》月刊的存在是一个不争的事实。"新月派"的得名，也主要相关于此。茅盾在1934年10月谈文坛上新出现的几本"同人杂志"时提到："我们文坛上自来就有以刊物名称区分派别的习惯，所谓'新月派'就是这样被叫出来的。"③在此之前，按照罗隆基1931年5月5日致胡适的一封信上所说，"新月派"似乎应该写作《新月》派才对。信中提到当时上海《民报》发表一篇文章称中国当前有三个思想鼎足而立，分别是"（1）共产；（2）《新月》派；（3）三民主义"④。"新月诗派"的命名，也被认为"不是由于新月社，而是由于《新月》月刊"，因为"新月社没有诗，新月月刊才有诗"⑤。石灵1937年在《文学》杂志上发表文章《新月诗派》，开篇就反复强调《新月》月刊才是"新月诗派"得名的由来，并在总结新诗发展的历程时明确提出"有意识的规律运动，一直到新月派才算正式开始"⑥。这都表明在1930年代的文坛上，"新月派"的存在获得了比较普遍的认同，而判断流派成型的依据主要是《新月》月刊。由此可见，"同人期刊"与流派生成之间有密切的联系和互动。

如前所述，新月同人的聚合活动开始得比较早，从最初的聚餐会到新月社再到俱乐部，但他们未打出任何文学流派的旗号，反而个人化特征十分显著。正如梁实秋强调《新月》一批人都是坚强的个人主义者，谁也

---

① 钱理群、温儒敏、吴福辉：《中国现代文学三十年》（修订本），北京大学出版社1998年版，第112、306页。

② 周晓明：《多源与多元：从中国留学族到新月派》，华中师范大学出版社2001年版，第271页。

③ 惕若（茅盾）：《书报述评：〈东流〉及其他》，《文学》第3卷第4号（1934年10月）。

④ 《罗隆基致胡适》（1931年5月5日），中国社会科学院近代史研究所中华民国史组编《胡适来往书信选（中册）》，中华书局1979年5月版，第64页。

⑤ 石灵：《新月诗派》，《文学》第8卷第1号（1937年1月）。

⑥ 石灵：《新月诗派》，《文学》第8卷第1号（1937年1月）。

不愿追随在别人之后"①，胡适也多次表达"狮子老虎永远是独来独往的，只有狐狸和狗才成群结队"②，徐志摩本身就是一个"不可教训的个人主义者"③。饶孟侃则认为："一个努力文学的团体是最不能标榜什么共同的主义的，因为一个人有一个人自己的特性，一个人也有一个人和别人不同的兴趣，大家既然一旦结合起来，至多也只能希望彼此互相鼓舞，希望大家能够因鼓舞而多得一点贡献，并不能希望大家合作一个调子。"④所以梁实秋才说："《新月》一伙人，除了共同愿意办一个刊物之外，并没有多少相同的地方。"⑤他们之所以能够形成一个同人群体，且因为共同的兴趣聚集于同一个"空间"，"同人期刊"在其中起到至关重要的媒介功用。

事实上，当徐志摩以《晨报副刊》为阵地创办《诗镌》和《剧刊》的时候，新月社的文学活动才开始进入一个较为自觉的具有流派特征的时期。关于《诗镌》的创办动机和宗旨，徐志摩和闻一多的表述明显不一致。徐志摩在《诗刊弁言》中说："我如其胆敢尝试过文艺的作品，也无非是在黑弄里弄班斧，始终是其妙莫名，完全没有理智的批准，没有可以自信的目标。"⑥闻一多在《文艺与爱国——纪念三月十八》中却宣言："铁狮子胡同大流血之后诗刊就诞生了，本是碰巧的事。但是谁能说诗刊与流血——文艺与爱国运动之间没有密切的关系？"⑦徐志摩与闻一多一起办刊物，各自的动机与目的有差异，但共同的信心是"要把创格的新诗当一件认真事情做"，去发现"诗文与各种美术的新格式与新音节"⑧。"新诗规律化"这种共同的倾向，正是新月诗得以成派的基础。朱自清曾将之命名

---

① 梁实秋：《新月前后》，梁实秋著、陈子善编《梁实秋文学回忆录》，岳麓书社1989年版，第125页。

② 梁实秋：《忆新月》，梁实秋著、陈子善编《梁实秋文学回忆录》，岳麓书社1989年版，第105页。

③ 徐志摩：《列宁忌日——谈革命》，《晨报副刊》1926年1月21日。

④ 饶孟侃：《感伤主义与"创造社"》，《晨报副刊·诗镌》1926年6月10日。

⑤ 梁实秋：《忆新月》，梁实秋著、陈子善编《梁实秋文学回忆录》，岳麓书社1989年版，第108-109页。

⑥ 徐志摩：《诗刊弁言》，《晨报副刊·诗镌》1926年4月1日。

⑦ 闻一多：《文艺与爱国——纪念三月十八》，《晨报副刊·诗镌》1926年4月1日。

⑧ 徐志摩：《诗刊弁言》，《晨报副刊·诗镌》1926年4月1日。

为"格律诗派",主要是概括其诗歌创作的基本特征后进行的形象化表述;石灵的"新月诗派"之命名强调得名于《新月》月刊,反而在文学史上流传更广、影响力更大。后来的中国现代文学史著作中基本都采用了"新月诗派"来指称这个诗歌写作群,研究者一般将流派形成追溯到《诗镌》的创办。

直到《新月》月刊创刊,"新月派"才成为真正有着自己声音和标识的文化文学群体、社团或流派。创刊号上的《〈新月〉的态度》一文对"所谓现代思想或言论市场的十多种行业"予以抨击,打出了"健康与尊严"的旗帜:"我们对我们光明的过去负有创造一个伟大的将来的使命;对光明的未来又负有结束这黑暗的现在的责任。我们第一要提醒这个使命与责任,我们前面说起过人生的尊严与健康。在我们不曾发见更简赅的信仰的象征,我们要充分的发挥这一双伟大的原则——尊严与健康。尊严,它的声音可以唤回在歧路上彷徨的人生。健康,它的力量可以消灭一切侵蚀思想与生活的病菌。"[①]像这样旗帜鲜明地站在与现代思想、言论市场决绝的立场,表明"新月的态度",这在新月同人的前期活动中是不曾见的,也不大符合徐志摩一贯的性格和处世风格。由此可见新月派群体性质和群体行为的变化:新月派的"俱乐部"式色彩逐渐淡化,政治与文化要求更加强烈——他们更加急迫地要"露棱角",在中国现代政治、思想、文化和文艺舞台上一试身手。因此,《〈新月〉的态度》是新月派正式披挂上阵的信号。也就是说,正是自《新月》月刊创刊,新月派才正式跻身中国现代思想、言论和文艺"市场",直接构成了同各种其他思想文化势力之间的对立。

新月同人在思想政治主张上有较大差异,如闻一多、饶孟侃二人未在《新月》月刊上发表过任何所谓"政治"性的言论,徐志摩的思想有很大的动摇性和不确定性,胡适、梁实秋等人政治信仰和观念则比较牢固、鲜明,因而被描述为中国现代文化史上"萍踪偶聚"[②]的一个群体。新月同人

---

① 徐志摩:《"新月"的态度》,《新月》第1卷第1号(1928年3月)。
② 梁实秋:《忆新月》,梁实秋著、陈子善编《梁实秋文学回忆录》,岳麓书社1989年版,第116页。

虽不以主义或思想"相号召"，却仍共享现代西方民主精神和"自由主义"思想，他们不以严密的政党组织为活动旨归，"群而不党"形成自由独立的共识，因此当年左翼文艺界同新月派的斗争成为文坛上引人注目的文学事件。鲁迅在和梁实秋关于"硬译"和"文学的阶级性"的论争中，曾指称《新月》月刊团体"在其声明中"虽说并无什么组织，在论文里，也似乎痛恶无产阶级式的'组织''集团'这些话，但其实是有组织的，至少，关于政治的论文，这一本里都互相'照应'"；文艺则同样如此，用着"我们"，"颇有些'多数'和'集团'气味"。因此，鲁迅调侃"拿文艺批评界来比方罢，假如在'人性'的'艺术之宫'里，向南面摆两把虎皮交椅，请梁实秋钱杏邨两位先生并排坐下，一个右执'新月'，一个左执'太阳'，那情形可真是'劳资'媲美了"①。鲁迅在这里强调的是，新月派是有共同的政治意识和文艺思想基础的，《新月》月刊无疑是新月派宣传共同主张的阵地。"《新月》派"被认为是与"共产"和"三民主义"并列的三个思想派别之一，以至于遭到国民党政府的查禁与压制，胡适也因发表系列政论文章招来国民党教育部的正式警告②，也都是其来有自的。

新月同人在艺术见解上也不完全一致，比如对于新诗格律的认识差异，闻一多提出了现代诗歌史上著名的"三美"诗论，徐志摩却认为"谁要是拘拘的在行数字句间求字句的整齐，我说他是错了。行数的长短，字句的整齐或不整齐的决定，全得凭你体会到的音节的波动性；……否则就

---

①　鲁迅：《"硬译"与"文学的阶级性"》，《鲁迅全集》（第四卷），人民文学出版社2005年版，第199-201、212页。

②　1929年9月23日，《申报》载中央社消息："上海私立中国公学校长，最近在《吴淞月刊》及《新月》杂志上发表《人权与约法》、《我们什么时候才可以有宪法》及《知难行亦不易》等篇文字，攻击本党党义及总理学说，各省市党部如上海、青岛、天津、江苏、南京等处先后呈请中央严予惩办。中央亦以胡适言论不谙国内社会实际情形，误解本党党义及总理学说，并溢出学术研究范围，放言空论。其影响所及，既失大学校长尊严，并易使社会上缺乏定见之人民对党政生不良印象。业由中央训练部函请国民政府转饬教育部加以警告，并请通饬全国各大学校长，切实督率教职员详细研究本党党义，以免再有与此类似之谬误见解发生。"10月4日，教育部长蒋梦麟奉命下达对于胡适的警告令。国民党政府当局除采取行政手段对付胡适以外，还组织了一批人集中批判胡适，并将这些批判文字集为一册，书名叫作《评胡适反党义近著》，于11月间出版。预告还要出《评胡适反党义近著》第二集。耿云志：《胡适年谱》，四川人民出版社1989年版，第174-176页。

容易陷入一种新近已经流行的谬见，就是误认字句的整齐（那是外形的）是音节（那是内在的）担保"①，但新月同人在文学主张上的相同或相似之处仍然十分鲜明。《新月》月刊第一卷第一号除了宣言式的《〈新月〉的态度》之外，还刊发梁实秋《文学的纪律》②一文，提出"文学里可以不要规律，但是不能不要标准。从事于文学事业的人，对于这个标准要发生一种相当的关系，那便是文学的纪律的问题"。文学之所以重纪律，是要求文学的健康。健康的文学在态度上"必须是严重的"，不是为了满足大多数群众的胃口；文学的力量在于"节制"，"以理性驾驭情感，以理性节制想象"，这样才能表现"健康的常态的普遍的人性"从而获得永久价值。梁实秋关于"文学的纪律"的观点，很大程度上就是对《〈新月〉的态度》所打出的"健康与尊严"旗帜的呼应。再如，陈梦家编选《新月诗选》时所写的《序言》，也一直被视为新月诗派自我总结性的宣言："我们自己相信是在同一方向努力的人。对于新诗，凭了自己（这少数人）算是指出一个约略的方向，这方向只是这少数人共同的信心。我们在相似或相近的气息之下禀着同样以严正态度认真写诗的精神（并且只为着诗才写诗），我们希望一点苦心总不会辜负自己。现在我回顾过去五六年中各人的诗作，收集来作为我们热诚的友谊与共同的努力的纪念。……这诗选，打北京晨报诗镌数到新月月刊以及最近出世的诗刊并各人的专集中挑选出来的。"③ 陈梦家在谈到《新月诗选》的编选意图以及关于新诗的主张时，处处用"我们"做主语，彰显了一种集体共识；同时，他也明确了"新月诗派"依托《晨报副刊·诗镌》《新月》《诗刊》等"同人期刊"一路走来的历程。

在《新月》月刊和"新月派"的活动中，可以看到"同人期刊"这种独特的文化文学生产方式的一些基本特点。"个人"因志同道合而结为"同人"；"同人"导致了"同人期刊"产生，并因之"出场"为有着自己声音和标识的文化文学群体、社团或流派。从这种意义上讲，"新月派"，作为

---

① 徐志摩：《〈诗刊〉放假》，《晨报副刊·诗镌》1926 年 6 月 10 日。

② 梁实秋：《文学的纪律》，《新月》第 1 卷第 1 号（1928 年 3 月）。

③ 陈梦家：《新月诗选·序言》，新月书店 1931 年版。

一种文化文学派别，其传播学、文化学的本质，是一种"同人文学"乃至"同人文化"现象。

第二节　"同人期刊"对"同人文化"的建构

"同人"在与"媒介"的结合中，经由"同人媒介""同人传播"而产生了形态各异的"同人文学"乃至"同人文化"。这种独特的文学生产方式乃至结果又直接参与了现代中国文化生态的建构：个人表达、群体价值、公共空间乃至主流意识形态之间构成了错综复杂的互动。正是在这样的互动中，现代中国"同人期刊"体现着自己独特的媒介功用与传播价值。

其一，"同人期刊"为现代中国知识分子群体化以及话语权的获得，提供了重要的途径和方式。

结群，是中国文人的生存方式之一。文人因志趣相投、会文谈艺而结合的团体自古即有，如晋代慧远结"白莲社"，唐代白居易与香山九老结"香山社"，宋代有"西湖诗社"，元代有"月泉吟社"。明代这类诗社或文社比历代更盛，"明代的读书士子，非常害怕独学无友，热衷于求学问友，所以在当时治学订盟的风气极盛。而一些文人士大夫，优游林下，吟风弄月，也喜欢结伴成群"[1]，其中复社是晚明最大且最著名的社团。这种文人"雅集"最初以定期或不定期的集会为标志，其后则发展至通过出版作品集产生并强化与"社"名联系起来的团体身份的外在认知。

晚清以降，随着现代印刷技术的发展、新型教育和新的职业道路的出现，文学活动和出版物开始呈现越来越职业化、专业化的特点。文学杂志成为民国文学生产的主要媒介，即民国时代作家创作文学作品主要是为在杂志上发表而写，绝多大数文学作品也都是在杂志上发表以后再以书的形式出版。因此，"在现代，文学社团变得越来越不以事件为中心，而是以经营定期出版物和丛书为中心。……通过这种方式，文学社团的成员彼此

---

[1]　陈宝良：《中国的社与会》，浙江人民出版社1996年版，第279-280页。

保持联系，并和局外的读者交流"①。所以，证明民国时期文学社团或流派的存在材料，主要来自文学杂志。也就是说，如果一个社团或流派没有在集体名义下出版过任何文学杂志或文学作品，要想证明其存在几乎是不可能的。

社团流派的成立和与之相应的刊物的创办，是中国现代文学区别于古代文学的重要标志之一。从五四时期开始，就成为一个十分显著的现象。"这一时期，是青年的文学团体和小型的文艺定期刊蓬勃滋生的时代。从民国十一年（一九二二）到十四年（一九二五），先后成立的文学团体及刊物，不下一百余。"②整个1920—1930年代，著名的文学团体负责了大部分新文学杂志的生产，文学社团以及它们的期刊遍及全国。这些杂志最大的价值是为青年知识分子提供了一条交流的渠道，"不论在中国舆论的发展方面，还是在中国新知识分子的形成方面，都是划时代的"③。文学期刊变成了一个"实际的聚会场所"，为其成员提供发表或出版作品的的渠道，并在文化圈子内保持团体的集体形象。

以"同人期刊"为媒介的集体性的文学活动发生在整个中国的各个层面。社团或流派凝聚并形成了同一群体成员间的共同体意识，这种意识由定期的杂志或其他出版物来强化。"这些文学社团和流派之所以成为文学社团或文学流派，又往往以一个刊物为中心而成名或得名。刊物在这里起了一种有力的组织作用。"④社团流派与杂志出版这种相辅相成的模式，不仅"在现代知识分子文化空间的拓展和知识谱系的整体性传播中往往起着非常重要的作用，甚至成为整个社会文化现代传播的主要方式"⑤。如前所述，"新月派"从编辑《晨报副刊》的《诗镌》《剧刊》，再到开办新月书

---

① ［荷兰］贺麦晓：《文体问题——现代中国的文学社团和文学杂志（1911—1937）》，陈太胜译，北京大学出版社2016年版，第34页。

② 茅盾：《中国新文学大系·小说一集·导言》，《中国新文学大系·小说一集》（影印本），上海文艺出版社2003年版。

③ ［美］周策纵：《五四运动：现代中国的思想革命》，周子平等译，江苏人民出版社2005年版，第181页。

④ 贾植芳：《中国现代文学社团流派·序》，江苏教育出版社1989年版，第1–3页。

⑤ 俞晓霞：《从布鲁姆斯伯里集团到新月派：民国自由知识分子群体的形态建构》，《学术月刊》2014年第11期。

店、主办《新月》月刊，以及后来创办《诗刊》、出版《新月诗选》，的确形成了一种整体性的面貌和特点，成为中国现代文学史上令人瞩目的文化群体。

其二，"同人期刊"为中国现代社团流派乃至诸多文学现象的发生、流变，提供了多样化的平台、空间和动力。

范泉编辑出版了《中国现代文学社团流派辞典》一书，他在前言中指出，这不仅是一本参考书，而且是"中国现代文学史的另一种表述形式"。民国初期文学社团、流派数量如此之多，集体性的文学活动在整个文坛如此普遍，着实让人惊叹！究其原因，由"同人文学"乃至"同人文化"所建构的现代中国文化生态是极为重要的背景。

文学社团和文学流派不完全等同。《中国大百科全书》将文学流派分为两种类型①：一种是"自觉的文学流派"，有一定的组织和结社名称，有共同的文学纲领，公开发表自己的文学主张，与观点不同的其他流派进行论战，在创作实践上形成了共同的鲜明特色。这种"有明确的文学主张和组织形式的自觉集合体"，更接近通常所说的文学社团，如文学研究会、创造社等。一种是"半自觉或不自觉的"流派，不完全具有甚至根本不具有明确的文学主张和组织形式。或者是因某一个作家的独特风格吸引了一批模仿者和追随者，逐渐形成一个有特定核心和共同风格的派别；或者仅仅是由于一定时期内的一些作家创作内容和表现方法相近、作品风格类似而被后人从实践和理论上加以总结并冠以一定的流派名称。《中国现代文学社团流派辞典》中定义文学社团"是作家为了实现特定的文学或政治目的而组建的集体或若干集体的组合"，文学流派"是一群作家在大致相同的世界观和艺术观的指导下，经过共同的探索，或在艺术风格上取得基本相近的特征，或在哲学思想上具备大致相同的要求，并在当时当地产生过一定影响"②。在中国现代文学史上，社团和流派的界限是模糊的，常常会被混淆使用。因为大多数文学社团虽然有自己的结社名称和共同文学主

---

①　中国大百科全书总编辑委员会编：《中国大百科全书 中国文学 2》，中国大百科全书出版社 2002 年版，第 952 页。

②　范泉：《中国现代文学社团流派辞典·前言》，上海书店出版社 1993 年版，第 5-6 页。

张，但其"组织性"是非常弱的。"同人期刊"在文学社团和流派身份的构成上显得尤为重要，杂志的名称常常被读者和批评家用来指称社团或流派的名称。这样社团或流派通常会表现出来的特殊的文学观念，以及这些观念与成员创作的文学作品间的关系，就在很大程度上被弱化了。

现代文学史上影响较大的"新月派""语丝社""现代评论派"和"京派"等，他们都没有明确的社团宗旨和运作章程，不过是一个个以刊物、书店等同人媒介为纽带的自由、松散的集合。在一个文人群体中，个体都有趋同的意识，群体的主张对个体无疑也会产生潜移默化的巨大作用。一份期刊的编辑宗旨一旦确立，就具有规范与制约的功能，但同时也提供了在共同旨趣下发挥个体特征、个体风格的一定空间。如尹在勤曾指出，把新月同人看作铁板一块有一刀切的弊端，"新月"是"派中有派"，对"新月"的派中之派进行区分有助于对它做实事求是的评价①。闻一多及"四子"（饶孟侃、朱湘、杨世恩、刘梦苇）在新月同人中就自成一派，甚至有学者称其为"闻一多派"与"徐志摩派"，他们在艺术主张、思想境界等方面都有明显差异。《新月》月刊上发表的诸多政治理论文章，观点并不完全一致，前后也有变化，新月同人之间政治态度和思想观点的分歧也是显而易见的。在所谓"新月派"与左翼文艺界的论争中，梁实秋基本上是独立作战，他曾抱怨"《新月》的朋友并没有一个挺身出来支持我，《新月》杂志上除了我写的文字之外没有一篇文字接触到普罗文学"②。应该说，梁实秋与左翼文学论战的立场是符合"新月"的方向与原则的，但新月同人鲜有"兴趣"参与到这场论战中，《新月》月刊也从未有意识地去组织有规模的论战。

"同人文学"乃至"同人文化"的这种松散性、非组织性，体现在文化文学生态上即为开放性和包容性，对于文化文学的发展有着积极意义，在中国文学与文化的现代建构中起着不可替代的作用。知识分子聚合在"同人媒介"周围，既强调个体自由的理念，又比较容易与其他个人或者

① 尹在勤：《"新月"派中有派》，《四川大学学报》（哲学社会科学版）1984年第4期。
② 梁实秋：《忆新月》，梁实秋著、陈子善编《梁实秋文学回忆录》，岳麓书社1989年版，第109页。

群体因某一方面的共同爱好与趣味而进行联合，或者与其他团体在价值理念、政治主张、文艺思想和创作实践等领域展开论争，从而形成一种良性的价值观念多元并存的文化生态，造就了中国现代文学史上文化文学社团林立、流派纷呈和文化文学运动此起彼伏、波澜壮阔的繁荣景象。

其三，现代中国"同人期刊"在现代中国社会、文化、思想、传播乃至媒介形式的现代化转型和多元化发展中，扮演了十分重要的历史角色。

从19世纪晚期开始，新的印刷媒介在中国出现并成熟，办一份报纸或刊物不需要烦琐手续、严格审批和大量资金，出版发行新刊物成为时代的风尚。这一文学时代的到来，以1902年梁启超创办的《新小说》杂志为标志。现代报刊始终参与了现代文学的建构。刊物性质、办刊宗旨、编辑群体、受众层次等因素，都直接影响着现代文学流派、思潮的生成与走向，现代文学围绕现代报刊形成了复杂的文学场域。

"同人期刊"在这样的背景下应运而生，并几乎成"尼罗河的大泛滥"趋势，对于现代文学的发展意义重大。在众声喧哗当中，中国现代人文团体呈现明显的成员复杂、组织松散、活动时断时续、前后变化大的特点，这与作为团体聚合空间的刊物的同人性质有直接关系。"同人期刊"是社团或流派生成、发展的必要条件，"同人期刊"本身的局限性导致社团或流派的复杂化、非线性、多变性。

一方面，以"同人期刊"为纽带的同人之间的聚合具有很大的松散性，这就给同人团体内部的不协调乃至最终的消散埋下了伏笔。人事的聚散往往直接影响到刊物的兴衰，刊物的前途和命运常常被一个人的去留所决定，办刊思想的彻底转变可能直接受一个人观念的影响。另一方面，"同人期刊"以登载自己文人团体或流派的文章为主，封闭在一个相对稳固、狭小的作者群之内，目的是宣传某一种相近的文学主张，并未向公众开发言论空间，这就在很大程度上限制了读者的广泛性，刊物的发行数量和商业利润都极为有限。因此，从总体上看，"同人期刊"的发行时间都不会很长，或者会发生刊物性质的重大转向才能继续生存。

无论"同人期刊"的社会历史局限和历史命运问题如何显著，笔者认为胡风的一段概括是准确、有效的："在新文学底发展史上，同人团体底战绩是很大的，抽掉了它，新文学史就差不多等于一张白纸。同人团体造成了养育作家刺激作家的环境，由于它们底活动，由于它们底工作底相尅或相成，才形成了一个进步的新文学传统，五·四的革命文学传统。"①

① 胡风:《文学修业的一个基本形态》,《密云期风习小纪》,海燕书店 1949 年版，第 65 页。

中　编

"组织化期刊"与文学体制化研究：
以《文艺报》（1949—1966）为例

第四章 "组织化期刊"的历史发生与《文艺报》的整体面貌

新中国成立到"文革"前的十七年中，文艺界的格局经历了巨大变革。对于初生的中华人民共和国来说，稳固政权和改造国家需要将整个文艺界纳入自身的叙事体系中，这一过程实际上是建立组织文化、统一意识形态、构建符号体系、最终形成共识的组织传播行为。这时，能够持续发行的文化媒介的重要性就凸现了出来，这样的媒介承担着创建组织文化的任务，其表现形态就是"组织化期刊"。因此，"组织化期刊"是1949—1966年前后文化乃至学术生态环境高度组织化、全面体制化的产物。

在党指导文艺工作的管理思想下，新中国成立之后通过对私营出版业的整顿和公私合营出版业的改造，把文艺作品的出版发行纳入国家管理之中。自此以后，文艺刊物成为党的宣传工作的一部分，"我国1949—1952年连续出版的文艺刊物约有一百多种，大多是各级文联，作协或其他文艺团体编辑出版的，由私人出版的很少。新中国成立之前的文艺刊物，在新中国成立之后很少有能延续下来的"①。为了管理这一百多种文艺刊物，一种"国家刊物"—"大区刊物"—"地方刊物"的组织结构被创建出来，三类刊物间是领导与被领导的行政等级关系。"通过确立等级制的出版格局，意识形态初步完成了对文艺期刊的控制，使其承担起引导和监督文学

---

① 武新军：《意识形态结构与中国当代文学——〈文艺报〉（1949—1989）研究》，中国社会科学出版社2010年版，第14页。

创作与批评的重任，并在文艺领导与文艺刊物、刊物与刊物之间，形成严密的监督与被监督的行政运行机制。"①《文艺报》是中国文联和中国作协的机关报，不仅承担着宣传马克思文艺理论和中国共产党文艺方针政策的使命，而且作为"国家刊物"其首要任务是如何行之有效地对下级刊物进行指导和管理。

第一节 "组织化期刊"的理论阐释

界定"组织化期刊"这一概念，首先要理解组织和组织传播。"组织化期刊"这一媒介所承载和体现的，是一个组织的思想与文化。因此使用"文化隐喻"的方式来看待各级文艺管理机构，可以更好地理解"组织化期刊"如何通过整合组织的各个部分，完成统一意识形态和设立共同目标的任务。

根据组织象征主义的观点，文化不是被引入的，被强加的，或被直接共享的。相反，文化是通过语言、故事、非语言信息和传播交换而间接体现出来的。组织研究者大卫·伯杰认为："组织主要是故事讲述系统"，而组织文化是"不同子文化间的对话或者是一个多方面讲述的故事"②。因此，关于组织文化的故事或叙述传达了关于组织事物现状的信息，这些故事就成为日常意义生成的资源。

对于新中国来说，文艺组织的结构是"全国文联"—"地方文联"，文艺工作者均被纳入各级文联的管理之中。创立这样一个机构的目的，在《关于中央政府成立后党的宣传部门工作问题的指示》中可初见端倪："全国的文化教育的行政工作，此后均应经由中央政府文教部门来管理。各地区有关文化教育行政的工作，此后均应经由各地政府及军管会之文教机关（其组织办法最近即将由政务院通过）向中央政府文化教育委员会或适当

---

① 武新军：《"十七年"文艺期刊管理体制的生成与变革》，《中国现代文学研究丛刊》2011年第10期。

② 转引自［美］埃里克·M.艾森伯格、小H.L.古多尔：《组织传播——平衡创造性和约束》，白春生、王秀丽、张璟译，北京广播学院出版社2004年版，第108–109页。

部门报告和请示。所以需要这样做，目的在于使中央政府文化教育委员会及其所属各部门，在党（通过政府党组）的领导和党外民主人士的参与下负起管理全国文化教育行政的任务，以便党的中央宣传部和各级宣传部能够摆脱行政事务，集中注意于党内外的思想斗争。"① 更直观的证据体现在《文艺报》1956年第7号刊登的《中国作家协会1956年到1967年的工作纲要》上。该纲要明确布置了以下任务，包括"组织作家创作反映我国革命历史和当前重大斗争的作品"，"帮助作家提高马克思列宁主义的理论修养，依据本人的自愿，采取各种形式把作家组织到马克思列宁主义的学习中来"，"开展文学批评工作、对文艺上各种资产阶级唯心主义思想及违反现实主义的倾向作斗争"②，等等。

由此可见，全国及地方各级文联建立时，负担的职责不仅仅是管理文艺工作者，更重要的是作为宣传意识形态工作的机关。根据哲学家麦克·佛考特的观点，"意识形态的权力是一个广泛的不可触摸的力量网络，将自己编入了细微的手势和隐蔽的说话方式中"，因此，"意识形态并不存在于事物中，而是存在于'系统相连接的一个关系网络中'"。简言之，"意识形态存在于日常生活的实践中"③。从这个角度来看，为了完成意识形态的宣传工作，"全国文联"——"地方文联"组织必须在自身内部建立一个有意味的符号体系，并且通过故事叙述将这个体系辐射出去，这也符合伯杰所主张的"展现文化的最好方式是通过组织成员讲述的故事"④。这一特点充分体现在《文艺报》对于人物塑造的数次讨论之中。

例如《文艺报》1952年第16号中的《创造真实的形象》一文，此文作为专栏"编辑部的话"的内容，传达了全国文联对于人物形象塑造的规

---

① 《中共中央关于中央政府成立后党的宣传部门工作问题的指示（1949年12月5日）》，中国社会科学院新闻研究所编《中国共产党新闻工作文件汇编 上卷（1921—1949）》，新华出版社1980年版，第288–289页。

② 《中国作家协会1956年到1967年的工作纲要——1956年3月中国作家协会第二次理事会会议（扩大）通过》，《文艺报》1956年第7号（1956年4月）。

③ 转引自〔美〕埃里克·M.艾森伯格、小H.L.古多尔：《组织传播——平衡创造性和约束》，白春生、王秀丽、张璟译，北京广播学院出版社2004年版，第121–122页。

④ 转引自〔美〕凯瑟琳·米勒：《组织传播》（第二版），袁军等译，华夏出版社2000年版，第84页。

范意图：

> 有一些作品，不仅缺乏真实的生动的造形，而且造形丑恶，如果不看标题，容易把正面人物误认为反派角色。例如《门画》（广西出版）……人物身体细长，头还没有脚大，外貌十分畸形。《劳动英雄》和《战斗模范》（江西出版），面貌蠢笨，全身不到四个半头高，给人一种错误印象，似乎英雄模范都是发育得不正常的。
>
> 另一些丑恶的造形，在外形上仿佛没有显著的毛病，可是同样只能引起观众的反感。例如《新年的快乐》（上海出版）里，高跷上的穿着古老服装的地主夫妇，和打着中华人民共和国国旗的群众"和谐"地在一起娱乐。《中朝友谊》（北京出版）里，把"朝鲜人民军"画得无精打采，垂头丧气，仿佛是正在"闹情绪"；主题是歌颂中朝友谊，效果是在和客观现实开玩笑，歪曲了现实。[①]

全国文联一直在用《文艺报》指导全国各地区的文艺工作，规范文艺创作的符号，并通过这样的符号体现意识形态。对于"全国文联"—"地方文联"这样一种组织结构来说，其核心并非级别管理机制，而是蕴含着对文艺创作认知、理解、符号的规范和要求。换言之，文联通过《文艺报》统一故事讲述系统，并通过这个系统将隐含在符号中的意识形态渗透出去，这些符号、认知、理解和故事讲述系统才是组织的价值观和共同目标的体现。因此，笔者把"全国文联"—"地方文联"—"文艺工作者"和"国家刊物"—"大区刊物"—"地方刊物"这样的组织的本质看作文化。

"组织化期刊"，可以从组织的文化隐喻方面来进行界定。人类学家马歇尔·萨林斯将文化定义为"人和物有意义的秩序"。在这个定义中，"人和物"是解释符号意义中相互依赖的资源，"有意义的秩序"指的是通过符号来反映社会群体中复杂的过程和关系。因此，一种文化不仅根据它的

---

① 王朝闻：《创造真实的形象——新年画观后》，《文艺报》1952 年第 16 号（1952 年 8 月）。

成员对文化的表述来确定，同时也根据他们创造文化所使用的工具来确定，通过他们文化艺术中所展示的价值来确定，通过他们对物的获取和发展来确定。然而，并非所有同一文化下的成员都以同一种方式接受或实践那些秩序，大多数文化都包含不同流派或亚文化，它们分享共同的秩序，但理解或实践这些秩序的方式是不同的。由此，"文化从来都不是一种协议，而是一种共同的认知和理解"，而组织文化是"一群人集体学习的结果"①。与此同时，根据康克古德②的观点，文化是由不同的"一致的"或"矛盾的对话"构成的。当所有的参与者都接受主导的意义解释时，这个对话就是共谋的。相反，当参与者用另外一种解释来挑战主导解释时，这个对话就是矛盾的。因此，一个组织的文化以多重的冲突意义和对解释控制的持续斗争为特征，因为组织并非是意义生成的中性场所，他们是在竞争利益团体和代表体系之间的斗争环境下被创造出来的。从这种意义上来看，"组织化期刊"可以被认为是组织成员学习的场所，同时它所提供的也是斗争的场所。

对《文艺报》而言，"十七年"之中向组织成员提供学习场所基本上是贯彻始终的，或者说正是通过这样一种"集体学习"的方式，它完成了规范全国文艺工作者的符号体系并统一意识形态的任务。在第 1 卷第 7 期（1949 年）《我们怎样学习写作的》一文中，上饶的王菊芳报道了她所在的文艺小组在写作上遇到的问题："我们每天除了政治学习而外，便是业务学习。前些日子，我们只着重共同阅读和讨论，忽略了写作练习的基本训练，比方在阅读和讨论毛主席的《在延安文艺座谈会上的讲话》和陆地著的《怎样学文学》的问题时，我们的确有很高的兴趣，对立场，对象，态度等问题弄得满清楚，可是一动笔写作，就和理论分了家，甚至得到一个相反的结果。因此我们就有人提出写、读和讨论一起进行，以便从实践中

---

　　① ［美］埃里克·M. 艾森伯格、小 H. L. 古多尔：《组织传播——平衡创造性和约束》，白春生、王秀丽、张璟译，北京广播学院出版社 2004 年版，第 96、102 页。
　　② ［美］埃里克·M. 艾森伯格、小 H. L. 古多尔：《组织传播——平衡创造性和约束》，白春生、王秀丽、张璟译，北京广播学院出版社 2004 年版，第 110 页。

去领会文件的精神。"① 从这一段文字中可以看出，组织成员是如何在集体学习的过程中，将"立场，对象，态度等问题"弄清楚的，是如何"领会文件"精神并自觉将个体纳入意识形态中去的。编辑部刊发这篇报道，正是因为各地区都存在类似问题，希望由此激发大家进行深入分析、批判问题的热情，并提出解决写作问题的经验。

《文艺报》1952 年第 1 号发表何其芳的《用毛泽东的文艺理论来改造我们的工作》，全面分析、阐述文艺工作者该如何使用毛泽东的文艺理论来指导创作，对文学艺术的创作方法、历史作用、政治原则等做了清晰、明确的表述。文中提到"中国的革命文艺运动是在马克思列宁主义的影响之下发生的"，但它有一个最根本的问题长时期未能得到解决，即"工人阶级思想和小资产阶级思想的矛盾"，直到毛泽东的讲话发表才系统、彻底地解决了上述问题。讲话出色运用了历史唯物主义的基本方法——阶级分析法，根据文学艺术的特点规定了它的创作方法——现实主义，并且明确指出"在有阶级的社会里，文学艺术一定要服从阶级，服从党，服从阶级与党的政治要求，服从一定革命时期的革命任务"② 。这就无异于一部文艺工作者的教科书了。发表在《文艺报》上的同类文章还有很多，例如《我们学习了〈水浒〉》(1954 年第 3 号)、《学习我们朋友的艺术经验》(1954 年第 7 号)、《走到正确的路上来》(1955 年第 16 号)、《党性是我们的文学艺术的灵魂》(1955 年第 21 号) 和《作家应尽的责任》(1956 年第 7 号)，等等。

"组织"的产生不只是集体学习的结果，"组织"还需要从持有不同意识形态的团体的斗争之中产生。《文艺报》历史上发生过几次大的斗争，实质上正是不同的意识形态对于这个新生组织的争夺，并催生了符合文联组织的任务目标和新中国国家形象的意识形态。其中对于胡风的批判最有代表性。胡风是现代文学史上著名的理论批评家和编辑活动家，"七月派"的核心人物。胡风文艺思想体系本身就渊源复杂，他既受到资产阶级文艺

---

① 王菊芳：《我们怎样学习写作的》，《文艺报》第 1 卷第 7 期（1949 年 12 月）。

② 何其芳：《用毛泽东的文艺理论来改造我们的工作》，《文艺报》1952 年第 1 号（1952 年 1 月）。

思想的影响，也学习过马克思主义文艺观点。所以第一次文代会上确立了要以解放区文艺思想为正统时，茅盾在会上所作的报告《在反动派压迫下斗争和发展的革命文艺》，就对胡风文艺思想做出批判，认为是"一种'小资产阶级的革命'文艺理论"①。

1950 年 3 月 12 日，《人民日报》在第五版上发表陈涌的《论文艺与政治的关系——评阿垅的"论倾向性"》，主要是针对"七月派"作家阿垅发表在《文艺学习》上的论文《论倾向性》。陈涌指出，阿垅的论文歪曲了毛主席《在延安文艺座谈会上的讲话》中关于文艺批评的"政治标准和艺术标准"，并认为阿垅所写的"艺术即政治"的观点就是"唯心主义"的认识论，是对毛泽东文艺思想的"歪曲"，是"抵抗马列主义的关于文艺的党性的思想"。1950 年 4 月 25 日的《文艺报》第 2 卷第 3 期转载了《论文艺与政治的关系》，这只是一种常规跟随中共中央机关报的步伐，但是后来批判一步步升级：1952 年 6 月 8 日《人民日报》转载《长江日报》舒芜的《从头学习〈在延安文艺座谈会上的讲话〉》并首次提出以胡风为首的"小集团"这一概念；1952 年 9 月 25 日《文艺报》刊登舒芜的《致路翎的公开信》以及《编者按》；1953 年 1 月 30 日和 2 月 15 日《文艺报》先后发表林默涵《胡风反马克思主义的文艺思想》和何其芳的《现实主义的路，反现实主义的路？》。

日益激烈的批判使胡风开始全面思考文学体制及文学规范的问题。1954 年 7 月，胡风向中共中央提交了一份《关于解放以来的文艺实践情况的报告》，也就是"三十万言书"。在该文中，他主要阐述了当前文艺界的工作、部分领导人的问题、自己的理论以及反驳对自己的批判，其中就包括他最为著名的"五把刀子"论。现在来看，胡风的这一论述是对建国之后文艺工作错误的合理批评。但是放在当时的历史环境之下，它展现出原国统区的左翼作家和解放区党的文艺工作者在意识形态上的冲突，尤其是"宗派主义"这个用词，可以感受到当时胡风所受到的压制。尽管胡风此时早已被排除在党的文艺工作的核心之外，但他迅速遭到了反击。如姚

----

① 茅盾：《在反动派压迫下斗争和发展的革命文艺》，《中华全国文学艺术工作者代表大会纪念文集》，新华书店 1950 年版，第 62 页。

文元发表《划清界限，坚决斗争》一文，直指胡风的理论是"披着马克思主义外衣的资产阶级唯心主义文学理论"，"胡风先生已经站到直接违反马克思主义的立场上去了，已经站到污蔑党的立场上去了"①。在这种基调下，批判开始超出胡风自己的预想，他所代表的左翼作家的意识形态彻底被定性为"资产阶级"思想。

至此，对胡风的批判迎来高潮。《文艺报》在 1955 年第 1–2 号合刊上专门开辟专栏"对胡风在文联和作协主席团扩大联席会议上的发言的意见"②，并在接下来的时间里愈演愈烈，1955 年的第 9–10 号合刊、第 11 号对胡风的批判文章几乎占据了所有版面，文章总数达到 55 篇。同时，对胡风的批判发展为对所谓"胡风反党集团""胡风反革命集团"的批判。这场文艺界的意识形态斗争也迅速转变为政治斗争，胡风于 1955 年 5 月被捕。

"胡风案"影响巨大，但《文艺报》这个战场的情况是一边倒的。换言之，在这场斗争里《文艺报》只是一种意识形态的阵地，而非不同意识形态的战场。不同的意识形态，或者说不同"故事讲述系统"之间的斗争，在另一场论战中可以一探究竟。

《文艺报》1952 年第 16 号上，展开了一场对"概念化、公式化"文艺创作的批判。刊物发表 6 篇文章，对"借着某个人物的嘴发表一篇理论，于是全体人物就突然'打通思想'，大事化小，小事化无，不了了之"③ 的"虚伪地粉饰矛盾"的写作方式，和"作者往往以在作品中肤浅地说出了一些爱国主义、国际主义之类的概念而自慰，旁观者也可能以'主题意图是好的'而加以鼓励"④ 的形式主义问题进行批判，并且提出了"反对写'落后到转变'"的口号，认为英雄人物"在斗争中，团结中间分子，带动落后分子，站在矛盾的最前线。我们如果舍此不写，或写得不够，却

---

① 姚文元：《划清界限，坚决斗争》，《文艺报》1955 年第 1–2 号（1955 年 1 月）。

② 这期专栏一共发表了 5 篇文章，分别是《分清是非、划清界限》（姚文元）《我们愤慨》（刘天寿、余钟惠）、《奇妙的逻辑》（企生）、《关于"诗与现实"的批评》（吴颖）和《胡风先生发言了》（吴之的）。

③ 刘炳善：《概念化、公式化的作品歪曲了生活》，《文艺报》1952 年第 16 号（1952 年 8 月）。

④ 菜田：《要忠实于生活》，《文艺报》1952 年第 16 号（1952 年 8 月）。

把落后转变作为主要甚至唯一的题材，舍本逐末，这是与现实生活不相符的"[1]。此时担任主编的冯雪峰发起"关于创造新英雄人物问题的讨论"，旨在改变旧有的"故事讲述系统"。因为单纯描写正面人物的文艺作品与文联这一组织渗透意识形态的任务和目标是相悖的，如果文艺作品不能吸引人们去阅读，那么将"故事"中的意识形态传播出去的任务也无从谈起。因此，冯雪峰试图在不偏离政治路径的同时注重文艺作品的文学性，并且刊登长文《高尔基论描写新旧的斗争》作为理论基础。

但冯雪峰的主张很快受到批判，这一批判先是在《人民日报》上发起的，随后周扬发表在《文艺报》1953年第23-24号上的《我们必须战斗》彻底否定了冯雪峰这一尝试。周扬认为，冯雪峰主持下的《文艺报》"对去年十月第二次全国文学艺术工作者代表大会所决定的方针，不但没有坚决地执行，而且采取了消极的抗拒的态度"，在"关于创造新英雄人物的讨论"时"编者们的思想中却缺少对于创造正面人物的积极要求和热望，而热心于利用作品中创造正面人物的缺点散布对于创造正面人物这一任务本身的怀疑。他们错误地认为要使正面人物是有血有肉的，不是概念化公式化的，就必须着重描写人物的内心矛盾甚至人格分裂；把新人物内心生活的丰富性和意志坚定性同小市民的内心复杂性以至两重人格混同起来，把正面人物所必须具备的先进阶级的优良品质和他的个别的缺点或错误混同起来，甚至武断地认为一个人的任何缺点错误都是品质问题"[2]。

当然，关于如何塑造英雄人物问题的论战并没有到此为止，而是一直贯穿于"十七年"的始终，这段历史在武新军所著的《意识形态结构与中国当代文学——〈文艺报〉（1949—1989）研究》一书中有过详尽叙述。武新军将这个论战分为"两种观点的较量（1949—1955）""多样化与个性化的呼声（1956—1957）""如何创造反面形象（1959—1960）""革命性与多样性的统一（1961—1962）""纯粹英雄的诞生（1964—1966）"[3]五个阶

---

① 左介贻：《现实生活这样告诉我们》，《文艺报》1952年第16号（1952年8月）。

② 周扬：《我们必须战斗》，《文艺报》1954年第23-24号（1954年12月）。

③ 武新军：《意识形态结构与中国当代文学——〈文艺报〉（1949—1989）研究》，中国社会科学出版社2010年版，第142-163页。

段，上述周扬和冯雪峰之间的分歧应当是第一阶段的讨论。这场论战值得注意的地方在于，与批判胡风不同，此次论战双方周扬和冯雪峰实际上都是全国文联的领导，他们在"全国文联"—"地方文联"这一组织中是处于核心地位的人物。如何创作英雄人物这一议题是明显的对符号体系的建构，由此可见组织通过"故事讲述系统的建立"来展示组织文化的特点。

《文艺报》上有两类文章是版面的主角，一是文学批评，二是对中央文件的学习。通过对这两类文章的分析可以看出，作为"组织化期刊"的典型代表，《文艺报》确实承担着为组织成员提供"学习场所"和为组织中不同群体提供"斗争场所"两个方面的功能。但无论从哪一个角度来说，"组织化期刊"的作用都是供组织成员统一意识形态、建立故事讲述系统，最终创造组织文化、形成相同价值观和目标的工具。由此，笔者尝试给"组织化期刊"做出理论界定。

"组织化期刊"的定义至少涉及以下几个方面：首先，它是组织的期刊，是组织发布信息并向组织成员展现自身符号体系的工具。其次，它是对个人进行组织化的工具，通过发布行为规范修正组织内个人的行为和信息输出模式，最终将个人纳入组织这一文化中去。最后，它还应该是组织文化的载体，通过这一载体向外辐射组织的意识形态，最终完成组织的文化目标。简而言之，"组织化期刊"是展现组织的意识形态、规范组织的成员、构建共同故事讲述系统的文化载体。具体来说：

其一，"组织化期刊"必须依托一个组织存在，组织并不是能够进行平等交流的个人的集合，组织的存在遵循统一意志的领导。因此，"组织化期刊"也必须在组织的最高意志的领导之下。这也是《文艺报》的文学批评活动和学习活动都是以中央指示为准绳的原因所在。

其二，"组织化期刊"为了贯彻组织的最高意志，必然设置一个"把关人"体系，"把关人"负责接受上级意识形态的要求，并且审核所有稿件，只有符合组织的意识形态或组织任务的观点和内容才能被刊发在期刊上。

其三，"组织化期刊"不仅是由上向下传达意志的工具，还是供组织成员共同表达、共同学习，甚至相互斗争的场所。因此，"组织化期刊"需要一个信息采集部门，将组织成员的意识形态和符号体系呈现在期刊上。

最后，"组织化期刊"应该有足够的在组织上有归属关系的受众群体，这部分群体从期刊上接收组织的最高意志和符合组织身份的意识形态。

由此，"组织化期刊"的运作方式表现为，最高意志向把关人传达意识形态，把关人或自行写作或挑选符合该意识形态的内容刊发在期刊上。这一阶段通常都是集体学习发生的阶段，把关人本身对于最高意志的不同理解，也会导致意识形态和故事讲述系统发生冲突。向下的信息采集部门则负责采集组织中下级成员的意识形态样本，汇报组织成员意识形态的建构情况。组织成员依照期刊上的意见，修正自身的意识形态和故事讲述方式。在诸要素各司其职的过程中，文化意义上的组织也就形成了。这个结构反映在《文艺报》上，就是中央—文联编辑部—民间通讯员—文艺工作者的组织和传播结构。

第二节　"组织化期刊"在"十七年"中的历史形态

新中国"组织化期刊"的滥觞可以追溯到 1920 年出版的上海早期党组织机关刊物《共产党》，这份刊物的主要内容包括宣传共产党建设的相关知识、探讨中国共产主义革命的道路、向广大工农兵大众灌输马克思主义和报道国内工人运动的发展。作为一种半公开的期刊，《共产党》的主要功能是供中国早期的共产主义者进行理论学习，"毛泽东在长沙党员中传递学习《共产党》，……北京早期党组织在长辛店工人中介绍《共产党》，……武汉早期党员董必武、陈潭秋组织进步学生阅读《共产党》，……由此可见，《共产党》月刊对党的成立和思想建设所起的重要作用"[1]。此时的《共产党》已经初步具有"组织化期刊"的功能和特点，也完成了对党的成立和思想建设起重要作用的任务。此类期刊在当时数量已经不少，包括社会主义青年团的第一份机关刊物《先驱》（1922 年 1 月 15 日在北京创刊）、中共中央的第一份机关报《向导》（1922 年 9 月 13 日在上海发行）等。

新中国成立之后，中国从新民主主义革命时期逐步向社会主义时期过

---

[1]　郑保卫主编：《中国共产党新闻思想史》，福建人民出版社 2004 年版，第 8 页。

渡，党的任务从建立政权转变为建设国家。随着国家建设情况的变化，"组织化期刊"也在政治因素的影响下、在"学习"最高意志和意识形态"斗争"中不断拉扯，并在不同历史时期表现出不同的历史形态。

一　意识形态的初步形成阶段（1949—1952 年）

从 1949 年开始，党组织原有的管理结构中不符合新形势的部分逐渐被调整，其中就包括国家的文化教育事务不再由党的宣传机关代管，而是设立专门的文教机关进行管理。1949 年 12 月 5 日，中共中央在《关于中央政府成立后党的宣传部门工作问题的指示》中指出："在中央政府未成立以前，党的中央宣传部不得不实际上暂时代替中央政府的文教机关，管理国家的文化教育工作。……现在，中央政府已经成立，管理全国文化教育事务的中央人民政府政务院文化教育委员会及其所属之各部、院、署亦已先后成立。原本部所属之新华通讯社已改为国家通讯社，广播事业管理处已改为广播事业局，均隶属于新闻总署。"[①]

这个阶段是"组织化期刊"的草创阶段，主要任务是传达最高意志，为意识形态的形成指明方向。文艺刊物三个等级的格局也是在这一阶段形成的，包括"国家刊物"（又称"领导刊物"，如《文艺报》《人民文学》）、"大区刊物"（如中南区的《长江文艺》、华东区的《文艺月报》、西南区的《西南文艺》、东北区的《东北文艺》）和"地方刊物"（各省、市文联、作协刊物），三者之间是指导与被指导、监督与被监督的关系。中国文联曾明确规定："各地文联及各协会应将《文艺报》规定为各地区、各部门文艺干部经常阅读的学习刊物。对于《文艺报》所提出的有关文艺思想、文艺创作和文艺运动等方面重大问题，应通过各种方式，组织本地区或本部门的文艺干部联系自己的情况和问题进行讨论。各大行政区文联的机关刊物，应有计划地组织和发表讨论这些问题的文章。《文艺报》上重要的社

---

① 《中共中央关于中央政府成立后党的宣传部门工作问题的指示（1949 年 12 月 5 日）》，中国社会科学院新闻研究所编《中国共产党新闻工作文件汇编 上卷（1921—1949）》，新华出版社1980 年版，第 288 页。

论和文章，各地文艺刊物亦应及时予以转载和介绍。"①《文艺报》在各级各地文艺刊物中处于"领导"地位，承担带领它们步调一致行进在意识形态轨道内的职责。

此时"组织化期刊"最明显的特点是意识形态比较单一，还处在对最高意志的理解阶段。中央人民政府新闻总署 1950 年 1 月 12 日发布的《关于报纸采用新华社电讯的规定》中要求："一般大报对新华社所发表的各种有特别重要性的稿件，如政府公告，外交文书，社论和重大的政治外交新闻等，不得节删。通俗报和小型报对于最重要的公告亦不得节删，但可以附加通俗解释。对其他文件，在必须改写时，可以改写，但改写后即不得用原有文告，或新华社电讯名义。"②完整、真实地传达"最高意志"是这个时期"组织化期刊"的首要任务，"组织化期刊"统一意识形态的功能逐渐被注意到。1950 年 4 月 19 日，中共中央颁布《关于在报纸刊物上展开批评和自我批评的决定》，指出"我们的党已经领导着全国的政权，我们工作中的缺点和错误很容易危害广大人民的利益，而由于政权领导者的地位，领导者威信的提高，就容易产生骄傲情绪，在党内党外拒绝批评，压制批评"，因此要求"在一切公开的场合，在人民群众中，特别在报纸刊物上展开对于我们工作中一切错误和缺点的批评与自我批评"③。这一决定很快得到各类报刊的响应，如《文艺报》就以社论的形式号召"所有文学艺术的杂志和报刊，努力提高自己的思想水平和艺术水平，展开和加强对作品、对工作、对思想、对作风各方面的正确的批评与自我批评"④。

但这种批评与自我批评并非有差异的意识形态的交锋，主要解决与

① 《全国文联为加强文艺干部对〈文艺报〉的学习给各地区文联和各协会的通知》，《文艺报》1952 年第 1 号（1952 年 1 月）。

② 《中央人民政府新闻总署关于报纸采用新华社电讯的规定（1950 年 1 月 12 日）》，中国社会科学院新闻研究所编《中国共产党新闻工作文件汇编 中卷（1950—1956）》，新华出版社 1980 年版，第 31 页。

③ 《中共中央关于在报纸刊物上展开批评和自我批评的决定（1950 年 4 月 19 日）》，中国社会科学院新闻研究所编《中国共产党新闻工作文件汇编 中卷（1950—1956）》，新华出版社 1980 年版，第 5 页。

④ 《加强文学艺术工作的批评与自我批评》，《文艺报》第 2 卷第 5 号（1950 年 5 月）。

中央的意识形态无法相容的部分，针对的是新中国成立前国统区的左翼作家和待改造的旧文艺工作者的"资产阶级"意识形态问题。最明显的表现是丁玲对"同人刊物"的尖锐批判："我们还有很多人用一种传统的观点、旧的观点去对待我们今天的刊物，把刊物常常看成只是一伙人的事。过去一小伙人掌握了一个刊物（即是所谓同人刊物），发表这一伙人的思想，宣传这一伙人的思想，反对一些他们要反对的，也慷慨激昂过，也发过牢骚。这些刊物有的曾经因为被进步人士所掌握，当时起过一些积极的作用，有的编辑部里因为有共产党员，曾反映过一些党的政策。但是这种刊物的办法，已经过时了。"文艺刊物应该成为意识形态改造的工具："我们应该把今天人民生活中所发生的问题提到我们刊物上来，站在人民的立场，用新的人生观去分析，以教育人民，使他们能在工人阶级思想的领导下向旧的一切残余的思想，资产阶级思想、小资产阶级思想进行斗争，并获得解决。"①办同人刊物很早就与党的指导思想相违背，党在早期即规定："党的报刊就必须完全置于党的统一领导之下，中央和地方报刊编辑人员由中央和地方党组织任免；中央和地区党的负责人兼任报刊的主要编撰工作；在中央局领导下设立中央报纸编辑委员会，每月定期开会'报告及审查中央及各地党的，工会的……机关报状况'。"②1942 年博古在《解放日报》中也提出："报纸是党的喉舌，是一个巨大集体的喉舌。在党报工作的同志，只是整个党的组织的一部分。一切要依照党的意志办事，一言一动，一字一句都要顾到党的影响。"③1944 年《解放日报》更是率先提出了"全党办报"的思想。经过解放区的数次整风运动，曾经盛行一时的同人刊物早已风光不再。如《光明日报·文学评论副刊》的主编王淑明主动做了检讨：《文学评论》是同人性质的刊物，当初选择民盟办的《光明日报》而不在党报《人民日报》办副刊，是因为可以摆脱党的"领导"和"束缚"，可以不受审查、任性而自由。现在看来是"自绝于党"，与"组织取

① 丁玲：《为提高我们刊物的思想性、战斗性而斗争——在北京文艺界整风学习动员大会上的讲话》，《文艺报》第 5 卷第 4 期（1951 年 12 月）。

② 郑保卫主编：《中国共产党新闻思想史》，福建人民出版社 2004 年版，第 40 页。

③ 博古：《党与党报》，《解放日报》1942 年 9 月 22 日。

着对立的态度"。因为没有党的思想领导，刊物缺乏正确的办刊方针和目标，因而终于犯了错误、走向失败。不但没有响应文艺界对《武训传》《我们夫妇之间》的批判，反而指责批判者"把棍棒代替了批评"，"不是在鼓励创作，而是在做着屠夫和刽子手"，"一开始就不是指向敌人，向封建阶级，向资产阶级与小资产阶级的文艺思想作战，而是找一些在新文艺创作上具有显著成绩的作家，如赵树理、丁玲同志……等，在他们头上开起火来，预备把这些人打下去，好一显自己的身手，这完全是盲目乱干，不分敌我，小资产阶级的极端个人主义思想的表现"①。

从上述史料可以看出，这个时期现代中国的"组织化期刊"虽然搭建起了组织框架，但是还没有建构起统一的意识形态。新中国成立初期，大量原国统区的左翼作家和旧社会文艺工作者被纳入新中国中央政府的统一管理下，中国共产党一向重视宣传工作，希望且要求这些文艺工作者能够在文艺创作中展现出符合国家利益的、统一的意识形态。因此，这个时期"组织化期刊"的主要任务是将党的领导思想和对于期刊工作的方针贯彻到全国新闻和文艺工作中去，建立符合党的意识形态的符号体系。"组织化期刊"在这一阶段主要是作为学习的场所，斗争的部分被放在次要地位，斗争氛围比较温和。此时的主要斗争目标，是将处于意识形态之外的成员纳入组织之中，而不是将组织内与意识形态不符的成员驱赶出去，对待意识形态的差异以改造为主，当改造完成之后斗争就激烈多了。

二　意识形态的斗争阶段（1952—1957 年）

随着组织中的意识形态大体统一，"组织化期刊"的学习功能逐渐减弱，不同故事讲述系统之间的斗争变成主题。在这一阶段，意识形态被理解为不仅应存在于组织成员的头脑之中，还应该开始指导组织成员的行为和工作，这就需要一套与之相匹配的、行之有效的工作方式。换言之，这一时期"组织化期刊"需要解决的是"方法论"问题。但因为"组织化期刊"与生俱来的意识形态属性，"方法论"之间的斗争往往被上升到"世界观"的高度。

---

　　①　王淑明：《从〈文学评论〉编辑工作中检讨我的文艺批评思想》，《文艺报》1952 年第 1 号（1952 年 1 月）。

于是，这个时期"组织化期刊"上的斗争呈现一种奇怪态势，尽管斗争双方都是从党的指示的角度出发，出言必称"人民群众"，论理必提"阶级革命"，但总是以其中一方"脱离了群众""背叛了革命""有资产阶级思想"而宣告结束。其原因主要在于，尽管组织中已经有了统一的意识形态，但组织成员因为经历不同、经验差异对意识形态的理解并不一致。在"方法论"的讨论中势必会把组织成员的不同理解展现出来，其中与组织的"最高意志"有差异的"方法论"便会被排斥。

具有代表性的例证是对俞平伯和他的《红楼梦研究》的批判。这一批判的历史重要性在于，不是对某个人的某种思想的单独批判，而是涉及不同文艺思想的交锋。1952 年俞平伯将其旧作《红楼梦辩》重新编撰成《红楼梦研究》出版，《文艺报》1954 年发文介绍了这本书，充分肯定它"扫除了过去'红学'的一切梦呓"。1954 年 4 月底李希凡和蓝翎两人合写了一篇批评俞平伯的文章——《关于〈红楼梦〉简论及其它》，他们去信询问《文艺报》能否刊登这篇文章，因未得到答复就发表在《文史哲》第 9 期。这件事情真正作为一场大的文化运动爆发则是因为毛泽东的一封信。毛泽东在《关于红楼梦研究问题的信》中指出："这是三十多年以来向所谓红楼梦研究权威作家的错误观点的第一次认真的开火。作者是两个青年团员。他们起初写信给《文艺报》，请问可不可以批评俞平伯，被置之不理。他们不得已写信给他们的母校——山东大学的老师，获得了支持，并在该校刊物《文史哲》上登出了他们的文章驳《红楼梦简论》。"肯定了这篇文章在意识形态上的价值之后，毛泽东直指这篇文章发表过程中遇到的困难："有人要求将此文在《人民日报》上转载，以期引起争论，展开批评，又被某些人以种种理由（主要是'小人物的文章'，'党报不是自由辩论的场所'）给以反对，不能实现；结果成立妥协，被允许在《文艺报》转载此文。嗣后，《光明日报》的《文学遗产》栏又发表了这两个青年的驳俞平伯《红楼研究》一书的文章。"由这个事件为导火索，毛泽东认为"这个反对在古典文学领域毒害青年三十余年的胡适派资产阶级唯心论的斗争，也许可以开展起来了"①。

---

① 毛泽东：《关于红楼梦研究问题的信（1954 年 10 月 16 日）》，《毛泽东选集》（第五卷），人民出版社 1977 年版，第 134 页。

俞平伯的《红楼梦研究》(即《红楼梦辩》)主要内容与意识形态没有多大关系，主要是对《红楼梦》一些问题的考证。《红楼梦辩》分上中下三卷，首卷是对续写回目的考证，中卷是对红楼梦中地点、人物和年表的考证，下卷则是对一些零散问题的考证。真正引起毛泽东注意的是批判文章发表过程中遇到的困难，毛泽东认为："事情是两个'小人物'做起来的，而'大人物'往往不注意，并往往加以阻拦，他们同资产阶级作家在唯心论方面讲统一战线，甘心作资产阶级的俘虏，……出现了容忍俞平伯唯心论和阻拦'小人物'的很有生气的批判文章的奇怪事情，这是值得我们注意的。俞平伯这一类资产阶级知识分子，当然是应当对他们采取团结态度的，但应当批判他们的毒害青年的错误思想，不应当对他们投降。"①

可见，毛泽东在这封信里着重批判的是当时党的文艺工作者的工作方法，因为在意识形态统一之后文艺工作确实向更注重文学价值的方向转移了。文艺刊物上发表的理论文章，开始强调文学反映生活的真实性、艺术形式的多样性、人物形象的感染力等，如"强调反映生活的真实，提倡以多种多样的艺术形式反映丰富多样的生活内容，写出生活中真实的人的思想情绪是完全必要的。……对剧本唱词绝不能降格以求，必须以是否真实地反映了现实生活为尺度来取舍，如果违反了这个方针，仍使文艺刊物上充满了公式化概念化的一类剧本、唱词，结果只会取得愈来愈坏的效果"②，"文艺作品，是通过人物形象，通过描写人物的思想感情和道德品质来给人以教育的。因此，就要看作品是不是从生活出发，真实地反映了生活而又真正具有感染人与教育人的作用"③。上文中提到的冯雪峰开展对"公式化""概念化"的文艺创作的批判也是这一类关于"方法论"的讨论。但这种工作方法显然与党的意志有很大出入，它强调的是"不犯政治错误的情况下做好文艺"，但组织赋予"组织化期刊"的任务更突出其作为宣传工具的作用。因此，这样的工作方法与组织的目标出现冲突，以"组织

---

① 毛泽东:《关于红楼梦研究问题的信（1954年10月16日）》,《毛泽东选集》（第五卷）,人民出版社1977年版, 第134–135页。

② 邓立品:《地方文艺刊物要提高演唱作品的质量》,《长江文艺》1954年第1期。

③ 范刚:《谈地方文艺报刊的选稿标准》,《长江文艺》1954年第5期。

化期刊"为载体的斗争随之展开。

《文艺报》很快在1954年第18号转载李希凡和蓝翎的文章，并由主编冯雪峰撰写编者按语。编者按说，这篇文章的作者是"两个在开始研究中国古典文学的青年；他们试着从科学的观点对俞平伯先生在《红楼梦简论》一文中的论点提出了批评，我们觉得这是值得引起大家注意的"，"作者的意见显然还有不够周密和不够全面的地方，但他们这样地去认识《红楼梦》，在基本上是正确的。只有大家来继续深入地研究，才能使我们的了解更深刻和周密，认识也更全面"①。但毛泽东对编者按语很不满意，为此冯雪峰又专门发表文章《检讨我在〈文艺报〉所犯的错误》："这完全说明我对于资产阶级的错误思想失去了锐敏的感觉，把自己麻痹起来，事实上做了资产阶级的错误思想的俘虏。"他表示接受批评，彻底整顿《文艺报》："现在我们必须有决心，在党的领导和严厉批评之下，来迅速地彻底地改正我们的错误，革除陈腐的作风，使《文艺报》名符其实地成为一个具有思想性与战斗性的刊物。"②

《文艺报》在之后数期组织批判稿件，数量众多。包括：1954年第20号的《坚决开展对古典文学研究中资产阶级思想的斗争》（舒笑）、《略谈〈红楼梦〉》（禾子），1954年第21号的《胡适反动思想给与古典文学研究的毒害》（陆侃如）、《从俞平伯先生对〈红楼梦〉研究谈到考据》（王瑶）、《论钗黛合一论的思想根源》（聂绀弩）、《我在这次〈红楼梦研究〉的讨论中所联想到的和体会到的》（黄药眠）、《俞平伯〈红楼梦研究〉是反爱国主义的》（范宁）、《从〈红楼梦辨〉到〈红楼梦简论〉》（严敦易）、《我对于讨论〈红楼梦〉问题的认识和感想》（吴小如），1954年第22号的《肃清古典文学研究中实用主义的毒素》（陈元晖）、《我们对于〈红楼梦研究〉的初步意见》（山东大学教师集体讨论）、《大都是"俳优文学"吗？》（丁力），1954年第23-24号的《胡适思想的反动本质和它在文艺界的流毒》（蔡仪）、《花袭人论》（王昆仑）、《谈古典文学研究工作的现状》（王瑶）、《我

---

① 李希凡、蓝翎：《关于〈红楼梦〉简论及其它》，《文艺报》1954年第18号（1954年9月）。

② 冯雪峰：《检讨我在〈文艺报〉所犯的错误》，《文艺报》1954年第20号（1954年10月）。

所看到的目前古典文学研究工作中的一些问题》（吴小如）《谈"权威"》（吴颖），1955年第1号的《批判胡适在"五四"文学革命运动中的改良主义思想》（刘绶松）《批判胡适在民间文学研究上的观点和方法》（钟敬文）《奴才的哲学和嘴脸》（解斯），1955年第3号的《胡适的"历史癖"的实质是什么？》（王崇武），等等。

这场斗争以发表在《人民文学》上的《关于〈文艺报〉的决议》掀起高潮，文章明确表达了整顿全国文艺期刊的意图："责成中国作家协会、中国戏剧家协会、中国音乐家协会、中国美术家协会和所属各地分会的机关刊物以及各省市文联所属机关刊物的编辑机构根据本决议的方针进行工作的检查并改进工作。"[1]针对这种"方法论"的批判接踵而来，如罗荪在《人民文学》上发表《加强文学编辑工作的党性》一文，认为"我们就'必须进行强有力的政治工作来对抗这些影响'，也就是要加强文学的党性原则，巩固和扩大我们的文学阵地"，批评《人民文学》和《文艺月报》"把艺术性当作孤立的超阶级的东西来欣赏"，主张把文艺期刊看作是"加强文学的战斗性，对抗资产阶级思想影响的一个重要环节"[2]。各类期刊也开始了对这种"方法论"的整顿，方式和步骤基本都是先转载决议，然后编辑部征求读者的批评意见，如《长江文艺》的《欢迎广大读者对〈长江文艺〉提出严肃的批评》（1955年第1期），《文艺月报》的《热烈地欢迎更广泛、更尖锐的批评》（1954年第12期）；接着是发表读者的批评文章，如《读者对〈长江文艺〉的意见》《对〈长江文艺〉底缺点和错误的批评》《读者、通讯员对〈文艺月报〉的批评》等；最后是编辑部综合读者的批评意见对工作进行总的检讨，如《〈长江文艺〉编辑部工作检查》（1955年第5期）等[3]。

由此可见，这一阶段"组织化期刊"的学习功能不再是重点，组织中对于意识形态不同理解之间的斗争逐渐成为主角，斗争目标也从将意识形

---

① 《关于〈文艺报〉的决议》，《人民文学》1955年第1期。
② 罗荪：《加强文学编辑工作的党性》，《人民文学》1955年第11期。
③ 武新军：《意识形态结构与中国当代文学——〈文艺报〉（1949—1989）研究》，中国社会科学出版社2010年版，第26页。

态不同的成员拉入"组织"这一文化中，变成了改造组织成员故事讲述系统与组织意识形态的差异部分。与此同时，斗争目标逐步扩大，许多曾经在延安时期就接受党领导的文艺工作者开始被批判，如冯雪峰等；斗争氛围也变得更加激进，如胡风以入狱的结局退出了"方法论"斗争。

三 组织的宣传工具阶段（1957—1966 年）

经过前两个阶段，"组织化期刊"对组织成员的"组织化"任务基本完成，组织内部已经形成统一的意识形态，建构起完整的符号体系和故事讲述系统，并且明确了领导与被领导的级别关系。这一阶段"组织化期刊"的主要任务和功能转变为根据党的指示为组织开展宣传工作。

1957 年 4 月 10 日，毛泽东严厉批评了《人民日报》总编辑邓拓、副总编胡绩伟、王揖、林淡秋等人。起因是毛泽东 2 月 27 日在最高国务会议第十一次扩大会议上作了题为《关于正确处理人民内部矛盾的问题》的重要报告，3 月 12 日又在全国宣传工作会议上讲话，但这两次重要的报告和讲话《人民日报》都没有全文引述，第二次讲话甚至连消息也没有发。由此可见，党对"组织化期刊"的宣传功能十分看重。不过，前一段以斗争为主的时期也给了毛泽东一个错误印象，让他觉得"反党反社会主义的敌对势力已经犹如'黑云压城城欲摧'，不反击他们不得了"[1]，这一政治背景直接导致了"反右"的扩大化。在组织的意识形态和故事讲述系统已经趋于统一的时候，"组织化期刊"上的斗争仍十分激烈，这种斗争实际上是对党的"大鸣大放"政策的落实。

这一阶段"组织化期刊"上发表与组织的意识形态相冲突的文章，"其目的是让魑魅魍魉，牛鬼蛇神'大鸣大放'。让毒草大长特长，使人民看见，大吃一惊，原来世界上还有这些东西，以便动手歼灭这些丑类"[2]。因此"组织化期刊"开始以"全国各省市都要开展鸣放，帮党整风。各民主党派，党内党外，什么话都可以讲，就是骂共产党的话也要让他们放出

---

① 郑保卫：《中国共产党新闻思想史》，福建人民出版社 2004 年版，第 344 页。

② 《文汇报的资产阶级方向应该批判》，《人民日报》1957 年 7 月 1 日。

来，记者要按原话写"①的政策开始了工作。这个阶段的激进斗争，不能等同于"批俞平伯《红楼梦辩》"和"批胡风"，而是对组织的"最高意志"的一种落实和行动。

"组织化期刊"以开展组织交付的宣传工作为主要任务，在《人民日报》有关"大跃进"的报道中得到鲜明体现。1958年下半年，《人民日报》在显著位置以最快速度刊登各地放的"卫星"和创造的先进经验，这种工业宣传"不仅反映了那个时代的色彩，而且推波助澜，建立了自己的一份'功勋'"：

> 八月二十一日三版报道了《河南一千多座转炉土炉练出千吨钢》。
>
> 二十三日三版报道了《海宁县有个小土高炉五昼夜出铁八吨多》。
>
> 九月一日，发表《中共中央政治局扩大会议提出当年宏伟目标，为生产一千零七十万吨钢而奋斗》。接着在二日的二版，就出现《茶壶也能煮猪头，二吨电弧炼钢炉练出七吨钢》的报道。
>
> 九月二十二日发了《冶金部负责人谈河南首创万吨省的经验》。在同一版上，发了河北的消息：《破釜沉舟全力以赴，九月破万吨，十月过两万，河北力争生铁扶摇直上》。
>
> 二十二日五版，发了《全民动员三昼夜扭转落后局面，武安跃为千吨县》，报上号召《创造一个又一个生铁千吨县、万吨省、向国庆献礼》。
>
> 九月二十三日，发表了《公社办钢铁，威力大无穷》。
>
> 九月二十四日，一、二版发表了《关键在于大搞群众运动》《一天拿到万吨铁，商城创日产生铁六千吨的全国纪录》。
>
> 九月二十五日发了《山西发布决定：保证最近日产铁一万二千吨，日产钢五千吨》《地上收起来，地下挖出来，各地收集非金属一百四十三万吨》；《鞍钢立志夺取四百五十万吨钢，富春同志勉励钢

---

① 纪希晨：《在风口上——从反右派到反右倾》，《人民日报回忆录》，人民日报出版社1988年版，第125页。

都职工说；谁有更多共产主义思想，谁就会创造奇迹》。[①]

面对这样的情况，不少"组织化期刊"的编撰者觉得有问题："一九五八年秋收时节，我到河北元氏县农村去住了几天，头脑开始有些清醒了。我在村里吃了公共食堂的饭，看了大炼钢铁的小土群，问了庄稼收成情况，还看了一个生活集体化、行动军事化的'共产主义新村'。接触了一些干部群众之后，我的思想忧虑起来。初离北京时，只见京汉沿线红光千里，令人兴奋。到炼铁工地一看，我有些不安了。元氏县就在京汉铁路边，没煤没矿石，炼铁有任务，就靠从赞皇山里往外运。在农田里修起大土圈圈，堆上矿石、煤炭、木材烧上几天，出来一堆炉渣似的铁不象铁的东西，叫作'烧结铁'，不仅毫无用处，还毁占大片农田。我带了两块烧结铁回来让大家看，一九五九年反右倾，恰成了我攻击大炼钢铁的罪证。"这也给"组织化期刊"的工作者带来思想心态上的冲击，"为自己的思想情感和党不合拍而深感痛苦"[②]。但这时组织的意识形态已经统一，故事讲述系统已经形成，因此只能服从党委领导、强调依靠党委办报，自己不作调查研究工作，也不敢反映问题和提出意见。

"组织化期刊"在这个阶段，主要工作是学习和宣传党的指示。这一时期的斗争目标是秉持组织交付的任务，对与组织相冲突的意识形态进行批判，但斗争缺乏自主性，实际上还是对组织的宣传工作的践行。

第三节 《文艺报》的演化过程与整体面貌

《文艺报》于 1949 年 5 月 4 日创办于北京，最初是中华全国文学艺术工作者代表大会筹委会和第一次中华全国文学艺术工作者代表大会的会刊。1949 年 7 月 19 日中华全国文学艺术界联合会成立，它便成为中国文联的机关报并于 1949 年 9 月 25 日正式创刊。1953 年中国文联委托中国作

---

① 聂眉初：《头脑发热的日子》，《人民日报回忆录》，人民日报出版社 1988 年版，第 145 页。
② 李克林：《记忆最深的三年》，《人民日报回忆录》，人民日报出版社 1988 年版，第 151、155 页。

家协会主办,《文艺报》逐渐成为中国作家协会机关报,但其内容仍涵盖整个文学艺术界。

《文艺报》隶属于中国文联和中国作协,这两大全国性文学组织是中共领导下的人民团体,承担的主要任务有:动员全国文艺工作者学习马列主义和毛泽东思想、制定和发布文艺的相关政策、总结文艺界的成绩与问题以指导文艺界的发展、领导全国性的文学运动。作为这两大组织的机关刊物,《文艺报》需要完成上述文艺任务,保证文艺领域内部信息的畅通和文艺管理的有序进行。为完成组织和管理的功能,《文艺报》站在官方角度通过文艺批评、文艺学习、报道文艺情况等方式来引导和整顿刊物。

一 管理体制的生成

要对下级刊物形成有效管理,主要工具是文艺批评,"文艺界的主要的斗争方法之一,是文艺批评。文艺批评应该发展,过去在这方面工作做得很不够"[①]《文艺报》正是通过文艺批评的方式建立了对全国文艺期刊的管理体制。1950 年《文艺报》上发表《加强我们刊物的政治性、思想性与战斗性》一文,明确表示"把全国文艺杂志搜集来,在作风上编辑上态度上来加以批评。《文艺报》在这方面应有批评,有鼓励,这工作如果做得好,就可以在全国文艺杂志界建立起很高的威信,有时候也可以要求公开检讨和答复,好的加以表扬,就如通报全国表扬一样了。这样做才可以起领导作用"[②]。与之相应,党中央也明确规定"批评在报纸刊物上发表后,如完全属实,被批评者应即在同一报纸刊物上声明接受并公布改正错误的结果"[③]。新中国的文艺管理体制,就在这种批评与检讨中诞生了。

如上文所说,这个时期"组织化期刊"的主要任务是统一组织内部的意识形态,将与组织意识形态不符的成员纳入到组织的故事讲述体系之中。因此,1950 到 1952 年《文艺报》的批评文章主要都是对意识形态的批评,如对《光明日报》副刊《文学评论》的批评。1951 年《文学评论》

---

① 毛泽东:《在延安文艺座谈会上的讲话》,《毛泽东选集》(第三卷),人民出版社 1991 年版,第 868 页。

② 《加强我们刊物的政治性、思想性与战斗性》,《文艺报》第 2 卷第 6 期(1950 年 5 月)。

③ 《关于在报纸刊物上展开批评与自我批评的决定》,《人民日报》1950 年 4 月 20 日。

发表《中国共产党与"五四新文学运动"》，文中有这样的语句"虽说仍然披着民主的外衣，但那已经不是旧民主主义，而是属于新民主主义范畴里的东西了"。"披着民主的外衣"显然意味着对中国共产党领导的民主主义革命的歪曲和否定。在1951年7月的第4卷第6期《文艺报》中，企霞发表《不是用词不当的问题》一文，批评《文学评论》"为什么又说：'仍然披着民主的外衣'（而且，这一'仍然'，也是使人煞费思索的。）难道新民主主义应当被开除于作者所理解的'民主'这一概念的范围以外吗？难道民主只是一个'外衣'，而里面竟是另外的东西吗？""目前我们有一些作者自己尚未'弄通'的所谓理论里，发现这样的例子是不困难的。如果谁都推给'用词'，语言本身是会叫屈的。这其实总是，或是这样地、或是那样地反映了作者对事物、对概念的毫无理解；从这里，恰恰暴露了自己思想的混乱"①。很显然，这样的批评是在捍卫和维护党领导的革命的合法性。《光明日报》是隶属于民盟的机关报，民盟在建国后才被纳入到党的组织管理之中，在意识形态上和党仍有差距较大的地方，因此会出现这样的问题。而《文艺报》及时的批评一方面是在执行"组织化期刊"统一意识形态的功能，另一方面也帮助《文艺报》强化了在文艺管理系统中"把关人"的角色。当时《文艺报》的主要编辑人员都是延安时期就在党内进行文艺宣传工作的知名作家，在文艺造诣和党性修养两个方面都有着很高的威信，对待意识形态的问题有着高度敏感性。这些都对他们在《文艺报》进行管理工作有所助益。

正因为《文艺报》的批评在文学和意识形态方面都十分有力，被批评的期刊也在《文艺报》上发表了针对自身错误的检讨，例如《文艺报》第5卷第1期（1951年10月）上的《"不问政治"害了我》《〈我们夫妇之间〉连环画改编者的检讨》《鼓词〈关连长舍身救儿童〉编者的检讨》，《文艺报》1952年第1号上的《我的文艺批评思想》《我获得了正确的出发点》《把我的思想提高一步》等。此类批评与检讨的稿件在《文艺报》上出现，也让《文艺报》稳稳扛起了"组织化期刊"中领头羊的重任。

----

① 企霞：《不是用词不当的问题》，《文艺报》第4卷第6期（1951年7月）。

二 对意识形态的规范

确立了意识形态上的优势地位和对其他文艺期刊的领导地位后,《文艺报》的主要任务就转变为对意识形态的规范了。首先,《文艺报》大力强化文艺刊物的政治属性,要求文艺刊物提升自身的思想性和战斗性,提倡"通俗化"与"思想化"的统一。例如在《表现谁》一文中批评的"它没有用前进的东西来鼓舞人的思想,教育和巩固人的思想。作品里的人物,比起现实中的人物来,不但不是更美好,更英勇的,恰恰相反,在现实的人物面前,它们是那样灰暗和可怜,那样的懦弱和落后","无视于这样的现实,无视于新的人物的品质,有什么意思呢? 戏剧的主要目的还不是戏剧本身弄得多么曲折热闹,而是应当通过戏剧给观众以新事物,新思想,鼓舞他们永远斗争,永远向着前面"。诸如此类的文章还有许多,包括 1952 年第 18 号的《加强戏曲批评工作的严肃性》、1956 年第 11 号的《给读者一些什么》和 1959 年第 3 号的《文学作品中的英雄形象——革命现实和革命理想的结晶》等。

除了对一直以来从事文艺工作的组织成员的规范和指导,另一项重要的任务是贯彻党的"群众办报"的方针,这就要求《文艺报》鼓励原本参与文艺创作活动较少的广大劳动人民进入到文艺管理和创作中来。而"组织化期刊"所承担的深入了解组织成员中的意识形态的任务,也要求《文艺报》对人民群众的思想做出及时而准确的反映。在双重背景下,为群众开辟专栏、建立通讯员制度的政策就由《文艺报》逐级推行下去了。"在 1952 年前的文艺刊物上,工农兵掌握了话语主导权。《文艺报》上的读者来信和通讯员报道,经常占到刊物的四分之一以上,《长江文艺》第 2 卷第 1–5 期,非专业作家占到三分之二以上。这时期的《文艺报》长期设置'读者中来''工作通讯''文艺信箱''写作园地''读稿随谈'等栏目,发表和指导工农兵文艺创作","为密切联系群众,培养工农兵作家,多数刊物明确规定:对作者来稿,必须迅速提出详尽的修改或退稿意见,读者来信必须每信必复"①。

---

① 武新军:《意识形态结构与中国当代文学——〈文艺报〉(1949—1989)研究》,中国社会科学出版社 2010 年版,第 18 页。

《文艺报》不仅要求文艺期刊建立通讯员制度，而且从意识形态出发对通讯员的挑选做出规定，主要包括各级党委宣传部门和政府文教部门的同志、群众中经过文化教育的同志、学校和部队的相关专业教员，以及各单位的文艺工作和艺术活动的组织者以及辅导者、部队中的文艺创作者、专业的文艺工作者和对文艺工作有兴趣的同志[①]。这个标准将通讯员主要限定在工农兵范围之内，《文艺报》也是以这种标准要求其他文艺报刊的。《文艺报》1950 年第 2 卷第 10 期发表《文艺刊物自我检讨综合报道》就对《长江文艺》中五百多名通讯员中工农只占十分之一的情况提出尖锐批评[②]。《文艺报》批判之后，《长江文艺》新发展的 832 个通讯员中，"翻身农民及区村干部、民间艺人、农村小学教师一百一十人，部队战士、连队干部及宣教工作干部、文工团、宣传队员一百七十六人，机关干部一百七十三人，各地委、专署及县文工团员一百一十四人，城市教员、学生一百零七人，其他职业三十人"[③]。《长江文艺》的工作成效也被《文艺报》作为典型大力宣传，认为这对加强刊物地方性、群众性、通俗性和战斗性大有裨益，培养了许多工农作家。

在意识形态的斗争阶段，《文艺报》正是利用其所获得的在文艺期刊中的领导地位，通过文艺批评和建立通讯员制度的方法，在"国家刊物"—"大区刊物"—"地区刊物"的组织结构中贯彻党对文艺期刊的要求。一方面将文艺工作者从意识形态和故事讲述系统上纳入到组织之中，另一方面也把更大范围的人民群众纳入到文艺工作组织中来。

三　宣传工作的落实

作为党的宣传工作在文艺战线上的重要武器，《文艺报》始终将"宣传"列为首要任务和目标，这也是《文艺报》在"组织化期刊"中的地位所决定的。

---

① 《〈文艺报〉征聘文艺通讯员启事》，《文艺报》第 1 卷第 4 期（1949 年 5 月）。

② 武新军：《意识形态结构与中国当代文学——〈文艺报〉（1949—1989）研究》，中国社会科学出版社 2010 年版，第 19 页。

③ 李季：《初步的收获——在"〈长江文艺〉通讯员运动"一周年纪念会上的报告》，《李季文集》（第四卷），上海文艺出版社 1986 年版，第 523 页。

如《文艺报》第 3 卷第 2 期（1950 年 11 月）上，关于文艺界展开抗美援朝宣传工作的内容占据了一半的版面，号召"文联所属各协及全国各地方文艺组织，一致行动起来，通过下列各种活动，广泛展开抗美援朝保家卫国的宣传运动"①。包括广泛动员作家写作，通过各种文学形式做深入普遍的宣传，特别注意运用广大人民最容易接受的形式；建议全国文艺报刊有系统地刊载有关抗美援朝的文章与作品，增加时事性的杂文；建议全国各地文工团队、剧团以短剧、演唱、歌舞、曲艺等形式向农村、工厂、部队进行抗美援朝宣传活动；组织及教育民间艺人积极而有效地参加这一宣传活动，通过他们来揭露并粉碎特务间谍分子所散布的无耻谣言；组织各种讲演会、座谈会、朗诵会；广泛地与全世界各国爱好和平民主的文学艺术团体以及作家艺术家建立更进一步的联系，交换作品，共同为保卫世界和平反对美帝侵略而斗争等。在接下来发行的《文艺报》中，支持抗美援朝的宣传和对美帝国主义的批判占据了主要版面，此后 4 期《文艺报》中以此为主题的文章共有 28 篇。

《文艺报》对宣传工作的落实在广度和深度上都十分彻底，从《号召》一文可以看出，作为"组织化期刊"中的最上级期刊，《文艺报》对文艺工作者有非常大的影响，对各级文艺工作者都具备领导能力。它坚持把党的宣传工作摆在第一位，很好地完成了"组织化期刊"的任务。

以"组织化期刊"的模式来办文艺期刊，是一定历史时期下的特殊选择。利用高度组织化的文艺期刊，新中国迅速统一了文艺界的意识形态。但是长久来看，这种办刊模式不利于文艺的健康、多元发展，在完成意识形态的斗争后主要任务就转为宣传工作，这在一定程度上对后来逐渐紧张的政治环境产生了推波助澜的影响。因此，在改革开放后，党对待文艺期刊的政策逐渐放松，不再把所有的文艺期刊都以"组织化期刊"的模式来办，从而解放了文艺思想，使我国的文艺界迎来一次新的繁荣。

---

① 《关于文艺界展开抗美援朝宣传工作的号召》，《文艺报》第 3 卷第 2 期（1950 年 11 月）。

第五章　从《文艺报》看"组织化期刊"的媒介性质与传播方式

《文艺报》于 1949 年 5 月 4 日创办于北京，1949 年 7 月出至第 13 期停刊，1949 年 9 月 25 日复刊。当时正处于新中国成立前期，国内政治局势复杂，国民党的残余势力还未完全消灭干净，大量非党人士、民主人士以及广大群众参与到国家建设之中，同时国内经济也亟须整顿。在这种情况下，统一党内党外的思想、建立思想上的统一战线、传达党的声音成为与国家建设同样重要的工作，于是《人民日报》《文艺报》《人民文学》等一大批"组织化期刊"纷纷涌现出来。"组织化期刊"在媒介性质与传播方式上的特点主要体现为：一是在办刊体制上主要依托国家资本和国家机构，二是传播者具有浓厚的官方色彩和政治导向性，三是受众高度的目标性和从属状态等。故而，"组织化期刊"具有浓厚的"组织文化传播"性质——政党、政府、文化组织对媒介的直接控制。

第一节　依托国家资本和国家机构的办刊体制

党和政府需要"组织化期刊"作为自己的传声筒，为国家建设出力，这就注定了"组织化期刊"必须受制于党和政府，换句话说就是在资本、体制上，它们主要依托于国家资本和国家机构。具体表现为三个方面：公营报刊的一统天下、"邮发合一"制度的建立和编辑人员的薪酬福利体系。

一　公营报刊的"一统天下"

受苏联新闻制度影响，中国也实行新闻事业国有制，所有新闻事业归国家所有，受到党和国家的控制，建立遍布全国的党委机关。随着新中国建国后国家形势的日益稳定，各大行政区、省、直辖市党委的机关报逐步发展起来。新中国成立初期的公营报刊，还包括工会、青年团以及民主党派、社会团体、人民军队、少数民族和人民政府职能部门主办的报纸。其中级别最高的就是《人民日报》和《文艺报》。

除了公营报刊，当时还存在着私营报刊。1949—1952 年，此时处在国民经济恢复期，党对私营报刊采取扶持帮助的政策。对于私营报刊，解放天津时中央就主张"应按报纸性质属于进步、中间、反动等类采取分别对待办法"。1949 年 11 月 31 日，中宣部致电华东局宣传部就曾作出指示"私营报纸及公私合营报纸，在现阶段，有其一定的必要，故应有条件予以扶助"，并要求华东局宣传部扶助《大公报》，"拨给适当数目纸张，作为公股投入该报"①。各大城市也采取若干措施，改善私营报纸的困难处境。据新闻出版署 1950 年 3 月份统计，全国共有报纸 336 家，其中公营报纸257 家，私营报纸 58 家。

但是私营报刊本身也存在一些问题。一方面，私营报刊难以适应新的形势，党和政府要求办报人员联系实际、联系群众、指导工作和生活，一般报刊缺乏这方面的素养；另一方面，私营企业在报纸上的广告减少，而国营企业很少在私营报刊刊登广告，这让很多私营报刊难以为继。1950 年3 月全国私营报纸 58 家，到 12 月底减少到 34 家，到 1951 年 8 月下旬就只剩下 25 家了。基于此，党和政府对私营报刊进行社会主义改造，进行合并改组、公私合营。公私合营只在股份上保留私股，实际上已经成为党报。到 1952 年，所有私营报纸都变为公私合营报纸，后来又逐渐退还私股继而成为公营报纸，实现了凡报纸皆党报的一统局面。经过 1952 年的整顿和 1953 年的调整，至 1954 年 10 月，全国共有报纸 248 种，均为公营报纸。按报纸种类分，综合性报纸 68 种，工人报纸 55 种，农民报纸 84

---

① 孙旭培：《解放初期对旧新闻事业的接收和改造》，《新闻研究资料》1988 年第 3 期。

种，青年报纸 16 种，少数民族文字报纸 20 种，外国文报纸 2 种，专业报纸 3 种。各类报纸的期发行总数比 1950 年增加了将近 3 倍①。

在这种大一统的局面下，"组织化期刊"就是依托于国家资本和体制建立起来的。这样就把作为舆论宣传、大众传播重要工具的这部分文化事业，完全置于中国共产党和新政府的牢牢控制下。到 1959 年，全国文艺刊物（不包括报纸副刊）达到 89 种，中国作协的《文艺报》和《人民文学》更是成为"机关刊物"，是发布文艺政策、推进文学运动和推荐优秀作品的重要阵地。尽管这期间杂志和报纸副刊仍是文学生产的重要场地，但是，它们已经不再具备原来那种相对于政府的"公共论域"的性质。国家以组织政治和经济活动的方式来组织文学生产，对文学的写作、出版、流通、阅读、评价等，根据意识形态目标加以管理、调节和控制。

二 "邮发合一"制度的建立

"邮发合一"，是一种将邮政与报纸发行相结合的制度，它体现了"组织化期刊"在发行方式上对国家机构的依托。具体来说，就是"由邮电部门统一办理报刊订购、计划发行与传递，利用邮政通信网的优越条件，使报刊迅速、准确、准时送到读者手中"②。

新中国成立后变革无处不在，政治、经济和文化建设等方面都需要大量报刊，宣传党和政府的路线、方针、政策，在思想和行动上动员群众、指导群众工作。但当时报纸发行工作实际掌握在大城市的封建势力手里，覆盖面主要是大中城市，这样的状况根本无法担负起新的历史条件下的发行任务。客观形势要求报刊发行格局进行变革，从而适应社会转型期的政治文化建设需要。

解放战争时期，在解放区党的交通部门的一项重要任务就是发行党报党刊。当时山东和东北解放区积极探索统一办理邮政业务与书报发行工作的新模式，从而创造了邮局接办党报发行、实现"邮发合一"的新形式。

---

① 方汉奇：《中国新闻传播史》，中国人民大学出版社 2014 年版，第 244 页。

② 武志勇：《论"邮发合一"体制安排下的报业生态》，《现代传播（中国传媒大学学报）》2006 年第 3 期。

第一个社会主义国家苏联，实行的也是"邮发合一"制度。山东、东北解放区和苏联的"邮发合一"，为新中国的报刊发行提供了新模式。同时，由于报业经营的困难，更加快了报刊发行模式的变革。1949年，由于长期战争造成的物价上涨，尤其是纸张价格的上涨，给报业发展带来巨大困难。纸张价格一般占到报纸价格的70%，报纸的销售量和发行范围都受到很大影响。无论公营还是私营，报纸发行量都不大，出现严重的"赔耗"。据对《人民日报》等十六家报纸不完全统计，每年赔耗达5000万斤大米，按当时包干制计算可供约38万人一月之用①。

针对这种情况，1949年12月17日至26日，中央人民政府新闻总署召集全国报纸经理会议，全国各公、私营报纸代表30余人参加。会议形成了《全国报纸经理会议的决议》，决定"报纸发行工作，应学习苏联及我东北、山东的经验，逐步地全部移交邮局办理。各报可按具体情况与各地邮局签订发行合同"。会议认为执行上述决定，"是符合于人民政治文化生活和国家财政状况的利益的"②，号召全国各公私营报社的全体人员克服困难，为实现这些决定而共同努力。12月30日，中共中央批转中央人民政府新闻总署党组《关于全国报纸经理会议的报告》，"望各级党委，根据这个报告及全国报纸经理会议决议，督促所属报社加以实现"③。从此，"邮发合一"体制走上中国报刊发行的舞台。公营报刊，包括《人民日报》《文艺报》等"组织化期刊"，都开始走"邮发合一"的道路，依托邮政系统进行报刊发行。

三　编辑人员的薪酬福利体系

"组织化期刊"对于国家资本的依托，主要体现在编辑人员的身份和薪酬福利上。"组织化期刊"编辑人员的薪酬福利和其他部门、职业的福

---

① 宁启文：《1949年—1956年大陆报业企业化经营概述》，《新闻与传播研究》2001年第2期。

② 《全国报纸经理会议的决议》，《中国报刊发行史料》，光明日报出版社1987年版，第7—8页。

③ 《中共中央批转中央人民政府新闻总署党组"关于全国报纸经理会议的报告"》，《中国报刊发行史料》，光明日报出版社1987年版，第5页。

利待遇一样，都受到当时国家法律政策的保障。

新中国成立伊始，党和国家就开始着手建立福利保障制度。"社会主义改造完成后，经过几年的探索实践，初步形成了条块分割、封闭的社会福利体系。主要表现为：国家通过'高就业、低工资、高福利'的方式，在单位内保障就业职工的福利。"①1953年起，我国开始进入计划经济建设时期，在此前后政府陆续颁布了一系列法规，如《中华人民共和国工会法》《关于统一掌管多子女补助与家属福利等问题的联合通知》《关于各级人民政府工作人员福利费掌管使用办法的通知》《关于国家机关工作人员生产产假的规定》《关于机关工作人员子女医疗问题通知》《职工生活困难补助办法》《关于国家机关和事业、企业单位1956年职工机动宿舍取暖补贴的通知》等。"在我国城镇企业、机关、事业单位陆续建立了一整套福利制度，为职工及其家属提供住房、幼儿入托、食堂、上下班交通补贴、冬季取暖补贴、产假、家庭生活困难补助等福利待遇。通过上述城市职工社会保险制度的建立和提高职工福利待遇的举措，到1956年前后，我国初步建成了以国家为责任主体，覆盖国家机关、国有企事业单位职工的福利保障制度。"②这些法定福利，新闻事业单位当然也能够获得。

在新中国成立后的计划经济年代，中国传媒业一直是事业单位制，由各级政府统一经营。这也是当时《文艺报》自身所处的环境，其办报所需的器材、纸张、人员、经费等由国家统一分配划拨，编辑人员享受国家法定福利待遇，财政体制以供给制为主导。"政府同对待公立的学校、医院或下属的行政部门一样，每年为报社编制财政预算，规定人员编制和各类开支的数额"，"财政拨款或津贴成为各类报纸必不可少的经济来源"③。物质靠计划、经费靠财政、从业人员的身份基本是干部，是这一时期新闻事业单位经济和人事的基本特征。当然，这种薪酬制度也有着明显的弊端和负效应。平均主义、人人有份的福利虽然能够保障基本物质生活，但无法

---

① 成海军：《计划经济时期中国社会福利制度的历史考察》，《当代中国史研究》2008年第5期。

② 陆高峰：《我国传媒从业人员福利变迁史》，《青年记者》2009年第3期。

③ 支庭荣：《媒介管理》，暨南大学出版社2004年版，第219–220页。

提供更高层次的需求，而且会对国家财政造成巨大负担，养成干部懒散和相互攀比的作风。

由此可见，"组织化期刊"对组织有着很强的依附性。它不需要考虑经营和盈利问题，其存在本身就完全依赖组织的扶持，这就决定了它必然是为组织服务的。

第二节　传播主体浓厚的官方色彩和政治导向性

新中国成立后媒体收归国有，传播主体必须站在官方立场上发声，成为党的耳目喉舌。由于政治力量的影响，传播主体依据形势和党的相关政策进行文艺内容生产和传播，传播过程不可避免地产生政治导向性，整体而言表现为引导受众拥护社会主义反对资本主义。

一　《文艺报》主编人选的官方性质

由党的高级文艺干部担任重要刊物负责人，是新中国成立后机关刊物主编人选的基本原则。在体制内，直接任命高级干部担任报刊负责人的做法也带来了报刊主编和编委的频繁变动，这种动态调整实质是为了使主编的政治态度、办报宗旨以及编辑工作中的政治倾向，能够随时与党和政府的决策保持高度一致性。

在这种情形下，《文艺报》的主编变动异常频繁。如《文艺报》编委会在第一次文代会到1957年"反右"运动期间，先后就更换了五届。第一届编委会（任期1949年4月—7月）由茅盾、胡风、严辰（厂民）三人组成。第二届编委会（任期1950年1月—1952年1月）主编是丁玲、陈企霞和萧殷，阿英被聘为顾问。第三届编委会（任期1952年1月—1954年8月）主编由冯雪峰独自担任。第四届编委会（任期1955年1月—1957年4月）设置了常务编委，包括康濯、张光年、侯金镜、秦兆阳。第五届编委会（任期1957年4月—1958年1月）总编辑为张光年，副总编辑是侯金镜、萧乾、陈笑雨。在《文艺报》历任主编中，对《文艺报》影响最大的是丁玲、冯雪峰等人。虽然在体制内有规定的办报框架，但他们个人对于《文艺报》的办刊宗旨又有着自己的理解，这在编辑方针上就会显示差别。

丁玲是第一位对《文艺报》的办刊风格产生重要影响的主编。与建国后进入体制内进行思想改造的作家相比，丁玲早在 1936 年就进入了延安，是第一批进入延安的文人。从这时候开始，她的思想就受到马克思主义和毛泽东思想的影响。建国后，丁玲迎来在体制内的辉煌时期。1949 年她先后当选文联常委、作协副主席、妇联常委、全国政协委员，1950 年任全国文协常务副主席、中国文协党组组长，1951 年任中央文学研究所所长、中央宣传部文艺处处长等。

丁玲 1950 年 1 月出任《文艺报》主编，1952 年 4 月接替艾青任《人民文学》副主编。

丁玲接任《文艺报》主编时得到的指示是，《文艺报》"是一个会刊，登些指令、号召、决议、各地报告之类的文件，还可以登登工作经验"。丁玲对于这样的指示并不满意，她希望《文艺报》"是文艺工作与广大群众联系的刊物。它用来反映文艺工作的情况，交流经验，研究问题，展开文艺批评，推进文艺运动"[①]。但这种办刊理念属于典型的文人办刊，目的是将《文艺报》办成一个纯粹的文艺刊物。这与上级的要求是有差别的，因为在《文艺报》创刊之初，周扬就提出要建立科学的文艺批评体制，要把批评看作是对文艺工作的具体领导。丁玲很快意识到这一点，于是在北京文艺界整风学习动员大会上，她发表《为提高我们刊物的思想性、战斗性而斗争》的讲话，明确表达了编辑思想的转变：刊物是"文艺工作部门领导思想的机关，是文艺战线的司令台"，刊物要根据"群众的需要组织创作，领导创作；组织批评，展开批评；组织学习，帮助作家去接近生活，接近群众，接触最重要的题材；纠正他们在创作思想、创作方法上错误的观点，引导他们沿着正确的创作道路前进"，编辑部的负责人和工作人员不是普通的看稿人或集稿人，"应该具有高度的明确的思想性，能判断是非轻重，敢于负责地表明拥护什么，鼓吹什么，宣传什么和反对什么，而

---

① 丁玲：《为提高我们刊物的思想性、战斗性而斗争——在北京文艺界整风学习动员大会上的讲话》，《文艺报》第 5 卷第 4 期（1951 年 12 月）。

且是热烈地拥护和坚决地反对"①。丁玲短暂主编《文艺报》期间，依据丁玲编辑理念展开的"专论""社论""编者按""编者的话"等，形成了一种带有明显政治意味的批评风格。

1952年丁玲离开《文艺报》的主编位置，由冯雪峰继任《文艺报》主编。对于新中国成立后文艺新方向下文学创作出现的问题，冯雪峰与丁玲有不同看法。丁玲认为，当前体制下文学作品出现的一些问题，如概念化、单调化等，是可以理解并且能不断改善的，她对于文艺新方向这条道路并不怀疑。冯雪峰则对新的文艺理念持怀疑态度，他认为新的文艺理念有优秀的地方，但也有落后的地方阻碍了文艺的发展。《文艺报》1953年第1号社论《克服文艺的落后现象，高度地反映伟大的现实》就谈到："人民已经日渐不能忍耐肤浅地、稀薄地反映我们现实的、思想性既低下而艺术也拙劣的作品。这样的作品，是不能认为已经反映了我们伟大的现实的。人民对于我们的怠惰、敷衍了事、粗制滥造，以及公式化、概念化的作品，等等，已经表示大大的不满。"②从这篇社论中可以看出两人编辑理念的本质差别。《文艺报》最能体现冯雪峰编辑理念的是"新语丝"专栏以及后来的"短评"，他在编辑这两个栏目上花费了大量精力，甚至亲自撰稿用笔名发表稿件。

冯雪峰担任主编期间，《文艺报》虽然办得活泼有内容，但是与上级之间在文艺理念上的分歧却不容忽视。筹备第二次文代会的过程中，毛泽东指定要胡乔木筹备工作，胡乔木委托冯雪峰撰写大会报告。冯雪峰认为新中国成立后的文艺工作"今不如昔"，当前的文艺工作已经背离了毛泽东文艺思想，文艺界存在严重的公式化、概念化等问题。由于冯雪峰对当前文艺界的激烈批判，以至于毛泽东不肯接受冯雪峰的报告稿，改由周扬重新起草。在对新中国成立后文艺的发展状况的描述上，冯雪峰和周扬的报告分歧与对立非常明显。冯雪峰对文艺发展的思考，基点是文艺的审美

---

① 丁玲：《为提高我们刊物的思想性、战斗性而斗争——在北京文艺界整风学习动员大会上的讲话》，《文艺报》第5卷第4期（1951年12月）。

② 《克服文艺的落后现象，高度地反映伟大的现实》，《文艺报》1953年第1号（1953年1月）。

属性，在重视审美特性的基础上融合政治，其思维路向是从文艺出发到达政治；周扬则是从政治思想入手，在强调保证文艺创作的思想性的前提下提高文艺的审美性，其思维路向是以政治思想统摄文艺。报告被"置换"，让冯雪峰想利用这次机会对新中国成立以来的文艺进行整饬和反拨的努力落了空。文代会后，他把报告的一部分发表在自己主编的《文艺报》上①。冯雪峰后来之所以被批判，正是因为与官方的文艺思想不符。

二　版面设置上的政治引导性

《文艺报》是功能性极强的媒介机构，其版面设置与时事政治紧密相关。《文艺报》的社论几乎就是党和国家政策的代言人，直接引导着国内群众对当时重大事件的理解和判断。除了舆论导向比较直接明显的社论外，《文艺报》的其他版面也体现了其为政治服务的本质。

"专栏"是《文艺报》的重要组成部分，从创刊起《文艺报》的"专栏"政治引导性就十分突出。例如"一边倒"政策之时，《文艺报》为苏联文艺开辟了众多专栏，并且还有大幅版面介绍苏联作家作品。随着中国外交发展的变化，《文艺报》1949年至1966年办刊期间，关于苏联的稿件数在1950年达到高峰值46篇，然后逐渐减少到1966年的1篇。关于欧美的稿件，在1950年抗美援朝时期达到峰值15篇。这些都直接反映了《文艺报》为政治服务的事实。从国家外交到国内思想争论，《文艺报》都及时表达了国家的政治立场和倾向。1949年11月10日和12月25日，《文艺报》分别开辟了"纪念十月革命"和"斯大林万寿无疆"专栏；1957年11月3日、10日、17日及24日，《文艺报》连续开辟专栏"伟大的十月社会主义革命40周年纪念专号（一）（二）（三）（四）"。1949年和1957年的"专栏"表达了中苏同盟的坚定立场。1949年7月25日的特辑"反对美国侵略台湾朝鲜"，同年11月10日开辟的"关于文艺界开展抗美援朝宣传的号召"专栏，这些都在加强我国意识形态的宣传，是当时最为权威的政治导向标。《文艺报》中固定或非固定的专栏体现了我国当时的政

---

① 肖进：《理念分歧还是方向之误？——第二次文代会的两个报告之争》，《扬子江评论》2014年第2期。

策方针，尤其是非固定的专栏或者特辑更加具有政治导向性。

另外，"编者按"既起着引导新人作家创作方向的作用，同时也表现了当时主流的价值取向。"在当代文学史上，《文艺报》'编者按'一向是反映文艺新动向极其敏感的风向标之一。1949—1976年间当代文学史的'变化'、'调整'和'转折'，大多是以'编者按'为预兆和归宿的。在这个意义上，'编者按'实际参与筹划了中国当代文学草创期的格局和具体操作。"①实际上，《文艺报》的"编者按"背后隐藏着第一作者——国家领导人。《文艺报》属于国家刊物，其发表的内容及其体现的价值取向都在国家监管之下，《文艺报》关于重大文艺思潮的文章会被呈给国家领导人审批。如《文艺报》1954年第23–24期中进行自我批评的"编者按"，毛泽东就直接在这篇《〈文艺报〉编者应该彻底检查资产阶级作风》上动笔进行批注和批评。《文艺报》1958年第2期的《再批判（编者按语）》也是经过毛泽东大量修改和加写的一篇"编者按"。《文艺报》作为机关报，在重大事件上并没有自主发言权，稿件会被送到毛泽东处进行审批。这些经过修改的稿件经《文艺报》发表后，推动了新中国重要时期的文艺界决策和方针政策的宣传。

三　传播主体根据政治导向进行议程设置

所有社会制度都要对媒介进行控制②，新中国也不例外。中国共产党成为执政党后，新生的社会主义政权还不巩固，媒体作为党领导下的工具，主要的传播任务是向民众宣传社会主义，扩大人民对于新生政权的政治认同。这一时期媒体的信息传播功能被淡化，基本成为政治任务的传声筒。我国新闻媒体的性质决定了它们作为舆论领袖的角色，因为它是"党和人民的耳目喉舌"，是党密切联系群众的桥梁和纽带，是组织群众、宣传群众、动员群众的工具。《文艺报》作为文艺界最高级别的机关刊物、国家的官方刊物，其传播对文艺界及普通大众造成较大影响，发挥了重要的议程设置作用。

---

① 程光炜：《〈文艺报〉"编者按"简论》，《当代作家评论》2004年第5期。
② 胡正荣：《传播学总论》，北京广播学院出版社1998年版，第193页。

根据议程设置理论，大众传播具有一种为公众设置"议事日程"的功能，传媒的新闻报道和信息传达活动以赋予各种"议题"不同程度显著性的方式，影响着人们对周围世界的"重要事件"认知及对其重要性的判断①。在实践中要关注的问题即是传播主体如何围绕特定目的设置议题，使之达到影响社会和公众舆论的效果。《文艺报》不只通过报道文艺活动向大众传播文艺信息，更重要的是它通过对事实的选择和取舍，精心安排稿件内容，表达传播主体的立场、观点和政治倾向。这个过程中，《文艺报》实际上充当了"把关人"角色。它通过给事件定调，设置自己的议程，对有关信息进行组织、选择、解释、加工和制作，突出强调自己认为重要的事件，使之得到受众的重视，进而影响大众对于现实的理解。

1949—1966 年的《文艺报》，对于文艺内容具有倾向性的选择和报道，形成了它对于受众较为明显的具有政治导向性的议程设置，即通过积极有效的传播，增强人民群众对中国共产党的认识了解，进而认同和拥护中国共产党的领导，同时助力于社会主义文艺事业的繁荣。它的导向性主要体现为以下几个方面：

第一，倡导政治性与文学性结合，反对纯文学。《文艺报》多次强调文艺要与政治结合，不具有政治性的文学是错误的、反动的。"革命的文艺从属于革命的政治，反动的文艺从属于反动的政治。革命的文艺家一旦离开了人民的革命事业，不管他打的是什么旗号，他就要迷失方向，走上错误的道路，走向堕落甚至走向反动。"②作家在创作时要时刻牢记革命，革命要贯穿着文艺创作。"政治和艺术的统一，是我们文艺工作的一个重要原则。"③

这个时期文学的政治性远远超过文学性，尤其是文学的阶级性被发挥到极致。在文学表达中，作家的内心情感和独特的语言艺术被有意忽略，取而代之的是如何加强和实现为阶级斗争服务的动机。文学的认识作用、教育作用和美感作用，都成为了政治的工具，用来教育受众认知社会和接

---

① 郭庆光：《传播学教程》，中国人民大学出版社 2014 年版，第 194 页。
② 周扬：《我国社会主义文学艺术的道路》，《文艺报》1960 年第 13–14 期（1960 年 7 月）。
③ 陶铸：《关于革命现代戏创作的几个问题》，《文艺报》1965 年第 11 期（1965 年 11 月）。

受正确价值观。作家受《文艺报》传播的政治倾向的影响，创作带有明确的规定性和强迫性，即应该写社会主义建设中的重大题材，作品不能够带有丝毫资产阶级思想。如若作品没有顺应时代大流，处理不好文艺与政治的关系，就会受到批判。如《文艺报》对于李何林文章的批判："李何林同志这篇文章，题目上标出的是'一个小问题'，实际上提出了一个大问题，一个根本性的问题，就是文艺与政治，文艺批评的政治标准与艺术标准的关系问题。"[①] 在当时紧张的文艺氛围下，思想性、政治标准必须是第一位的。

传播主体强调文学要具有政治性，实质上是强调了文学的社会主义教育作用。如丁玲对于纪录片《百万雄狮下江南》进行热情肯定，评价它是记录解放军英勇抗战保家卫国的重大题材，能够对人产生启发和激励，给人伟大的感情，提高人的理想，是时代需要的作品。《文艺报》对文艺作品的内容进行评判时，教育作用是最重要的，能起到教育作用就是好的文艺。丁玲认为，在艺术性和社会功能性发生矛盾时，可以牺牲艺术性[②]。因此，《文艺报》所刊登的受众对文艺内容（包括电影、戏剧等）的反应，重点也是能否具有教育意义，能否起到鼓舞人的作用，能否有益于社会主义的发展。

第二，倡导社会主义文学，批判资产阶级文学。社会主义文学的特色是宣扬集体主义、爱国主义、革命英雄主义，反抗压迫阶级，歌颂无产阶级的伟大。因此，《文艺报》更加青睐歌颂社会主义和无产阶级的作品，批判以个人主义、自由主义为特色的资产阶级文学，认为资产阶级文学是堕落的。

塑造典型是社会主义文学的一大特征。社会主义文学在塑造共产主义战士时，力求表现英勇无畏的"高、大、全"形象。他们集英雄主义、理想主义、集体主义和自我牺牲精神于一身，无论在多恶劣的环境下都能够

---

① 李何林：《十年来文学理论和批评上的一个小问题》，《文艺报》1960 年第 1 期（1960 年 1 月）。

② 丁玲：《〈百万雄师下江南〉赞》，《文艺报》第 1 卷第 1 期（1949 年 9 月）。

冲破重重阻碍取得最终胜利①。如《欧阳海之歌》是一部歌颂共产主义英雄的典型作品，一经发表就受到《文艺报》的重视和表扬，对其赞誉之声接踵而至。《文艺报》从 1966 年第 1 期到第 4 期，分别发表李希凡的《社会主义时代精神的最强音》、冯牧的《文学创作突出政治的优秀范例——从〈欧阳海之歌〉的成就谈"三过硬"问题》、《陈毅、陶铸同志在接见〈欧阳海之歌〉作者时谈社会主义文学创作上的一些重要问题》和刘白羽的《〈欧阳海之歌〉是共产主义的战歌》等文章，盛赞该作品是一部突出政治的好作品，是成功运用毛泽东思想来表现我们时代的英雄和英雄的时代的好作品，是革命英雄主义的赞歌和毛泽东思想的赞歌。

由于对资本主义制度的排斥，传播主体对资产阶级文学采取了警惕、批判和否定的态度。如面对法国"新浪潮"电影，《文艺报》发文介绍并对其进行全面批判。如批判思想内容方面狭隘的个人主义思想，指出导演们很强调表现创作者个人的思想，把自己对人生、社会和世界的看法体现在影片中，但"无非是世纪末的一种颓废和恐惧感"，实际上是从"锁孔"来看世界而已。影片主人公所体现出来的，是人与人之间的"互相欺骗和互相玩弄，他们强调人的本能、性的放纵和发泄，他们用玩世不恭的态度来对待一切"，因而是"抽象的、没有时代标志的"。最后总结"新浪潮"是"资产阶级颓废没落的电影艺术，足以说明资本主义文学艺术日益腐朽的本质"②。在传播主体看来，它在政治上是反动的，思想内容上是颓废的，表现方法上是违反艺术创造规律的，甚至根本谈不上艺术性。

第三，倡导创作工农兵文学，走群众路线，改造小资产阶级思想。在对作家文艺创作的指导上，《文艺报》坚持宣扬深入群众，写工人、农民和军人，改造作家的小资产阶级思想。提倡表现工农兵的生活和内心情感，运用工农兵喜爱的语言形式，创作出工农兵喜爱的文学作品。号召作者要运用马克思列宁主义、毛泽东思想来进行自我教育，从而改造掉小资

---

① 刘晓璐：《1949 年—1966 年〈文艺报〉转载研究》，硕士学位论文，河南师范大学 2016 年。
② 费尔慕：《法国"新浪潮"电影》，《文艺报》1963 年第 2 期（1963 年 2 月）。

产阶级思想，在创作时要为无产阶级服务 [①]。

《文艺报》多次论证了工农兵文学的重要性，强调群众是作家创作的灵感来源，是作家永远旺盛的战斗力，深入到工农兵生活中通过实践所获得的材料是文学创作最主要的来源。要求作家熟悉工农兵生活，同工农群众结合，作家自身要进行思想改造并成为其中一员。因为"作家同工农群众相结合，是贯彻党的文艺方针路线的根本性问题" [②]，"一个文艺工作者，一定要了解许多具体的人和具体的事，……首先要找一个特定的环境——工厂、矿山、或是农村去生活。作家在这个环境里，主要是熟悉群众，熟悉群众中各式各样的人" [③]。文学创作上的新人也与工农兵群众、工农业劳动密不可分。《十年来的文学新人》一文中把文学创作上的新人大体分为二类："一类是工人农民出身，有的后来成为革命工作干部，有的至今还在从事工农业劳动；另一类是知识分子出身，离开学校以后，就投身在实际工作中，和工农兵群众在一起，取得了不同程度的改造。"以上两种文学新人都来自工农劳动群众中间，该文指出"工农兵群众直接参加文学创作活动，是我们时代文学的一个崭新的特征" [④]。文章还写到工农兵作品得到读者喜爱，工农兵作品的作者提高了文学的政治思想水平和文学队伍的政治质量和战斗力等。

新中国成立后的文艺思想改造，一个重要的内容是要求作家及文艺创作者改掉资产阶级、小资产阶级的思想。上海电影文学研究所改编的电影如《武训传》《关连长》《神龛记》《夫妇进行曲》《我们夫妇之间》等，都因阶级思想问题受到《文艺报》的直接批评。"部分的电影工作者及有关的领导人员，没有或不愿执行毛主席的文艺方针，他们对毛主席所谆谆告诫的文艺工作者必须改造思想、深入生活的真理置若罔闻，顽强地固守资

[①] 　郭沫若：《高唱东风压倒西风的凯歌，创造更多的革命英雄形象》，《文艺报》1960年第15-16期（1960年8月）。

[②] 　沐扬、问纲：《到群众中去，到火热的斗争中去》，《文艺报》1957年34号（1957年12月）。

[③] 　艾芜：《文艺创作的主要条件——深入生活与学习理论相结合》，《文艺报》1959年第19-20期（1959年10月）。

[④] 　《十年来的文学新人》，《文艺报》1959年第19-20期（1959年10月）。

产阶级和小资产阶级的'王国',想在我们的文学艺术中,以资产阶级和小资产阶级的政治思想和艺术思想来代替无产阶级的世界观和创作方法。因而他们的作品就必然歪曲现实,宣传错误的思想,在人民群众中起了恶劣的影响。"①《文艺报》早在创刊不久就强调文艺工作者必须摆脱知识分子的小资产阶级的劣根性,作家们也纷纷表态要对自己的阶级思想、立场和作风进行改造。作家碧野在《在实际斗争中改造自己》中介绍了"改造自己"的经验;作家贾克也曾反思自己有小资产阶级自由散漫的作风,只有彻底抛弃小资产阶级的劣根性才能成长为纯粹的革命主体,才能被接纳为新时代文艺的主力军。

第四,倡导学习苏联为首的社会主义阵营文艺,反对美国等帝国主义文艺。新中国成立后的最初十年,在政治、经济和文化上都实行了向苏联一边倒的策略。文学也是倒向了苏联的社会主义阵营,对亚非国家的文学持友好亲近态度,但对欧美国家的文学持反对态度,认为它们是反动没落的文学。这段时期对待外国文学,主要以学习苏联为主,一方面是由于党中央的提倡,另一方面也存在苏联文学本身魅力吸引的原因。《文艺报》大量译介和传播了苏联的文艺作品、文艺政策和文艺活动,虽然在中苏关系恶化后译介苏联作品的频率逐渐减少,但学习苏联文学是这一时期《文艺报》的总体倾向。

《文艺报》作为积极传播苏联文艺的主要媒介,对苏联文艺的译介重点体现在三个方面。其一,介绍苏联文艺作品。《文艺报》从1953年第1号起开辟"新书刊"专栏,苏联的文学作品陆续被介绍给中国读者,包括《钢铁是怎样炼成的》《青年近卫军》《光明普照大地》等。其二,《文艺报》大量译介了苏联的文艺理论、文艺批评和作家创作思想。如1953年第2号转载了苏联《共产党人》杂志1952年第21期上发表的专论《苏联文学的当前任务》和苏联《劳动报》上介绍尼古拉·阿列克舍也维奇·涅克拉索夫的文章《伟大的俄国民主主义诗人》;1953年第5期是斯大林的纪念专号,除了悼念性文章外,还有1篇B·W.维里琴斯基的专论《斯大林与

---

① 严子玲:《资产阶级创作方法的失败——关于上海电影文学研究所》,《文艺报》1952年第5号(1952年3月)。

苏联文学问题》。这些原汁原味的苏联文艺理论文章，对新中国的文学发展起到指导性作用。其三，大量刊载了中国和苏联间的文艺活动往来。包括作家及作家团体的访谈、参观，文学作品的往来讨论，以及舞蹈、音乐、电影等交流，如苏联芭蕾舞团来中国演出等。同时期《文艺报》对苏联文艺界的报道占据了外国文学译介的百分之九十以上，对其他社会主义国家文学的刊载较少，对欧美国家文艺几乎没有正面评价，很少介绍他们的文学。这种倾向一方面加强了与苏联的友谊，鼓舞了中国作家的创作，发展了国内的社会主义文学，但又导致了文艺界对于外国文学简单盲从、片面学习的现象。

传播主体浓厚的官方色彩和政治导向性，是二十世纪五六十年代政治环境影响下的产物。一方面，它有利于中共中央对大众进行意识形态教育，巩固新生政权；另一方面，这种倾向性又导致大众接受信息的不完整，对世界的认知也是片面的。总体而言，这是特定时代下领导人必须采取的文艺策略，能够起到稳固社会的作用，创造较为平稳的社会环境进行社会主义建设。

第三节 受众高度的目标性和从属状态

"十七年"文学的受众定位受政治影响，走群众路线，选择以工农兵为受众。为工农兵服务是《文艺报》的根本方针，刊物采取了各种方式来保证工农兵文艺的发展。受众与传播主体并不是处于两相脱离的状态，而是相互依赖的从属状态，受众处于从属状态具有心理上的归属感，传播主体通过强化从属感获得更多受众。

一 以工农兵受众为主，文艺为工农兵服务

文本在进行传播时，不是从作者到受众的直接送达，而是要经过各种各样的媒介。报刊对于文本的传播是依据其目标受众来进行的。受"十七年"政治环境影响，党的工作路线是走群众路线，所以文艺界在进行受众定位时不得不考虑走"大众化路线"。

依据党中央关于群众路线的指示，《文艺报》的目标受众又具体体现为工农兵受众，提倡文艺为工农兵服务。《文艺报》指出："我们的文学刊物在考虑它的读者对象的时候，除了极少数的专业刊物（如现在的'文学研究'等）而外，必须以广大的工农兵群众为主体。当我们选择刊用的作品的时候，应该主要地而且优先地选用那些在内容上为广大工农兵群众所关心和熟悉，在形式上为他们所喜爱和易于接受，在思想上对他们有积极意义的作品。"①《文艺报》的受众以工农兵为主体，依据是毛泽东《在延安文艺座谈会上的讲话》。周扬认为，从《在延安文艺座谈会上的讲话》以来文艺运动的全部经验证明，文艺工作只有与群众联系密切的时候，才是生气勃勃、方向明确。因此，"加强与群众的联系，吸取群众的智慧，作为进行文艺决策、制定文艺政策的依据，并在文艺运动中借助于群众舆论的权威性来强化合法性，是文艺机构进行文艺领导的重要方式之一"②。以工农兵为受众，既是权利运作机制的要求，也是时代风尚的必然趋势。

"十七年"办刊的主要目的不是为了商业利润，而是为了实现意识形态的教化，为广大受众即人民服务，在一定程度上满足大众的审美需求，从而扩大刊物的影响力以达到理想的传播效果。1951 年 11 月 20 日，全国文联常务委员会专门讨论了北京出版的定期的和不定期的文艺刊物，认为《人民文学》《文艺报》《说说唱唱》等大部分都是具有全国性指导意义的文艺刊物，"国家和人民要求这些刊物真正成为全国文学艺术的创作和批评的核心，既是广大的读者群众的联系者和指导者，又是各方面作家的组织者和监督者"③。

《文艺报》不仅自己贯彻群众路线，在指导文艺界时也要求其他文艺刊物以工农兵读者为对象且深入群众。"我们办刊物，是为了给广大读者群众看的；没有读者或读者太少的刊物，是没有生存的权利的，而且在我

---

① 梁明：《文学刊物必须面向群众》，《文艺报》1957 年第 36 号（1957 年 12 月）。

② 王秀涛：《文艺与群众："十七年"文艺通讯员运动研究——以〈文艺报〉和〈长江文艺〉为中心》，《文艺研究》2011 年第 8 期。

③ 《清除文艺工作中浓厚的小资产阶级倾向，北京文艺界开始整风学习胡乔木周扬两同志号召改造思想改进工作》，《人民日报》1951 年 12 月 1 日。

们的国家里也是不应当有的。我们始终认为在一般的省份，只要刊物办得好，方针对头，适合读者需要，刊物销路就不应当是3千5千，而是3万5万以至更多，现在有些刊物之所以不能到达群众手中，恐怕主观原因多于客观原因，我们如果老不肯放下架子'降低一格'，好大喜多，死心塌地为少数几个投稿者服务，那又怎能不把路子越走越窄呢？"①南京文联的《文艺》发刊词"只要反映工农兵，或直接间接为了工农兵的，我们一律欢迎"，被《文艺报》批判服务对象不明确，应尽快改正，向工农兵靠拢。《苏北文艺》发刊词中最初选择的读者对象是"专职和兼职的文艺工作干部和工农兵群众，和知识分子中的文艺爱好者和文艺活动者"，受到《文艺报》批判后，为使服务对象更为准确，修改为"以广大农民为主要对象，其次是工厂和部队，贯彻普及第一的精神"。

实际上，走群众路线，"为群众办报"，即刊物必须明确为工农兵服务。1949年9月5日，《文艺报》编辑部召开了一个座谈会，会上邀请平津部分较有影响力的作家谈小说的写作问题，座谈会提到工农兵就是我们的群众，要深入研究工农兵的文艺生活和文艺需求。丁玲在发言中说道："过去我们写东西，常常研究读者的兴趣，这也是有群众观点的，不过这些群众不是工农兵。现在生活现实都是新的，应该深入研究它。"②《文艺报》自身在运作时以工农兵读者为对象，重视工农兵写作以及工农兵意见，设置了"读者中来""读稿随谈"等编读互动栏目。因此，《文艺报》以工农兵读者为对象也是广大群众的需要，即受众需求的影响。《文艺报》的编辑们认为群众在政治上经济上翻身了，旧文艺已经不能满足他们的精神需求，工农兵急需能够表现新生活的新文艺，并且渴望得到教育。"他们要诉说往日的痛苦，要控诉反动统治者、剥削者；要歌颂自己新的生活，新人物、新故事。"③所以文艺界急需创作一些给工农兵看的作品，来满足群众的需要。

为了贯彻服务于工农兵受众这一方针，《文艺报》从各方面进行了实

---

① 梁明：《文学刊物必须面向群众》，《文艺报》1957年第36号（1957年12月）。
② 杨梨整理：《争取小市民层的读者》，《文艺报》第1卷第1期（1949年9月）。
③ 王亚平：《大众文艺创作问题》，《文艺报》第1卷第7期（1949年12月）。

践。其一，将期刊的受众定位为群众，加强对于工农兵文艺的宣传，发表社论《文艺面向农民，巩固和扩大社会主义新文艺在农村的阵地》、专论《欢迎大批新战士登上文学舞台》等文章强调其重要性。为配合群众的文艺水平，《文艺报》上发表的文艺作品要求通俗化，即语言简单明了，内容贴近生活。其二，要求文艺工作者转变创作思想，深入工农兵，写工农兵。《文艺报》上发表的内容，除了官方的态度声音之外，大部分是描写工农兵生活的文艺作品：歌颂各行各业的群众英雄，推广先进事迹，展开社会主义思想政治教育。茅盾在《为工农兵》中认为，文艺工作者应该站在人民的立场，写工农兵的生活和情感，并且在写作过程中要注意通俗化，如赵树理的作品就因为接地气，在北方农村有着广泛的读者群。作为读者的望都文化馆的张炳清说："赵树理的作品所以受欢迎，主要是具有中国风味，如二诸葛、三仙姑，识字不识字的都可以记住，印象深，有的作品因为写法太洋，一般农民就不一定喜欢了。"[1] 其三，大量刊载了工农兵文艺实践的文章，评论和赞扬表现工农兵文艺生活的文艺行动。具有工农兵文艺的特点，反映工农兵生活的文艺，才会受到人民群众的欢迎。如《〈花打朝〉与〈唐书〉》一文对《花打朝》和《唐书》两出戏的评价："虽然经过戏曲工作者的整理加工，但仍然保留着浓厚的民间色彩，其中充满了农民的幽默、诙谐，反映了劳动人民的趣味、爱好。虽然不是高度艺术典型的创造，也不是毫无缺点，但不失为一出健康的喜剧或闹剧。"[2] 另外，《活跃在草原上的轻骑兵》《初读〈苦斗〉》《话剧下乡》《英雄的人民英雄的歌唱》《工人阶级的年轻歌手》《战士作家张勤和他的作品》等文章，都赞扬了工农兵的文艺实践。

文艺期刊走群众路线，以工农兵为受众进行文艺普及工作，是中共中央自上而下的文艺政策。由于各类文艺期刊有效地贯彻实践，发挥了意识形态的教化作用，中国共产党得到工农兵也就是广大群众的信任，对巩固新生政权是一大助益。

---

[1]　中国作家协会创作研究室整理：《记一次"关于小说在农村"的调查》，《文艺报》1963年第2期（1963年2月）。

[2]　欣然：《〈花打朝〉与〈唐书〉》，《文艺报》1963年第2期（1963年2月）。

二　从属状态：受众从属于报刊

由于传播主体长期对受众进行具有导向性、单一性的传播，受众的阅读范围受到局限，久而久之形成既定的思维定式，受众更依附于传播者。受众将文艺作品和作品中的人物形象理想化，受众的信息接受与报刊的文学生产和传播达成统一，处于一种强依赖性的从属状态。

《文艺报》的传播内容成功整合了受众的意识形态，使其依附于传播主体。1949—1966 年的文学处于政治规范格局下，文学以什么为指导，文学应该表达什么内容都被限定在一定范围内，受众能够接触的信息面很窄，选择的余地也很少。在社会学中，符号（sign）是人类用以表达和解读意义的信息的形式。文学内容的生产传播是社会文化符号系统中的一个组成部分。符号是"社会整合"的最佳工具，各种符号作为知识和交流的工具使得对于社会世界的意义达成共识成为可能，这种共识其基本特征是对于社会秩序的再生产。报刊传播特定意识形态的文学内容，是带有明显社会主义特征的符号，受众接受到了符号及符号所传递的意义，对于文艺和文艺作品的认知也逐渐固定下来，达成群体共识。这种共识形成传播主体与受众的关联，受众自身个人化和个性化的部分，经过符号的接受理解被政治的统一观念所替代。

《文艺报》在传播活动中采用了"一面提示"和"明示结论"的策略方法。"一面提示"是"一种仅向说服对象提示自己一方的观点或于己有利的判断材料"，"能够对己方观点做集中阐述，论旨明快，简洁易懂"，就传播效果而言，"一面提示"对原有持赞同态度的人和文化水平低者效果较佳。"明示结论"是在文章中作出明确的结论，"可使观点鲜明，读者易于理解作者的意图和立场"，"在说服对象的文化水平和理解能力较低的场合，应该明示结论"①。对当时存在的对立问题，如社会主义和资本主义的对立，在进行说服和宣传时，《文艺报》就采用了"一面提示"和"明示结论"的方法。中国共产党领导广大人民取得了革命胜利，人民对共产党、社会主义和共产主义的原有态度就是赞同、支持。加之新中国成立

---

① 郭庆光：《传播学教程》，中国人民大学出版社 2014 年版，第 184 页。

后，人民尤其是农民的文化水平普遍不高，因此《文艺报》的传播内容表现出明显的倾向性，即大力肯定社会主义文学而明显排斥资本主义文学。"一面提示"和"明示结论"的技巧应用对受众产生了理想的传播效果，加强了受众的从属状态。

从属地位得到巩固的受众反过来又能影响报刊编辑和作者，参与社会秩序的再生产。在受众的群体认知形成后，《文艺报》发表不符合受众心理的文章，或者没有体现出既定的倾向，受众就会产生意见并进行反馈。由于对作品有了预先的心理设置，作家在进行创作时只能够歌颂工农兵，表现他们积极、正面的生活，展现其高大全的形象，不能写社会主义及共产主义的缺点，不能同情资本主义和帝国主义，一旦创作出现丝毫偏差，就会受到来自受众的怀疑和批判。吴强曾回忆说《红日》出版不久就收到一封读者来信，向他责问"难道人民解放军的连长，象石东根那样吗"？之后还有人指责他丑化了人民解放军，因为"十七年中，写英雄人物可不可以写缺点的问题一直没有得到解决。实际上，认为不可以写缺点的论点，占着优势"①。在"十七年"文学批评发展到高潮时，读者拥有很强的话语权，甚至构成一种威慑力量，编辑和作家处在被批评的位置，能够采取的措施只有反思自身和加紧改正。

传播主体所传播的流行符码，具有强大的意识形态塑造功能。由于传播主体对于资本主义的批判，受众形成了对个人主义的偏见，认为个人主义是资本主义的典型表现，文章中表现了个人或是没有明显体现党的领导和社会主义的伟大，就会遭遇来自受众的谴责。如读者对作品《稀罕的客人》的意见中说：《稀罕的客人》所描写的回想：年青时的恋爱、恋爱时爱唱的歌曲、爱弹的琴，还有笔挺的西服、梳得光光的偏分的头……等等，很显然，所有这些东西决不能产生鼓舞人前进的力量。"②政治性的传播形成了受众政治性的认知，道德高于审美，集体高于个性，将"爱情"与"革命"放在二元对立的位置。读者的审美需求和认识心理，在某种程

---

① 吴强：《我的回顾》，《文艺报》编辑部编《文学：回忆与思考》，人民文学出版社1980年版，第259页。

② 王世德等：《对"稀罕的客人"的意见》，《文艺报》1954年第3号（1954年2月）。

度上说，是文学生产和消费体系长时间规训、操控的结果。

"十七年"间的《文艺报》重视受众反馈，通过各种方式获得受众反馈信息。反馈是体现《文艺报》和受众之间双向互动性的重要机制，是整个传播过程中不可或缺的要素。报刊通过反馈信息不断完善报刊运作，受众持续提供反馈信息是从属状态的体现。具体而言，《文艺报》采取了以下几个措施来强化受众的从属状态。

第一，招募文艺通讯员，建立通讯网。报刊通过通讯员了解基层的文艺状况和大众的意见，这些信息使报刊组织者掌握所需的文艺信息，是报刊运作和政策制定的现实依据。《文艺报》第1卷第1期、第7期连续发布征聘文艺通讯员的启事，向全国广泛招聘文艺通讯员，征聘对象来自基层、群众。《文艺报》建立了全国性的通讯网络，并在1949年9月16日通过《给愿意做文艺通讯员的同志们的信》表示：《文艺报》是文艺工作与广大群众联系的刊物，而文艺通讯员就是群众与本报之间的桥梁。《文艺报》不仅刊登文艺通讯员的作品，也向文联或有关机构转达文艺通讯员的意见。受众的意见被报刊重视而不是忽略，提高了受众参与通讯的积极性。《文艺报》的作用就是为了进行教育，引导群众的政治导向，凝聚群众力量。

第二，重视读者来信，鼓励读者批评。文艺批评是当时文艺政策调整的重要手段和来源，《文艺报》非常重视群众的文艺意见，开辟了"读者中来"栏目专门刊登读者意见。受"为工农兵服务"路线的影响，工农兵群众的意见是不可忽视的，工农兵群众"立场坚定，旗帜鲜明；赞成什么，反对什么，毫不含糊；按照党的原则来要求文艺；从实际生活出发来检验作品；以热情的态度对待社会主义的香花；用锋利的笔墨剖析反社会主义的毒草"①。来自群众的批评是文艺发展方向的依据。《文艺报》从1958年第6期开始连续设置'读者讨论会'栏目，讨论《辛俊地》《来访者》《青春之歌》《锻炼锻炼》与《在和平的日子里》，使工农兵成为文学批评的主

---

① 《工农兵的评论好得很》，《文艺报》1965年第2期（1965年2月）。

角。"①报刊鼓励受众积极来信，如"编辑部从收到的读者来信和听到的一些意见当中，不仅感到读者对我们工作的关怀和鼓励，同时也感到我们的工作还落后于革命形势的发展，远远不能满足广大读者的要求。……我们恳切地希望读者能给予我们更多的和及时的批评，使我们的工作得以不断改进"②。传播主体以谦虚态度欢迎受众进行文艺批评，对受众参与寄予了很高期待。传播主体的态度提高了受众的地位，拉近了受众与传播主体的心理距离，也巩固了受众的从属地位。

第三，从工农兵受众中培养工农兵作家。《文艺报》致力于从群众中培养工农兵作家，鼓励受众参与到创作和传播的过程中来，采取了多种措施。其一，开设"征文选载""写作园地"等专栏刊登读者的原创文章，如王雁的《下厂后的收获》、陈森的《戴红花的故事》等；其二，开展了"我怎样做一个文工团员""红旗飘飘""中国人民解放军三十年"等多次征文活动，受众积极参与，纷纷响应。其三，针对工农兵作者的文艺创作水平不高的问题，《文艺报》采取了树立推广业余写作典型、刊载文章、工农兵作家经验谈等方法引导他们提高创作水平。为了鼓励工农兵作家来稿，刊物大多都会对群众来稿及时回复和进行修改。培养工农兵受众成为工农兵作者不仅扩大了稿件来源，也提高了刊物的群众性，增强了受众对于刊物的忠诚度。

第四，多次进行基层调查。《文艺报》多次深入农村、工厂等地方进行调查，了解文艺的普及状况和不同身份受众的意见，并形成调查报告登载于刊物上。如《记一次"关于小说在农村"的调查》③就记录了《文艺报》1963年对小说在农村的普及程度进行调查的经过和结论，采用个别访问和访谈的调查方法，总结出了农民喜欢的长篇小说的特点，如战斗性强、语言群众化、人物形象扎实等，鼓励作家从群众需要的角度进行创

---

① 武新军：《"十七年"文艺期刊管理体制的生成与变革》，《中国现代文学研究丛刊》2011年第10期。

② 《对"文艺报"的意见——读者来信综述》，《文艺报》1955年第23号（1955年12月）。

③ 中国作家协会创作研究室整理：《记一次"关于小说在农村"的调查》，《文艺报》1963年第2期（1963年2月）。

作。从农民喜欢的作品类型中也可以看出，受众的喜好已经被传播主体固定下来，与传播主体的意识一致。

《文艺报》重视受众反馈，汲取意见并采取措施，这个过程就是不断加强受众从属状态的过程。因为拥有大量受众并且受众忠诚度高，《文艺报》保持了它在文艺界的权威性。受众从属性的强化有益于意识形态的传播，有益于媒介自身的发展。

第六章 "组织化期刊"与"十七年"文学体制的形成

文学体制包括文学的生产与创造和文学的传播与消费，从根本上说就是对文学的组织和管理问题。《文艺报》等"组织化期刊"作为当代文学体制化的产物，一方面作为文学期刊记录了当代文学体制形成的历史，一方面又作为组织化的传播媒介反作用于当代文学体制的重建。

第一节 "组织化期刊"与文学体制化的形成原因

"十七年"期间，《文艺报》与《人民日报》等当时影响力较大的"组织化期刊"共同记录了政治和文艺一体化的形成历史。究其原因，一方面是源于抗日战争时期在根据地延安旧有的办报经验，另一方面也是由于当时复杂的国内政治、经济和文化环境。

一 延安办报提供的经验

"组织化期刊"的经费来源和管理体制，与延安时期党的办报理念和管理体制有着密切联系。延安的报刊经营模式，为新中国的期刊经营提供了重要的参考价值和经验。抗日战争时期，延安能够创办各类报刊，宣传自己的抗日思想和政策，争取广大群众支持，很大程度上得益于广泛招纳知识分子。1935年12月中共中央政治局瓦窑堡会议期间，明确提出建立广泛的民族革命统一战线是中国共产党当时的基本策略任务。日寇的侵略、国土的沦陷、中国共产党积极抗日的行为和民族统一战线的主张，吸引了大批知识分子从沦陷区和国统区来到延安。"1938 年上半年一直到秋天可以说是一个高潮。那时的国民党对这一情况并未引起注意，所以对边区也没有产生什么阻碍，像 1938 年夏秋之间奔赴延安的有志之士可以说是磨肩接踵，络绎不绝的。每天都有百八十人到达延安。"① 其中不乏丁玲、周扬、艾青、何其芳等著名知识分子。20 世纪 40 年代，延安成为当时全国三大文化中心之一。

由于当时延安的物资短缺、经济条件恶劣，报刊的经费来源于党的财政支持，编辑人员的日常用品则实行供给制。在物质资料极为有限的环境下，知识分子享受的是生活供给制的待遇。与生活供给制相匹配的是组织的军事化或半军事化，知识分子来到延安后，都要进入延安的各类学校生活学习，过着一种军事化或者半军事化的生活。这使得他们以个体的形式融入到一个大集体之中，思想观念呈现统一性、同质化的倾向。延安俨然成为一个战时的共产主义理想国。在当时物资紧缺情况下，党中央仍作出重要指示，要集中力量办好《解放日报》《边区群众报》等几种区域覆盖广、出版发行量大的报纸。延安重要的传播媒介，如《解放日报》《新中华报》《解放》周刊等报纸刊物，基本上都在中国共产党的领导之下，属于共产党的机关刊物。它们的创办、生产和出版均受到党的领导和监督，呈现高度的组织性和党性特征。

延安时期的报刊能够团结广大群众、巩固抗日民族统一战线，离不开党的指导，也就是毛泽东新闻思想的指导。延安时期毛泽东的新闻思想主要反映在他发表的各类文章和会议讲话中，如《〈共产党人〉发刊词》《〈中国工人〉发刊词》《新民主主义论》《整顿党的作风》《在延安文艺座谈会上的讲话》《反对党八股》等有关文献。毛泽东新闻思想的核心在于用报刊指导革命实践，其他新闻观点都是围绕这个来展开，形成了一套层次结构较为完整的理论。毛泽东对报刊工作的指示主要包含以下几个方面：首先，党报要起到宣传各个时期党的路线、方针、政策的作用；其次，党报

---

① 杨作林：《自然科学院建院初期的情况》，《延安自然科学院史料》，中共党史资料出版社、北京工业学院出版社 1986 年版，第 384 页。

要起到组织舆论，反击敌人的作用；再次，要起到善于把党的政策变成群众的行动的作用。毛泽东还提出"全党办报"和"群众办报"，不仅具体阐释其内涵，还亲自指导党报工作者积极实践，形成了一套群众办报的具体办法，从而发展了无产阶级的党报理论。

延安时期毛泽东的新闻思想不仅对当时党的报刊指导中国革命有着重要影响，并且在新中国成立之后对党、政、军各机关团体的报刊思想产生深刻影响。

二 适应新中国成立初期国内形势变革的需要

新中国成立初期中国共产党成为执政党，国内的政治、经济、文化环境需要从国民党统治时期向共产党执政时期转变，以符合共产党的执政理念。此时，中国共产党为加强对全国文艺工作的领导，成立了中宣部领导下的"中国作家协会"和"中华全国文学艺术界联合会"这两个全国性的文艺领导机构。同时，为加强对原解放区和新解放区各类报刊的统一领导，中国作协和中国文联一方面创刊并出版各自的机关报，如《人民文学》和《文艺报》等，作为对全国其他报刊进行思想领导的平台；另一方面，它们通过在全国各省、市、自治区建立地方性分支机构及其机关报的方式，把地方性文艺刊物从体制上纳入到自己的领导之下。由此，文艺界（包括新闻界）由以前的"自由"状态进入到"国家"掌控阶段，这就要求《文艺报》《人民日报》等"组织化期刊"必须依托国家资本和国家机构，传达党和政府的思想、政策，完成国内政治、经济、文化的变革。

新中国成立后，中国从半殖民地半封建社会进入到新民主主义社会，社会政治结构发生巨大变化。党的执政环境变好了，但也暴露了一些问题，当时党内已经开始出现腐败变质的现象。为了维护党的纯洁性和先进性，需要以《人民日报》《文艺报》等"组织化期刊"为载体对全党进行思想教育。最早将社会注意力引导到反贪污、反浪费、反官僚主义方向的，是1951年11月23日《人民日报》发表的社论《向贪污行为作坚决斗争》。该文指出贪污浪费和官僚主义会产生的严重恶果，号召全国各地行动起来开展斗争彻底消灭贪污现象。1952年1月10日《文艺报》也刊发社论《文艺界应开展反贪污、反浪费、反官僚主义的斗争》，以此来响应《人民日报》。之后围绕"三反"问题，展开全方位、多视角持续性报道，吸引读者持续关注，形成社会热点议题。

新中国成立初期，经济结构也发生了两次巨变，第一次是由半殖民地半封建社会经济到新民主主义经济的转变，第二次是由新民主主义经济到社会主义经济的转变。当时，共产党的新闻机构与非共产党的新闻机构并存，即公营新闻机构与私营新闻机构并存。党和政府在抗日战争和解放战争中积累起来的办报经验基础上，迅速建立起一个以北京为中心，遍布全国的公营新闻事业网。以《人民日报》为中心、以党报为主体的公营报刊网，是新中国成立初期最普及也最重要的新闻传播手段。据1950年全国新闻工作会议调查统计，当时全国各级党的机关报共151种，约占全国报纸总数的59%，在各类报刊中占优势地位①。在新民主主义向社会主义社会转变即"三大改造"的过程中，"组织化期刊"发挥了积极的指导作用。《人民日报》先后在1954年4月14日第一版刊发社论《积极稳步领导手工业实行社会主义改造》和1955年3月14日第一版刊发社论《向广大农民正确宣传农业合作化的具体政策》。这些社论，向广大干部群众发出号召，指出进行三大改造过程中需要注意的问题，宣传党的政策，动员干部群众积极投身于三大改造。

新中国成立初期，与多元经济成分相对应的是社会价值观念和文化思想体系多元并存，当时社会上存在着资产阶级思想文化、无产阶级思想文化以及残留的封建思想文化。为尽快摆脱落后思想的影响，需要让更多人学习马克思主义、了解社会主义。为繁荣社会主义无产阶级文化，"组织化期刊"一方面继续积极践行毛泽东《在延安文艺座谈会上的讲话》的指示："我们的文艺，应该为着上面说到的四种人（笔者注：工人、农民、兵士和城市小资产阶级）。我们要为这四种人服务，就必须站在无产阶级的立场上，而不能站在小资产阶级的立场上"，"在现在世界上，一切文化或文学艺术都是属于一定的阶级，属于一定的政治路线的。为艺术

---

① 方汉奇:《中国新闻传播史》，中国人民大学出版社2014年版，第243页。

的艺术，超阶级的艺术，和政治并行或互相独立的艺术，实际上是不存在的。无产阶级的文学艺术是无产阶级整个革命事业的一部分"①。《文艺报》1949 年第 7 期刊发社论《人民共和国给文学艺术的光荣任务——为迎接一九五〇年献词》热烈表达："我们文学艺术工作者，在这样伟大人民的哺育下，在我们悠久而光辉的民族文化基础上，将积极参加解放斗争和国家建设，用我们经过了不断磨练的武器——各种文艺形式，反映这个斗争和建设。我们要创造无愧于伟大的中国人民革命时代的文学艺术作品"，表现我国的国体、政体及相关制度的优越性和人民当家做主，"这是我们新中国的文学艺术崇高的主题内容"，"我们的国家要进行一个规模宏大的经济建设，……这也是我们文学艺术新的，有重大意义的主题内容"②。另一方面，"组织化期刊"还积极学习苏联的文艺政策和理论。1950 年 1 月 4 日《人民日报》开办《新闻工作》专刊，是中国新闻界学习苏联经验的开始，刊物主要就是介绍苏联工作经验。创刊号《编者的话》中写到，在创建我国人民新闻事业的过程中有一个"便利条件"，就是可以"大量利用"苏联的"丰富的经验"③。

因此，《文艺报》等组织化期刊从创刊伊始就与中国当代文学一同发展并走向成熟，作为官方媒介推动了当代文学的传播。《文艺报》属于机关刊物，其出版发行在新中国成立时期形成了高度的行政化、级别化。《文艺报》属于"国家刊物"，负责监管所有文艺刊物。为了有效监管全国文艺刊物，《文艺报》于 1950 年 5 月 10 日通过《〈文艺报〉编辑工作初步检讨》开始进行自我批评，5 月 25 日又发表社论《加强文学艺术工作的批判与自我批评》，并开辟《批评与检讨》专栏号召全国文艺期刊进行自我作风的批判与自我批评，通过检讨工作脱离政治和群众生活等问题加强文艺期刊对政治意识形态的认知。1951 年新中国通过整顿文艺期刊，进一步加

---

① 毛泽东:《在延安文艺座谈会上的讲话》,《毛泽东选集》(第三卷),人民出版社 1991 年版,第 856、865-866 页。

② 《人民共和国给文学艺术的光荣任务——为迎接一九五〇年献词》,《文艺报》第 1 卷第 7 期 (1949 年 12 月)。

③ 周梦清:《建国初期中国新闻业的苏联倾向》,《新闻研究导刊》2016 年第 2 期。

强期刊的无产阶级属性，坚决反对资产阶级和小资产阶级思想。《文艺报》被意识形态所控制，成为国家意识形态的代言人。《文艺报》作为被高度组织化的期刊，对新中国"十七年文学"的重大文艺政策思潮都具有发言权。

第二节 《文艺报》与文学体制化的形成过程

在"组织化期刊"的管理过程中，《文艺报》紧跟党的政治政策对于文艺界的指示，在学习苏联文艺界、推动"双百"方针与反"右派"斗争上努力贯彻党和政府的意志，不断宣传马克思主义文艺理论和中国共产党的文艺政策，目的在于建立工农兵文艺、无产阶级文艺，从而取代旧的封建阶级文学、资产阶级文艺。

一 向苏联文艺界学习

新中国成立后，外交上的"一边倒"政策在一定程度上也影响了文学界，形成了文学领域的"一边倒"。早在延安文艺座谈会上，毛泽东就曾指示："一处由普及而提高的好经验可以应用于别处，使别处的普及工作和提高工作得到指导，少走许多弯路。就国际范围来说，外国的好经验，尤其是苏联的经验，也有指导我们的作用。"[1] 作为文艺界国家级权威媒介的《文艺报》，在继承延安文艺座谈会上重视苏联文学与文艺思潮传统的基础上，更是加强了对苏联文艺政策的接受与传播。

从 1949 年开始，《文艺报》以惊人的"一边倒"的姿态开始了对苏联文艺思想、政策、作家和作品的全面接纳。开辟了"苏联文艺专栏"的有：

1949 年 10 月 10 日："介绍""中苏文艺交流"

1949 年 11 月 10 日："纪念十月革命"

---

① 《在延安文艺座谈会上的讲话》，《毛泽东选集》（第三卷），人民出版社 1991 年版，第 862 页。

1949 年 12 月 25 日："斯大林万寿无疆"

1950 年 2 月 25 日："中苏兄弟同盟万岁"

1950 年 3 月 25 日："关于'莫斯科性格'的批评与讨论"

1950 年 6 月 10 日："伯林斯基逝世纪念"

1950 年 6 月 25 日："高尔基逝世纪念"

1952 年 11 月 10 日："苏共十九大专辑"

1952 年 11 月 25 日："中苏两国文艺工作者座谈会专辑"

1957 年 11 月 3 日开始的（第 30 号—第 33 号）伟大的十月社会主义革命 40 周年纪念专号。

除以上所列专栏外，还有大量关于作家、作品和理论介绍的稿件陆续刊出，苏联文艺思想资源以这样的方式持续发挥着能量①。

新中国的文艺政策，一方面汲取各类思想资源，一方面不断自我摸索调整，从而形成了符合自身实际的文艺政策。"社会主义现实主义"就是在学习苏联的过程中逐渐产生分歧甚至对立中确立起来。1932 年 5 月 23 日苏联《文学报》第一次提出"社会主义现实主义"，1934 年周扬在《现代》第 4 卷第 1 期发表了《关于"社会主义现实主义和革命的浪漫主义"》一文，对"社会主义现实主义"全面做出解释。1953 年 2 月毛泽东在中国人民政治协商会议上郑重提出学习苏联的精神，这个精神传达到文学界就形成了 1953 年中国文学艺术工作者第二次代表大会的两项决议：一是号召全国文学艺术工作者"用艺术的武器来参加逐步实现国家的社会主义工业化的伟大斗争"，二是号召全国文学艺术工作者"努力学习苏联文学艺术事业的先进经验，加强中苏两国文学艺术的交流，巩固和发展中苏两国人民在保卫世界和平的共同事业中的神圣的友谊"②。在这次会议上，周扬作了题为《为创造更多的优秀的文学艺术作品而奋斗》的讲话，提出："把社会主义现实主义方法作为我们整个文学艺术创作和批评的最高准

① 谢波：《媒介与文艺形态——〈文艺报〉研究（1949—1966）》，复旦大学出版社 2013 年版，第 15 页。

② 《大会通过两项决议》，《文艺报》1953 年第 19 号（1953 年 10 月）。

则。工人阶级的作家应当努力把自己的作品提高到社会主义现实主义的水平，同时积极地耐心地帮助一切爱国的、愿意进步的作家都转到社会主义现实主义的轨道来。"① 随后这篇文章就发表在1953年第19号的《文艺报》上，这也标志着"社会主义现实主义"作为文艺创作与批评的最高准则的确立。

但作为《文艺报》主编的冯雪峰对于"社会主义现实主义"有不同看法，他在1952年《文艺报》第14、15、17、19、20号上连续发表《中国文学从古典现实主义到无产阶级现实主义的发展的一个轮廓》系列文章。冯雪峰对于社会主义现实主义的理解是立足于本国文艺自身发展基础之上，研究中国古典现实主义与资产阶级批判现实主义、无产阶级现实主义的关系，着重于现实主义的连贯性和继承性。关于文艺与政治的关系，他对早在1930年代受苏联"无产阶级文化派"和"拉普"影响所产生的左倾机械论持反对立场，他认为文学虽然承担政治使命，但这使命并非是机械的②。

周扬却不是这样理解的。从1930年代翻译有关"社会主义现实主义"的论著以来，周扬一直认可"文艺问题从属于政治问题"。1952年时任全国文联副主席的周扬接受《红旗》杂志约稿并在1952年第12期上发表《社会主义现实主义——中国文学前进的道路》，他在文章中写道："必须承认，今天中国的社会主义现实主义文学还是远远不够成熟的，它还在成长的过程中。这主要是因为中国作家的马克思列宁主义修养、生活经验和艺术造诣都还不够的缘故。这就使得我们向苏联社会主义现实主义文学学习成为更加必要了。"按照周扬的理解，值得我们学习的有斯大林同志关于文艺的指示、联共中央关于文艺问题的历史性决议、日丹诺夫同志关于文艺问题的演讲、最近联共十九大马林科夫的报告等。"所有这些，为中国和世界一切进步文艺提供了最丰富和最有价值的经验，给予了我们最正

---

① 周扬：《为创造更多的优秀的文学艺术作品而奋斗——在中国文学艺术工作者第二次代表大会上的报告》，《文艺报》1953年第19号（1953年10月）。

② 谢波：《媒介与文艺形态——〈文艺报〉研究（1949—1966）》，复旦大学出版社2013年版，第21页。

确、最重要的指南。"①

中国文艺界在 1949—1966 年这段时间里，创作方法大体上是沿着社会主义现实主义这条道路前进，虽然偶尔会有不同意见，但没有在根本上否定社会主义现实主义。在处理资产阶级批判现实主义与无产阶级社会主义现实主义的关系上，每当激进思想占据上风时，文艺界就会通过强调两者的区别来巩固社会主义现实主义的权威性和主导性；当意识形态领域的把控稍显宽松时，便会强调两者之间的联系，以此来谋求创作方式的多元化。

二 "双百"方针的转变

1956 年中苏关系迎来一些微妙变化。1956 年 2 月 14 日，苏共召开二十大，"从国际、国内和党内三个方面提出了一些确与斯大林主持的十九大完全不同的方针、路线或纲领性意见"②。引起世界广泛关注的是赫鲁晓夫在大会最后一天所做的题为《关于个人崇拜及其后果》的报告，着重揭露和批评了斯大林的错误思想。当时苏联已经意识到斯大林模式的弊端，开始着手进行变革。受此影响，毛泽东也开始提出探索中国自己的道路。正如毛泽东在这一年 4 月 4 日的中央书记处会议上的讲话所说："现在感谢赫鲁晓夫揭开了盖子，我们应该从各方面考虑如何按照中国的情况办事，不要再像过去那样迷信了。其实，过去我们也不是完全迷信，有自己的独创。现在更要努力找到中国建设社会主义的具体道路。"③ 随着 1956 年中国"三大改造"的提前完成并认识到斯大林模式的弊端，中国在政治经济上已经不再完全照搬苏联经验，这也引起中国文艺界的反思，进而在文学艺术领域提出"百花齐放，百家争鸣"的"双百"方针。

1951 年国内关于京剧发展问题出现争论，有人主张全部继承，有人主张全部取消，毛泽东为此题词"百花齐放，推陈出新"，主张对待京戏

---

① 王本朝：《中国当代文学体制建构的苏联资源》，《中国文学研究》2008 年第 1 期。
② 沈志华主编：《中苏关系史纲》，新华出版社 2007 年版，第 145–147 页。
③ 吴冷西：《忆毛主席——我亲身经历的若干重大历史事件片断》，新华出版社 1995 年版，第 10 页。

艺术要去其糟粕、取其精华、加以继承。1953年毛泽东就历史研究工作的方针，提出要"百家争鸣"。在此基础上，1956年4月28日，毛泽东在中共中央政治局扩大会议上指出"百花齐放，百家争鸣"应该成为我们的方针。在这次会议上陆定一全面解释了这一方针的含义："我们所主张的'百花齐放，百家争鸣'是提倡在文学艺术工作中和科学研究工作中有独立思考的自由，有辩论的自由，有创作和批评的自由，有发表自己意见、坚持自己的意见和保留自己的意见的自由。"① 5月2日，毛泽东又在最高国务会议第七次会议上正式提出实行"双百方针"。

《文艺报》响应党和政府的号召，在1956年5月30日发表社论《百花齐放，百家争鸣》，文章指出中国文学界在学习苏联社会主义现实主义创作方法过程中存在的问题：

> 有些人误解了文学艺术为工农兵服务的总方针，似乎为工农兵服务就只能描写工农兵，似乎工农兵不愿意或不应当在书本、舞台、银幕上看到各阶级的复杂的动态。有些人对社会主义现实主义创作方法做了狭隘的、烦琐哲学的解释，似乎社会主义现实主义只能反映当前的现实动态，似乎描写旧社会的题材、描写历史题材、近代革命史的题材是没有什么教育意义的。在有些同志看来，似乎决定作品的真价值的不是作家通过艺术形象所展示出来的深刻的思想，而不过是某几种题材本身所包涵的现成的社会意义。文学艺术作品中反映的生活领域，是很不丰富的。②

这说明当时《文艺报》已经开始反思多年来学习苏联社会主义现实主义的弊端了，但并没有全盘否定社会主义现实主义，只是认为应该进行完善："我们是提倡作家描写当前的重大题材，提倡描写社会主义新人的光辉形象的；我们并不动摇，而且要继续提倡和宣传。但是这种提倡和宣传，绝不排斥题材和内容的多样性；而且，对当前重大题材和社会主义新

---

① 陆定一：《"百花齐放、百家争鸣"的历史回顾》，《光明日报》1986年5月7日。
② 《百花齐放，百家争鸣》，《文艺报》1956年第10号（1956年5月）。

人的艺术描写，也应当是多种多样，而不是千篇一律的。"《文艺报》也指出当前文艺界缺乏自由讨论的氛围："不能说近年来在文艺界根本没有进行过同志式的自由讨论，可是公开的、实事求是的讨论和有益的争辩，见诸于文艺报刊吸引广大读者参加的，却是很不多见。"①

社论刊发后引起了文艺界的大讨论，相关代表性文章陆续发表在《文艺报》上，有沈雁冰的《文学艺术工作中的关键性问题》（1956 年第 12 号）、刘大杰的《中国古典文学与现实主义问题》（1956 年第 16 号）、钟惦棐的《电影的锣鼓》（1956 年第 23 号）、蔡田的《现实主义，还是公式主义？》（1957 年第 8 号）等。沈雁冰在《文学艺术工作中的关键性问题》中指出"文学艺术工作中的主要问题是质量问题"，"观众和读者的责备是两句话：干巴巴，千篇一律。干巴巴的病源在于概念化；千篇一律的病源在于公式化、在于题材的狭窄"，同时也批评文学艺术工作领导者的主观主义，以及工作方法的粗暴、武断。他认为"正确地贯彻'百花齐放、百家争鸣'的方针，还必须和挖掘、培养人民中间的文艺潜力的工作，即大力开展业余文艺活动的工作，结合起来"②。钟惦棐在《电影的锣鼓》一文中指出"文艺为工农兵服务"这一正确指示在电影方面的僵化导致教条主义和宗派主义，同时也认为在电影方面的行政领导对电影创作管理得太严、太具体、太死。这些讨论都指向创作自由和文艺创作被领导等十分敏感的问题，积极响应了"双百"方针的号召。

《文艺报》在"双百"方针提出来后，积极引领文学艺术界展开对于"双百"方针的大讨论，形成一股激情热烈的讨论氛围，但这种氛围被随之而来的反"右派"斗争所打散，讨论戛然而止。

三　反"右派"斗争

反"右派"斗争是在整风运动基础上进行的，一场针对少数资产阶级右派反革命分子的运动。暂且不论反右斗争的历史评价，仅从"组织化期刊"在斗争中的表现来说，可以看出"组织化期刊"在党和政府的政治运

---

① 《百花齐放，百家争鸣》，《文艺报》1956 年第 10 号（1956 年 5 月）。

② 沈雁冰：《文学艺术工作中的关键性问题》，《文艺报》1956 年第 12 号（1956 年 6 月）。

动中的"无力",它只能作为党和政府的传声筒而存在。

1957年4月27日,在社会主义三大改造基本完成,社会主义建设即将迎来新阶段之际,中共中央发布《关于整风运动的指示》。该《指示》针对目前党内存在的一些问题,如在社会主义建设过程中,采取单纯的行政命令解决问题的方法;部分立场不坚定的党员沾染上旧社会习气,产生特权思想;以及脱离群众、脱离实际的官僚主义、宗派主义和主观主义等。中央认为有必要"在全党开展一次普遍的、深入的反官僚主义、反宗派主义、反主观主义的整风运动,以提高全党的马克思主义的思想水平,改进作风,以适应社会主义改造和社会主义建设的需要"。该《指示》还指出,在整风运动中要按照"从团结的愿望出发,经过批评和自我批评,在新的基础上达到新的团结"的方针,实行"知无不言,言无不尽;言者无罪,闻者足戒;有则改之,无则加勉"的原则,从而达到"惩前毖后,治病救人"①的目的。

在这一精神的指导下,《文艺报》编委组织动员艺术界积极反映情况、提出问题。1957年6月16日和6月23日,《文艺报》在第11号和12号连续开辟专栏"把心里的话说出来"刊登有关整风运动的文章,包括钟敬文的《为了完成高贵的共同事业》、王林的《历史上的一点教训》、蹇先艾的《多关心"作家老百姓"的疾苦》、苏金伞的《肃清文学上的宗派主义》、杜烽的《清规戒律从何来》。第11号中《作协在整风中广开言路》记录了27位党外作家、翻译家、理论批评家、编辑人员和文艺界工作人员对于近几年文艺工作的领导所做的批评。

这些指示本来是中共八大路线的继续和发展,是在探索中国社会主义建设过程中的新成果。由于整风运动采取半开放的方式,欢迎党内外人士积极提意见,所以一开始氛围相当活跃。但在所提意见中,除了指出党和政府工作中存在的一些缺点和问题外,有的意见涉及无产阶级专政、共产党执政地位、社会主义制度本身等原则、路线问题,于是引起毛泽东和党中央的警觉。

---

① 《中共中央关于整风运动的指示(1957年4月27日)》,《整风学习资料》,河南人民出版社1958年版,第34–36页。

1957 年 5 月 16 日中共中央发出《关于对待当前党外人士批评的指示》。6 月 8 日，《人民日报》发表了《这是为什么？》的社论，揭开了反右斗争的序幕。社论对于整风运动中针对无产阶级专政、共产党执政和社会主义道路的质疑做出回应，认为在"帮助共产党整风"的名义下，少数"右派"分子正在向共产党和工人阶级的领导权挑战，实际是把中国人民重新放在帝国主义及其走狗的反动统治之下。本来是对党内存在的工作问题和个人问题进行指正的整风运动，但由于对其中一些意见的无限上纲上线，导致批判规模不断扩大、"帽子"规格逐渐升级。

在整风运动开始前，对于那些不能及时反映党和政府的方针、政策的报刊，毛泽东就曾严厉指责过。1957 年 4 月 10 日，毛泽东召见《人民日报》总编辑邓拓，副总级辑胡绩伟、王揖、林淡秋等，对他们进行了严厉批评。在这种形势下，新闻界开始发表大量文章抵挡"资产阶级右派分子的猖狂进攻"，在一定程度上对"反右"起到推波助澜的作用。《文艺报》作为党在文艺界的"喉舌"，也身处反右斗争的旋涡之中，但《文艺报》并没有与《人民日报》保持同步。《人民日报》自 6 月 8 日发出社论《这是为什么？》吹响反右的正式号角，《文艺报》第 12 号（6 月 23 日）才发表反右文章，如王瑶的《"一切的一切"》、高植的《良药和毒药》、邹荻帆的《右派的逻辑》等。直至 7 月 14 日《文艺报》第 15 号整版刊登在文学界、戏曲界反右的文章，并发表由主编张光年和副主编侯金镜、陈笑雨撰写的《我们的自我批评》，正式表明自己的立场和态度："五、六月间，就是当资产阶级右派在全国范围内展开了猖狂进攻、本报内部矛盾也变得非常尖锐化的时候，从我们的周刊上，放出了一批毒草：其中包括反映了右派思想的文章，煽动性的报导，和资产阶级小报式的、进行人身攻击的短文。当然有些毒草是我们有意识地放出的，准备批驳的；但有些却不是这样。我们对有些毒草没有及时认清它的危害性，没有及时组织有力的反驳。在编辑部右派思想和右倾情绪的压力下，我们做了一些不应该有的妥协和让步。在这些问题上，实质上是对资产阶级思想的可耻的投降。"[①]

[①] 张光年、侯金镜、陈笑雨：《我们的自我批评》，《文艺报》1957 年第 15 号（1957 年 7 月）。

同时对该年度第 7 号至第 14 号以来的文章进行全面检查，归纳出四类："可以一眼看出来是反映右派思想的文章"，"煽动性的报道和文章"，受到文艺界和读者责难的"文艺座谈"，以及诸如"现实主义，还是公式主义？""烦琐公式可以指导创作吗？"之类的文章。最后呼吁："同志们！绝不要灰心丧气！现在我们的任务是：一方面拿起锄头，锄掉我们亲手放出来的毒草；一方面摆开阵势，和右派分子、和右派思想展开不调和的斗争。让我们在这一场斗争中进一步地考验自己。同志们，坚决地和党站在一起吧！"[①]

此后一段时间，《文艺报》一直围绕反右斗争这个核心展开对整个文艺界的锄毒草行动，大约从 1957 年第 28 号开始，《文艺报》反击"右派"的文章数量明显减少，随后取而代之的是《伟大的十月社会主义革命 40 周年纪念专号》。

由此可见，在新中国文学体制化的过程中，《文艺报》等期刊因其特定的政治身份具备高度的政治敏感性，在上传下达时积极地发挥着作为媒介的宣传引导作用，并逐渐形成了对文学作品的标准化要求，即能够发表在《文艺报》等权威期刊上的文学作品必须满足这几个特点："题材源于当时的具体革命形势和工农兵的生产生活，全力塑造革命工作中的英雄人物和先进事迹；歌颂生活的'光明面'，颂扬乐观、向上的精神；以揭示'历史本质'和事物的'客观规律'为创作的终极诉求，每个作品都要具有相对应的'意义'；行文要通俗易懂，风格要清新明快，杜绝晦涩朦胧；文学批评坚持从政治立场出发，所采取的方式也与当时党政工作的基本原则相同——批评与被批评。"[②] 与此同时，"组织化期刊"自身又成为中国当代文学体制化发展的缩影，对新中国"十七年文学"的重大文艺政策思潮都具有发言权。"'政治第一'的办刊方向，体现了高度集权化、体制化社会的要求，编辑、作家集结在文艺为政治服务的大旗下，积极回应时代律

---

① 张光年、侯金镜、陈笑雨：《我们的自我批评》，《文艺报》1957 年第 15 号（1957 年 7 月）。

② 马研：论《〈人民日报〉对"十七年"前八年（1949—1957）文学的客观影响》，《内蒙古民族大学学报》2010 年第 1 期。

令的召唤。"①《文艺报》等被高度组织化的期刊，在意识形态的控制下成为了舆论宣传的工具，支配着中国当代文学的生产和传播。

①　陈伟军：《传媒视域中的文学——论"文革"前十七年小说的生产机制与传播方式 》，博士学位论文，暨南大学，2006 年，第 66 页。

下　编

"网络文学＋"与新媒体文化研究：
以阅文集团为例

第七章 "网络文学+"的历史发生与阅文集团的整体面貌

"新媒体"是指新的技术支撑体系下出现的媒体形态，如互联网、手机短信、数字杂志、数字报纸、数字广播、移动电视、触摸媒体等；亦称"第五媒体"。新媒体的崛起不仅改变了网民的文化获取和消费习惯，更是催生了文化产业发展的新形态，网络文学、网络影视、网络动漫、网络音乐等在现代文化产业中占据重要地位。"20世纪90年代至今的中国文学与以往（1950—1990年）的一个最重要的不同，就是它所置身的整个社会的文化生产机制，发生了根本的变化。"[①]

据2018年9月发布的《2017中国网络文学发展报告》显示，截至2017年底，我国网络文学创作人群已达1400万人，国内45家主要网络文学网站原创作品总量达1600多万种，网络文学市场规模为129.2亿元[②]。近年来网络文学蓬勃发展带来的全版权运营模式，具备将文学与影视、游戏、动漫、音乐以及舞台艺术等相关领域融合起来的先天优势，因此"网络文学+"在新媒体文化的生产和传播中具有典型意义。

阅文集团是引领行业的正版数字阅读平台和文学IP培育平台，它基于互联网+多领域共生+明星IP的粉丝经济，构建了一个打通全媒体和多种文创业务领域互相连接、共融共生的文化新生态。

---

① 王晓明：《面对新的文学生产机制》，《文艺理论研究》2003年第2期。

② 《20年，4亿读者，中国网络文学走向"+时代"》，http://www.sohu.com/a/254830305_155679，2018年9月19日。

第一节　网络文学的理论阐释

随着时代的发展和网络文学的逐渐成熟，网络文学作为一种新的文学样式，已然被社会大众所接受，即使曾经一些持"网络无文学"主张的学者也在逐渐改变观念。网络文学自身的特点正在逐渐趋于稳定，作为区别于传统意义上的文学的本质更加凸显出来。

关于网络文学的定义，目前概括比较全面、最有代表性的是欧阳有权提出的"三层论"："网络文学是一种用电脑进行创作、在互联网上传播、供网络用户浏览或参与的新型文学样式。它有三种常见形态：一是传统纸介印刷文本电子化后上网传播的作品，这是广义的网络文学，与传统文学的区别仅仅体现在传播媒介的不同；二是在电脑上创作，在网上首发的原创性文字作品，这类作品与传统文学不仅有载体的区别，还有网络原创、网络首发的不同；三是利用多媒体电脑技术和 Internet 交互作用创作的超文本、多媒体作品（如联手小说、多媒体剧本等），以及借助特定软件自动生成的'机器之作'，这类作品离开网络就不能生存，因而是真正的网络文学。"[①]虽然学界关于网络文学的定义依旧存在分歧，但"网络文学"这一提法已经被普遍接受。

中国的网络文学研究自 2000 年左右开始。2001 年有两篇以网络文学为研究对象的硕士论文，分别是《网络文学初论》（张华，山东师范大学）和《网络文学论》（易宇，西南师范大学）；2002 年出现第一篇以网络文学为研究对象的博士论文《网络文学研究》（谢家浩，苏州大学）；2003年出版第一部网络文学研究专著《网络文学论纲》（欧阳友权，人民文学出版社）；2004 年在湖南长沙召开第一届"网络文学与数字文化"学术研讨会。近年来，网络文学研究成果丰硕，成为不可忽视的研究领域。其中，网络文学的特征是研究者的关注重点且意见分歧不大，网络文学的自由性、大众化、交互性、非线性、多媒体化等特质，得到了比较普遍的认

---

① 欧阳友权：《网络文学概论》，北京大学出版社 2008 年版，第 3—4 页。

可。网络文学作为一种全新的独立的文学类别，呈现与传统文学不同的特征。从本体特征来看，主要表现为"作家身份的网民化""创作方式的交互化""文本载体的数字化""流通方式的网络化"和"欣赏方式机读化"等；而"文学存在方式的变异""文学创作模式的变异"和"文学价值理念的变异"①则显示网络文学给传统文学带来的巨大变革和严峻挑战。网络文学的发展历程是互联网思维逐渐深入到创作、传播和鉴赏各个环节的体现，自诞生之初它的生产和传播机制便与传统文学不同。这也是本书关注的重点。

首先，网络文学的"网络"属性，是网络文学与传统文学相区别的主要依据。关于网络文学的定义，广大网民作为主要的接受群体，他们有着自己的理解。网易公司在 2000 年曾做过一次网上调查，结果显示网民心目中的网络文学主要具有以下四个特征：一是通过网络进行传播；二是文字具有网络特征；三是基于网络思维；四是首发在网络上。由此可见，网民特别强调网络文学的"网络"属性。与此同时，网络文学的网络属性也被研究者所关注。例如前文提到的欧阳有权的"三层论"，不论在哪个层次都强调了网络文学的"网络"属性，包括电子化处理、利用电脑创作、通过网络媒体传播、超文本链接制作等。谢家浩则对"网络文学"一词中的"网络概念"作了更为详细的界定："在我而言是包含网络概念具体化的工具，如网际网络、单机内的资料库等，但不认为网络必定是连线式的开放型网络，亦包含各式网络内部的互相联动，文本'超连接'的功能和方式，先不在此一一列举，我只想强调互动书写只是其中网络文学中、或是超文本中的一项功能而已。把这些'超连接''读与写'的功能转化为文学创作工具，成果便是我所谓的网络文学形式之一。"②

网络文学的"网络"属性逐渐渗透到网络文学创作与传播的每一个环节。从网络文学的创作方式来看，网络文学发端于海外的 BBS 论坛，最早的表现形式是论坛贴子。随着网络技术的不断发展，大量文学创作的辅助软件被开发出来，如大名鼎鼎的小说创作软件"小黑屋云创作""码字精

---

① 欧阳友权：《网络文学：挑战传统与更新观念》，《湘潭大学社会科学学报》2001 年第 1 期。
② 谢家浩：《网络文学研究》，博士学位论文，苏州大学，2002 年，第 15 页。

灵""吉吉写作"等。如今更是出现了可以自行创作的人工智能，如微软小冰等。这些软件和人工智能的出现，进一步强化了网络文学创作方式上的"网络"属性。传统意义上的文学创作是和纸笔分不开的，网络文学诞生之初就截然不同，即利用多媒体和超文本等进行创作，文字的背后是一个个数字代码。两者最后都是通过文字的方式呈现出来，但在本质上存在着极其明显的区别。

网络文学的创作内容基于网络思维。随着网络的普及，中国网民覆盖面越来越广，网络成为人们社交活动的重要区域。但网络与现实不同，它具有极大的虚拟性和私密性，因此许多网民活跃在网络上时表现出与他们在现实生活中截然不同的思维方式。网络文学的创作正是基于这样的网络思维方式，在题材内容上与现实严重脱节，迎合广大网民的情感和精神需求。如在人物塑造上，网络文学以塑造扁平人物为主，主角近乎完美和理想化，配角则有着单一、稳定、突出的性格特征。在情节建构上，人物成长的叙事母题被广泛运用，情节发展大多具有程式化特征。

网络文学的语言通常也带有明显的网络色彩。首先是通俗化，通过拒绝书面性和文学性，呈现类似于口头表达的效果。其次是时代性，主要表现为网络流行语的使用。这虽然不是网络文学所独有，却是网络文学开创的。再次是娱乐化的幽默，为了达到吸引读者的目的，几乎所有的网络文学作者都或多或少采用了幽默风趣的语言风格。最后是形式化的华美文笔，网络文学的语言越来越呈现华美的特征，在很大程度上是为了迎合读者审美的要求，即为了华美而华美。

网络文学的传播更是离不开网络，即利用各类网络媒体进行首次传播。网络文学发展初期，传播平台主要是各类论坛，其中最具代表性的就是BBS论坛。原创文学创作网站的出现，标志着网络文学的独立和成熟，网站便成为网络文学传播最主要的平台。随着各类传播媒介的出现，网络文学的传播方式也在朝着多样化方向不断发展。当下网络文学的传播平台和方式不再局限于论坛和网站，还包括各种各样的自媒体，如微博、QQ空间、博客、糗事百科等。无论网络文学采用何种方式在何种平台上传播，都充分利用着网络的高效性、广泛性和互动性。这是网络文学不可忽视的特性。

第二个值得关注的是网络文学的市场性特征。首先市场对网络文学的创作动机和创作过程产生了重要影响。在网络文学的发展过程中，网络小说成为最具代表性、发展规模最大、创造市场经济价值最高的主力军。网络小说很大一部分作者的创作目的就是为了盈利，真正纯粹的无功利的创作少之又少。2013 年第八届网络文学作家富豪榜子榜单显示，版税收入超 180 万的作家有 20 位。2014 年第九届网络文学作家富豪榜子榜单显示，版税收入超 600 万的作家达到 20 位。2015 第十届网络作家富豪榜子榜单显示，版税收入超千万的作家高达 15 位。其中连续蝉联榜单的唐家三少，2015 年的版税收入高达一亿一千万。拥有这样高收入的网络文学作家只是网络文学创作群体中的极少部分，但还是对很多网民产生了极大的诱惑力，大量网民加入到网络文学创作的行列。这说明网络文学功利性的创作越来越多并且占据主流地位，而非功利性的创作越来越少，这与网络文学产生之初是截然不同的。与此同时，网络文学网站没有一个不是以盈利为目的。在这两方面力量的影响下，网络文学的非功利性几近消失，市场几乎可以决定网络小说的创作方向、文本内容和思想主旨。

网络文学的市场性特征还表现在网络文学庞大的市场规模。2013 年网络文学的市场规模约为 45.7 亿元，到 2016 年底网络文学的市场规模约为 90 亿元。目前，网络文学已经完成市场转型进入红利期。2017 年 8 月 11 日至 13 日在北京举办的首届"中国网络文学＋"大会，公布了这样一组数据："国内 40 家主要网络文学网站发表的作品已达 1400 余万种，并有日均超过 1.5 亿文字量的更新。支撑上述数字的写作者超过 1300 万，其中相对稳定的签约作者已近 60 万人。"[①] 此外，中国网络文学还在互联网的连接下"出海"并赢得了外国人的青睐。在东南亚地区，中国网络小说每年以百部左右的速度进行创作和翻译，早就成为深具影响力的外来流行文化。2015 年，中国网络小说在英语世界掀起翻译热潮，许多大部头小说被翻译成英文。2016 年，中国网络文学在海外的传播成为全球网文界的热点话

---

① 孙任鹏：《中国网络文学"吸粉"又"吸金"》，《人民日报海外版》2017 年 8 月 21 日第 8 版。

题，"网文出海"已经成为一种文化现象。2017 年 6 月，据三家最大的网络文学翻译网站武侠世界（Wuxia World）、引力传说（Gravity Tales）、伏拉雷翻译网（Volaro Translation）统计，3 家月活跃读者数（月独立知识产权）合计已达 550 万，已经翻译和正在翻译的中国网络小说接近百部。据不完全统计，全球自发翻译并分享中国网络小说的海外社区、网站已达上百家，读者遍布东南亚、美国、英国、法国、俄罗斯、土耳其等 20 多个国家和地区①。由此可见，中国网络文学完成了难以想象的海外文化输出，已经展现出强大的经济能力，创造出庞大的市场规模。

总而言之，网络文学作为一种新的文学形态的出现，对于"文学""文学性"等问题的思考都产生了冲击和影响。希利斯·米勒这样断言："新形态的文学将越来越成为混合体。这个混合体是由一系列的媒介发挥作用的，我说的这些媒体除了语言之外，还包括电视、电影、网络、电脑游戏……诸如此类的东西，它们可以说是与语言不同的另一类媒介。然后，传统的'文学'和其他的这些形式，它们通过数字化进行互动，形成了一种新形态的'文学'，我这里要用的词，不是'Literature'（文学），而是'Literaity'（文学性）。"② 文学媒介的变化引发了文学本身的裂变，相较于探讨文字如何借助媒介完成价值实现，媒介对"文学性"的延伸和改变成为更值得研究的问题。因为传播不仅决定了文学价值实现的可能向度，对当下而言，传播的方式和途径甚至成为影响文学生产方式和机制的重要因素。

第二节 从网络文学到"网络文学 +"

在这个技术生产力不断刷新人们思维观念的年代，互联网加速了整个社会的变革，引导了文化发展的趋势。文学与网络的联姻——"网络文学"

① 孙任鹏：《中国网络文学"吸粉"又"吸金"》，《人民日报海外版》2017 年 8 月 21 日第 8 版。

② 周玉宁、希利斯·米勒：《"我对文学的未来是有安全感的"》，刘蓓译，《文艺报》2004 年 6 月 24 日第 2 版。

为传统文学注入新的生机与活力，当依托互联网的网络文学开始在其他领域开疆拓土，"网络文学＋"应运而生。

一 网络文学的发展历史

网络文学是以计算机及互联网为媒介载体而存在和传播的文学。经过近20年的发展，网络文学不仅开创了中国文学的崭新时代，而且以其独特的文学样式和生产方式，将影响力由文学领域扩展到更加广泛的社会文化领域。

（一）萌芽时期：1993—1997年

1.ATC新闻组的诞生和发展

ATC新闻组全称Alt.Chinese.text，由美国印第安纳大学的魏亚桂请该校的系统管理员于1992年夏天建立，它既是著名的海外中文新闻组，也是中文网络文学最早的活动阵地。新闻组成立第一天仅有二十几张帖子，此后几个月ATC上的帖子都不多，并且大多是技术贴和测试贴，还有一部分是摘抄的诗词、短文。ATC新闻组成立九个月后，它才逐渐在海外留学生中传播开来，成为他们交流中文的主要活动区域。1993至1994年，ATC新闻组上的中文作者尤为活跃，巅峰时期一天可以更新数千个帖子。早期的中文网络文学也诞生于此，创作主力就是那些漂泊在海外的中国人。最初的创作动机产生于想念家乡和方块字，创作目的是单纯的、无功利的，主要为了表达和交流自己的情感、思想。

此时还有两个重要阵地，即《华夏文摘》和BBS论坛，但它们的影响力没有ATC新闻组大。《华夏文摘》创刊于1991年4月5日，是全球首家中文电脑期刊，但主要是为了方便留学生沟通，并不以发表文学作品为目的。《华夏文摘》上的文章大多为转载，缺少原创，内容涉及科技、社会、文化、金融、新闻等，在文学创作领域的影响十分有限。BBS简单来说就是电子布告板，是当时大多数网民在网上交流活动的主要阵地。但最初BBS上活跃的除少数中国海外留学生外，更多是外国人，因此BBS上中文帖子数量很少。

2.综合中文电子期刊的诞生和发展

随着ATC新闻组的发展，活跃于此的网民和发表的作品也越来越多。

由于在网上创作毫无限制，初期的作品显得十分凌乱，质量良莠不齐。经历了最初的杂乱无章后，创建者开始进行一定的组织修正。比较有代表性的包括方舟子倡导并于1994年创建的中文电子期刊《新语丝》，1995年创建的诗歌杂志《橄榄树》和第一本女性电子期刊《花招》等，这些期刊的骨干都是ATC新闻组的活跃分子。中文电子期刊的出现，使得网络文学的发展更加规范化、秩序化，在中文网络文学的最终形成中起到至关重要的作用。

值得注意的是，此时的中文网络文学仅仅是指在网络上创作、发表和传播的文学作品，无论思想内容还是文本形式都与传统文学差别不大，并没有体现出明显的"网络"属性。此外，这一阶段网络文学的创作体裁多样，小说、散文、诗歌等百花齐放，和当下以网络小说为主的创作局面不同。更重要的是，其创作还没有受到市场影响，几乎所有作者都是无偿进行创作，大部分期刊也都是无偿运营，因此与当下网络文学创作的生产和传播机制有着很大差异。

（二）初生时期：1997—2003年

中国大陆在1994年正式接入互联网，1995年开始向社会各界提供互联网接入服务，中国正式进入互联网时代。互联网在中国的兴起与快速发展，产生了真正属于中国的网络文学。

在这一阶段，网络文学的阵地几经变更。最开始大部分网络文学作品都是从BBS论坛上流行起来的。例如被视作中国网络文学开端的作品《第一次的亲密接触》[①]，就是蔡智恒（痞子蔡）于1998年3月在台湾成功大学BBS上发表的。随着大陆网络用户的增加，以文学网站为发表平台的模式

---

① 随着对网络文学研究的深入，越来越多比《第一次的亲密接触》发表更早的网络小说也逐渐被发掘出来，所以《第一次的亲密接触》是中国网络文学发展的开端这一说法有待商榷。早在1997年8月便出现了一部具有里程碑意义的网络小说——罗森的《风姿物语》。这本小说在资深网络小说读者眼里有着相当特殊的意义，其作者也被称为中国网络小说创作的鼻祖。《风姿物语》开创了中国玄幻仙侠小说这一写作流派，罗森也是中国玄幻武侠启蒙运动的发起者之一。《风姿物语》之所以没有被定义为中国网络小说的开端，可能是因为《第一次的亲密接触》影响力更大、流传范围更广。值得注意的是罗森和蔡智恒都是台湾人，因此，中国网络小说发展的开端可以说是在台湾。

逐步建立和繁荣起来。网易公司1997年由丁磊创立，向用户提供免费个人主页，是网络小说书站得以发展的基础。1998年3月"文学城"个人书站成立。此时的个人书站，以转载和将现有文学作品数字化为主，原创文学作品很少。1998年5月黄金书屋、桑桑学院建立，同年美国硅谷博库网成立。黄金书屋是早期有影响力的文学网站之一，其内容比较广泛、丰富，体裁分类也较为详细，并打出"美文"的旗号，产生了许多较有品质的文学作品。桑桑学院则是中国第一个专门设置了"耽美"专栏的文学网站，凭借耽美小说笼络了一批忠实的读者。1998年是中国网络小说逐渐兴起的一年，但此时原创网络文学作品较少，大多数个人书站和文学网站以转载金庸、古龙和黄易的武侠小说为主，这些传统的武侠小说成为各个文学网站吸引读者的主要内容。

1999年3月天涯虚拟社区成立。天涯社区对原创网络文学的发展起到非常重要的作用，是名副其实的大陆原创网络文学的兴起之地。它不仅推出许多优秀作品，如《明朝那些事儿》《十宗罪》等，并成就了大陆网络文学创作的三驾马车——宁财神、路金波和邢育森。宁财神最早发表于天涯社区的作品《天涯这个烂地方》使他在网络上一举成名，之后还有《聊天室套狼（泡妞）不完全手册》等作品。路金波和邢育森最早崭露头角的地方是其他BBS论坛，但他们分别因为在天涯社区发表《迷失在网络中的爱情》和《活得像个人样》而声名鹊起。

同年，个人书站"榕树下"转为公司运营，成为第一个公司运营的网络文学网站。"榕树下"聚集了以三驾马车、安妮宝贝、俞白眉等为代表的众多网络文学作家，也就是后来所谓的"第一代网络作家"。"榕树下"为网络小说的发展提供了巨大推动力，也开启了网络文学的新时代——网站时代。随后出现大量文学网站，名气较大的有红袖添香、多来米中文网、龙的天空、幻剑书盟等。但这种迅猛的发展势头并没有持续下去。早期的文学网站属于初生事物，很多方面都不成熟。不少网站崛起十分迅速但衰败也快，这个时段经常出现数个网站崛起数个网站衰败的情况。

网络文学真正开始爆发是 2001—2003 年，各路网文大神横空出世，创作出数量众多、影响力极大的作品。同时，网文题材范围被大大扩宽，涌现出众多创作流派，如神话、洪荒、玄幻、仙侠修真等。这些作品奠定了网络文学的创作基调，其文学特征逐渐成熟。但表面繁荣的背后也存在诸多问题，其中最突出的是网络文学作为一个新兴行业，没有规范的、统一的机制加以约束，很难保证网络文学的健康发展。于是，2003 年成为网络文学发展至关重要的一年，这一年起点中文网推出 VIP 制度，为网络文学确立了持续至今的行业标准。

（三）发展成熟期：2003—2015 年

网络文学的发展经历了早期的混乱、无序、不成熟，终于在 2003 年随着起点中文网 VIP 制度的推行开启了新纪元。2003 至 2015 年是网络文学的生存环境和行业制度不断规范、完善的过程，也是网络文学进一步发展、壮大的过程。这一阶段的大事件有：

首先，随着起点中文网 VIP 制度逐渐成熟，2004 年前后同类网络文学网站开始纷纷效仿，建立起自己的收费保障制度。此类标准正式建立，是网络文学发展过程中的一次重要变革。作为变革的领跑者，起点中文网逐渐成为网络文学行业的龙头老大，这一地位从 2003 年开始直到今天未被撼动。

其次，随着移动网络的发展以及手机智能化，移动端网络文学开始出现并逐步壮大。当然，移动端和 PC 端的网络文学的差别主要表现在载体上。移动端以手机和便携式多媒体设备如电子书、iPad 等为载体，有着 PC 端所不具备的方便快捷、受限少等优点。因此，移动端网络文学在短时间内便得以快速发展，并于 2010 年建立收费制度，对 PC 端客户进行分流，进一步扩大了网络文学的受众和阅读量。移动端对 PC 端造成不小的冲击，却给网络文学提供了新的阵地。

第三件大事即 2015 年 3 月阅文集团正式成立，同年掌阅集团宣布投入十亿资金进入网文领域成为移动端霸主。至此，网络文学较为单纯、原始的阶段完全结束，并且通过与其他行业相结合正式迈入"网络文学+"时代。这是网络文学发展新的机遇和挑战。

（四）整合与转型期：2015 年以后

2015 年被业界称为 IP 元年，这一年大量优秀的网络文学作品被收购、改编、开发为游戏、影视、漫画、动漫、有声小说等。这种全行业文化产业链的形成，让网络文学在 2015 年成为文化产业中最火的话题，也是网络文学市场开始转型的标志。可以说随着阅文集团的成立和网文新产业链的形成，网络文学在 2015 年正式迈入新阶段。

一方面，网络文学市场得到整合和调整，形成以阅文集团为龙头、其他诸多网文集团和网站为辅的体系。另一方面，网络文学被市场挖掘，正式开始了网络文学的多媒体开发。网文与电影、电视剧、动漫、游戏等诸多行业形成紧密联系，网文文化产业链逐渐形成，网络文学市场开始向多元化、立体化转变，网文作者的收入得到较大提高，网络文学的受众也进一步扩大。今后很长一段时间，都会是网络文学文化产业链不断发展与成熟的过程。

二 "网络文学＋"及其呈现方式

关于"网络文学＋"，目前学界没有明确的定义。笔者认为"网络文学＋"可以看作是一种商业模式，一种互联网观念，它是网络文学与其他行业融合发展的一种业态。"＋"可以理解为整合、重组、重构，可与形态、内容、技术、产品、服务、渠道、产业、生态等相对应。2017 年 8 月 11 日至 13 日，首届中国"网络文学＋"大会在北京召开，会议以"网络正能量、文学新高峰"为主题，"意图引导网络文学正向发展，构建网络文学发展生态圈"[①]。在三大互联网公司 BAT[②] 涌入网络文学市场的今天，形成了百度文学、阿里文学、阅文集团等群雄割据的局面，资本、文化、技术三者共舞。文化企业以网络文学为本，以文字内容生产为核心，依托互联网的技术平台支撑，开展以"＋出版""＋影视""＋动漫""＋游戏"等的全版权运营机制。

---

① 华挺：《激发"网络文学＋"的创新活力》，《人民日报》2017 年 8 月 14 日第 5 版。

② BAT，B＝百度、A＝阿里巴巴、T＝腾讯，是中国互联网公司百度公司（Baidu）、阿里巴巴集团（Alibaba）、腾讯公司（Tencent）三大互联网公司首字母的缩写。https://baike.baidu.com/item/BAT/13973564?fr=aladdin，2019 年 1 月 7 日。

在网络文学进入融合发展的时代，"网络文学＋"的呈现方式多种多样，其中网络文学和出版、影视、动漫、游戏这几个领域的结合较为紧密。

第一种呈现方式即"网络文学＋出版"。这里所说的"出版"，不再局限于纸质出版，主要是指依托网络的数字出版，这也是对传统出版方式的重要补充。网络数字出版大致可分为两类，一是网络文字出版，如数字图书馆、网络图书和网络期刊等；二是网络图文视听多媒体出版，如网络游戏、网络电视、网络电影、网络音乐等。由此可见，在互联网这一媒介技术的运用下，传统纸质出版正在寻找转型之路，新媒体出版形成新的样态活跃于出版界的舞台。

第二种呈现方式是"网络文学＋影视"。2011 年，《失恋 33 天》这部由网络小说改编的电影，以几千万的投入赢得 3.5 亿票房收入，吸引了影视投资商的注意。网络文学和影视行业的结合，诞生了许多热门改编影视剧，如当年占据各大电视台收视率榜首的《甄嬛传》，近年来的《何以笙箫默》《左耳》《花千骨》《盗墓笔记》《凤囚凰》等，掀起了一股又一股的 IP 影视热潮。

第三种呈现方式是"网络文学＋动漫"。这两者的结合则是诞生了一批由网络文学改编的动漫作品。如阅文集团 2015 年在深度调查粉丝兴趣偏好后，策划出品的《择天记》受到广泛好评；2017 年出品的《全职高手》，则是阅文 IP 共营合伙人制度下包装的又一精品力作。

第四种呈现方式是"网络文学＋游戏"。有些网络文学作品的情节设置符合游戏通关、打怪、升级的规则，如《择天记》结合中国古代天地玄黄的文化，讲述一个弱小少年披荆斩棘走向巅峰强者之位的故事，比较适合进行游戏改编。有些影视同款游戏，与影视情节相照应，粉丝可通过打游戏来获知剧情。这类改编游戏本身拥有庞大的粉丝群，极大降低了改编风险，所以近年来由网络文学改编而来的爆款游戏层出不穷。

近年来备受热捧的影视剧、动漫或游戏等，大多是由网络文学改编而来。由此，业界已衍生出一种初具规模的全版权运营模式。所谓"全版权"，是指"一个产品的所有版权，包括网上的电子版权，线下的出版权，手机上的电子版权，影视和游戏改编权，以及一系列衍生产品的版权等"①。全版权运营就是将产品的内容版权进行多次开发，催生出纸质图书、影视产品、动漫产品甚至网络游戏产品，从而实现价值的最大化。阅文集团、阿里文学和百度文学借助自身资本和技术等优势，都在极力为"网络文学＋"探索一种健康可持续的商业模式，其中阅文集团最具代表性。

第三节　阅文集团的发展历史与现有格局

阅文集团的正式成立相对较晚，2015 年 3 月由腾讯文学和原盛大文学整合而成，吴文辉和梁晓东担任联席 CEO。实际上，阅文集团旗下的起点中文网、红袖添香等都是 2000 年前后成立的，它们为阅文集团的崛起提供了有力基石。阅文集团是中国网络文学、数字出版史上迄今为止规模最大、实力最强的一家运营主体。

一　阅文集团的发展历史

阅文集团的成立与集团联席 CEO 吴文辉分不开，甚至可以说吴文辉的个人经历是中国网络文学运营主体发展史的重要组成部分。

2002 年吴文辉参与发起并创立起点中文网，2003 年起点中文网建立 VIP 制度并成功进行推广。在该制度推行之初，起点中文网饱受争议，因为当时恶劣的网上支付环境让阅读收费几乎不可能。但吴文辉率先做到了，VIP 制度一经推出便大获成功。正是由于该制度的成功推行，起点中文网在吴文辉的带领下迅速成为行业中的佼佼者。虽然后来同类网站纷纷效仿，推出各自的 VIP 收费制度，但都无法撼动起点中文网的霸主地位。

此后，吴文辉获得进一步发展起点中文网的机会。作为当时为数不多能够盈利的网络文学网站，起点中文网获得风投和盛大网络公司的青睐。吴文辉为了起点中文网能够持续健康地走下去，最终选择了盛大网络。2004 年 10 月起点中文网被盛大收购，成为盛大网络的全资子公司。值得一提的是，起点中文网被收购后依旧保持了自身的独立性，并没有完全被盛大消化分解。在盛大强大资本的帮助下，起点中文网迅速发展。盛大随

---

① 禹建湘：《网络文学产业论》，中国社会科学出版社 2011 年版，第 59—60 页。

后又收购了晋江原创网、红袖添香等网站，并于 2008 年 7 月成立盛大文学，由吴文辉担任盛大文学总裁和起点中文网董事长。吴文辉 2013 年辞职离开盛大。

在此期间，吴文辉进一步发展网络文学商业体系，成功实施多项网络文学作家打造计划，提出网络文学版权多元化运作方向，以及建立网络文学版权直营＋分销的渠道合作体系和规范。这一系列举措极大地扩展了网络文学的商业价值，使得网络文学体系更加立体与规范，保障了网络文学的高速健康发展与繁荣。吴文辉成为当之无愧的网络文学产业现行商业规则的缔造者。

在 UP2014 腾讯互动娱乐年度发布会上，2013 年 9 月正式推出的腾讯文学首次亮相，成为独立发布单元。腾讯文学以子公司形式独立运营，吴文辉担任 CEO，全权负责腾讯文学的管理和运营工作。2015 年 3 月，腾讯文学联合盛大文学，正式成立阅文集团。阅文集团的成立是网络文学发展过程中的大事件，它进一步巩固了以吴文辉为代表的起点团队在网络文学行业中的超然地位。阅文集团给吴文辉再次提供了广阔的运营舞台，在腾讯互娱的强大资金和广大用户群体的支持下，网络文学商业化程度进一步加深、商业体系再次扩展，形成了以网络文学为核心的"网络文学＋"产业体系。因此，2015 年成为网络文学 IP 开发的大爆炸之年，业界甚至称之为网络文学 IP 元年。

网络文学的发展过程中，正是由于文学引入市场，用市场培养文学，才有了如今网络文学的繁荣景象。阅文集团是网络文学与市场进一步结合共存的体现，也是网络文学继续繁荣的重要保障。当然，商业化对文学的发展存在很多不利因素，如何在商业和文学之间寻找一条平衡之路显得至关重要。

二 阅文集团的现有格局

阅文集团现有格局主要分为四大板块，分别是 PC 端原创网文网站与阅读平台、图书出版与数字发行品牌、音频听读品牌和移动端服务平台。2017 年 11 月 8 日，阅文以"网络文学第一股"的身份在香港正式上市。仅从在线阅读营收的维度统计，阅文集团一家的市场份额高达 43.2%，在内容平台掌握着近"半壁江山"，业界已经基本形成以阅文集团为首的一超多强格局。最新数据显示，阅文集团平台上拥有上千万部作品储备、730 万名创作者，覆盖 200 多种内容品类，占据国内 IP 改编市场优势份额，成功输出《鬼吹灯》《盗墓笔记》《琅琊榜》《择天记》等大量优秀改编作品。阅文集团旗下网络文学平台上已经有超过 1.915 亿人的月活跃用户，其中付费用户 1110 万，后期增幅达到 33.7%，QQ 阅读入选了 QuestMobile 发布的"2017 年度中国移动互联网用户黏性 TOP10 行业 NO.1 APP"。

表1	阅文集团旗下业务分布
阅文集团旗下业务分布	
原创网文网站与阅读平台	创世中文网、起点中文网、起点国际、云起书院、起点女生网、红袖添香、潇湘书院、小说阅读网、言情小说吧、元气阅读
图书出版与数学发行品牌	腾讯文学图书频道、华文天下、中智博文、聚石文华、榕树下、悦读网
音频听读品牌	天方听书网、懒人听书
移动 APP	QQ 阅读、起点读书、作家助手

阅文集团于 2017 年底在香港上市，百度、阿里、掌阅等资本看到了网络文学的力量，纷纷加入网络文学市场分蛋糕。按平台提供的作品数占网络文学总数来计算，网络文学的市场格局是：阅文 72%、中文在线 27.5%、掌阅 5.2%、百度文学 3.2%、阿里巴巴文学 1.7%[①]。2016 年排名前 50 的国产电影、电视剧、网络游戏、网络剧及动漫中，自网络文学作品改编的百分比分别为 12%、14%、8%、38% 和 10%；按占改编为主要国产娱乐产品的网络文学作品的份额计，阅文集团排名第一[②]。

[①] 《2017 年中国网络文学市场规模达 63 亿元》，http://wemedia.ifeng.com/21542790/wemedia. shtml，2017 年 7 月 7 日。

[②] 张杰：《收入单一在线阅读占比超七成　阅文 IPO 如何撑起高估值》，《华夏时报》2017 年 10 月 30 日第 18 版。

　　阅文集团成立后贯彻执行了吴文辉在腾讯文学时提出的运营构思，主要从产品和渠道、内容、作家三大层面进行布局。总的来说，阅文集团已经初步形成多元化、立体化、商业化的全方位布局，并且这一布局还在不断建设与发展中。

第八章　从阅文集团看"网络文学+"的生产与传播机制

阅文集团从成立到上市短短两年，主要靠付费阅读和全版权运营支撑着约 700 亿港元的市值，这与近年来阅文集团背靠腾讯的渠道流量优势，探索健康可持续发展的文学 IP 产业链密不可分。

"IP"（Intellectual Property）直译为"知识产权"，但并非印刷文明系统之下的著作权。网络文学在其发展过程中，被改编成影视剧、动漫、游戏等多种文本形式，作为素材的网络文学成为"网络文学 IP"。因此，网络文学 IP 的实质是指拥有一定价值基础并且有能力超越媒体平台进行多种形式开发的优质内容的版权，开发形式包含影视、游戏、动漫、周边衍生品等。网络文学 IP 作为一种新型的"媒介"连接着文学作品和受众。它突破了以往文学作品的媒介发展限制，促进了网络文学朝着全产业链方向发展。

对一个优质 IP 进行版权运营，拓展版权销售渠道，不仅可以吸收广泛受众，还能获取可观的经济收益。"IP 运营就是要进行跨媒介文艺生产，而每一个媒介背后都是一个不同的消费群体，他们有着不同的年龄、阶层、趣味和文化渊源，一部'全版权开发'的作品，势必老少咸宜，男女通吃。"① 作为正版数字阅读平台和文学 IP 培育平台，一方面要获得商业价

---

① 邵燕君、肖映萱、吉云飞：《媒介融合 世代更迭——中国网络文学 2016—17 年度综述》，《文艺理论与批评》2017 年第 6 期。

值，另一方面又要满足读者的多样化需要，因此阅文集团在实践中探索出一套较为良性的文学生产和传播机制。

第一节　作者和阅读平台作为传播主体共赢互生

移动互联网时代，媒介融合向纵深发展，改变了文学的阅读载体和阅读方式，自然也改变了作品的传播主体和传播方式。作者和阅读平台同时作为传播主体，形成共赢互生的关系。

一　作为传播主体的网络文学作者

处于 IP 产业链上游的网络文学作者，从最初的自由创作到职业化发展，经历了从"网络写手"到"网络作家"的身份转型。这群作者在笔耕不辍的创作中，逐渐影响着中国文学的格局，使得文学市场变得多元、复杂。《2017 年中国网络文学发展报告》指出，中国网络文学创作者阵营壮大，签约者数量激增。截至 2017 年底，中国 45 家重点网络文学网站的驻站作者已达 1400 万，签约量为 68 万，同比增长约 10 万人；47% 为全职写作；53.1% 笔龄在 3 年以上[1]。其中，阅文集团就有 730 万名创作者[2]。

随着网络文学的发展，作者代际更迭、变化显著。一方面，网络作家日益年轻化。根据阅文集团的报告，2016 年以来，90 后写手占阅文新签约作家的 45%，支撑了阅文新生力量近半壁江山。2017 年掌阅的报告显示，网络小说作者中 80、90 后作者占比达 92%，90 后作者占作者总数的59%，年龄最小作者仅 15 岁。"日益年轻化的创作群体给网络文学注入更多的活力、个性、想象力和创造力，使作品更青春、更富有时代气息。"[3]广电总局和中国作协"2017 年优秀网络文学原创作者推介"上榜名单中，漱玉（《岐黄》）、悠南桑（《华簪录》）、苏莐苓（《如果深海忘记了》）等，

---

① 杜燕：《中国网络文学作品累计超 1600 万部 译作吸引海外读者》，http://news.hebei.com.cn/system/2018/09/14/019112928.shtml，2018 年 12 月 20 日。

② 阅文集团官网，https://www.yuewen.com/#&copyright，2018 年 12 月 1 日。

③ 欧阳友权、邓祯：《2017 年网络小说回眸》，《南方文坛》2018 年第 3 期。

都是年轻新锐作者。另一方面，网络文学作者的身份变得不稳定，在归属上具有双栖性。2016 年阅文集团旗下有 8 位网络作者加入了中国作家协会全委会。2017 年，中国作协公布的 507 名年度新会员中，网络作家人数创历史新高达到 51 名，使得作协会员中的网络作家增至 165 人[①]。不少优秀网络作家发展成为"双栖型作家"，如安妮宝贝、慕容雪村、韩寒等，他们有的从纸媒走网媒，有的从网媒回归纸媒，如知名写手萧鼎继《诛仙》网上走红之后，再发新作采用的是实体书首发方式。传统主流文学界的认可，意味着网络文学作家地位不断提高。

从传播动机来看，网络文学作者经历了从实现自我价值到追求经济效益的变化。早期的网络文学作者大多是一种"我手写我心"的状态。在网络文学走向产业化之前，写作无法带给作者收益，很多作者写作诚为兴趣使然，将创作的东西在论坛、网站、博客等平台发布以抒发心中所感所想，并在作品传播中遇见志同道合之人。图雅，是早期海外华文网络文学最有影响的代表人物之一。其名"图雅"与涂鸦谐音，"涂鸦"成为一个象征，形象地传达出早期华文网络文学传播者的创作心理。图雅处在网络文学非商业化的时代，作者追求的创作初心与文学的自由特征高度契合。马季将这一阶段网络文学的基本特征概括为："对自由心灵的表达，是伟大思想与丰富想象力的结合。而网络文学的特质正是表达的高度自由、强烈的个性化和非功利性。"[②]互联网技术支撑兴趣并带来传播的自由与灵活，使得作者可以在网络上便捷地进行创作与传播。

但网络文学走上产业化道路是顺应时代发展的必然选择。当网络文学进入商业化发展阶段后，文学网站依赖产业运作而壮大，职业写手依托商业运营而生活。如著名网络文学作家猫腻、妖夜、天蚕土豆、唐家三少、丛林狼、流浪的军刀等，都是因各种生活困境而走上网文创作之路，在其作品获得广泛关注后成长为一代"大神"（"大神"是对网络作家中已表现出强大文学创造力及商业潜力的作家的级别称呼）且收益可观。五度蝉联网络作家富豪榜榜首的唐家三少，早年生活并不顺利。他先是因薪资问

---

① 欧阳友权、邓祯：《2017 年网络小说回眸》，《南方文坛》2018 年第 3 期。

② 马季：《网络文学透视与备忘》，中国社会科学出版社 2010 年版，第 52 页。

题从央视国际网站跳槽至一家 IT 公司，不料遇上 2003 年金融危机遂被裁员。他在经历了开餐馆、搞零售、卖汽车装饰均以失败告终后，受网络小说的影响，开始在读写网创作处女作《光之子》。读写网成立于 2002 年，是第一个试行网上收费阅读的玄幻网站，许诺为推动原创文学的发展向作者支付网络刊载的稿酬。从此，唐家三少在网络上笔耕不辍，创作出大量超人气作品，如《斗罗大陆》《绝世唐门》《神印王座》《为了你，我愿意热爱整个世界》等。网站和作者在商业化发展阶段可以说是唇亡齿寒的关系，有着共同的盈利动机。

从传播策略来看，网络文学作者拥有充分的主体能动性，技术带来了传播的自由与灵活。传统媒体时代，作者想发表作品，需要投稿到报刊编辑部或出版社，作品的发表或出版是被动的；随着网络的不断发展，互联网为作者赋权，作者可以自己开通博客、微博、微信公众号等自主发表作品，其传播效果也是传统媒体无法比拟的。网络作家"南派三叔"在 2013 年 5 月开通微信公众号（微信号：PaiBook），8 月起正式推出会员方案开始商业化运营。公众号由"南派三叔"小说（包括《盗墓笔记》《世界》《藏海花》）及漫画、同人作品和会员论坛、博客、新闻发布区等构成。公众号以推文形式进行周更小说，篇阅读量大多在 5 万左右，不时达到 10 万 +。公众号有 40 万的关注量，在 5 万个用户的时候，创造了单日 32 万条互动的纪录①。公众号由"南派三叔"本人及其团队运营，开发工作交由第三方公司比特海完成。"南派三叔"账号本身为服务号而非订阅号，拥有自定义菜单接口并接入了微信支付，在其他微信接口方面也获得不少特权。唐家三少开的是微信订阅号（微信号：tjs33），菜单分为"神澜奇域""影视作品""精品推荐"，用小说与爱奇艺阅读、腾讯视频共同形成联动传播。"神澜奇域"是唐家三少的连载作品，点击便跳转至爱奇艺阅读页面，该页面还有同类作品、热门推荐等栏目，读者可以直接阅读免费章节，付费部分则需登录爱奇艺阅读购买。"精品推荐"是围绕作品来写推文，涉及作品的核心人物、精彩情节、IP 衍生情况等，大部分文章的阅

---

① 王聪佶：《一个微信公众号引发的网络文学变局》，http://it.sohu.com/20130819/n384461357.shtml，2018 年 12 月 12 日。

读量都达到了 10 万＋，这也带动了"影视作品"播放量的增长。自媒体运营打开了一个新的传播渠道，尽管还很不成熟，但是当付费阅读、读者与作者交流渠道建设、读者评论展示等更多功能开发完成之时，自媒体就能真正称得上是"媒体"了，并且具有不容忽视的传播力。

二 阅文集团的作家运营机制

整体上网络文学作者的生存状态一般，无论是精神层面的不被主流文学界认可，还是物质层面的经济匮乏，都使得网文写作群体比较窘迫。在文化产业渐趋做大做强的背景下，有的人稿费过亿，有的人收入堪忧。随着中国网络文学进入新的历史拐点，如何提升网络作家的文学地位、培育新生力量，让网络文学向精品化、高端化发展成为业界关注的焦点。业界正在建立网络作者群体的保障制度。阅文集团自起点中文网 2003 年率先推出付费阅读的商业盈利模式起，一直致力于改善作者的创作环境，建立了比较完善的作家福利保障制度，更配备了一支从业十多年、业内最资深的编辑团队，为作家提供系统、专业的创作指导。通过对作者的运营，提高他们的创作积极性，鼓励原创内容，能够培育更多优秀的网络文学作者。

第一，作家签约机制。网络文学作者如果想成为能够获得固定薪资的作者，必须要与网络文学平台签约。在互联网如此发达的今天，网络文学的写作门槛比较低，任何人通过网站注册即可成为作者，但要成为网站签约作者门槛则比较高。以阅文集团旗下起点中文网为例，平均一百本网络小说中只有两三本的作者才可能成为签约网络作家，还需要等整个作品字数达到二十万之后才可以上架并开通付费章节。

针对作家群体，阅文集团有一套完整的人才培养及薪酬体系，包括基层作家的福利体系。阅文提供给签约作者的收益主要分为三部分，一是激励作者写作的相关福利，如全勤奖①、半年奖；二是作品上架后的订阅收

---

① 全勤奖是网站每个月会支付给签约作家的最低收入，它要求小说每天更新 4000 至 8000 字，一个月至少 12 万字。

入；三是小说的相关版权收益[①]。仅 2016 年，阅文集团共计发放稿酬近 10 亿，旗下作家年分成稿酬达 100 万以上的白金、大神级作家超百人[②]。阅文给中小作者也提供了基础的福利机制，新手作者符合要求即可每月申请最低创作保障，阅文还设置全勤奖、勤奋写作奖、月票奖和道具四种激励方式鼓励作者稳定地更新内容。至于那些没有得到签约的作者，有人勤勤恳恳码了几十万甚至上百万字，收入是零。

表2	阅文集团作家级别分类	
作家类别	作家级别	描述
签约作家	白金作家	已创作多本畅销书籍，拥有庞大粉丝群的著名网络文学作家
	大神作家	已表现出强大文学创造力及商业潜力的作家
	普通作家	作品比较受欢迎，有前途的公众作家
非签约作家	公众作家	普通、业余的写作者

第二，优秀作者培育机制。在网文发展的掘金期，越来越多的写手加入网文创作行列，网文企业在写手群起的网络世界寻找优秀作者。于是，网文大赛应运而生，成为网站推介网络文学新人、新作的重要方式[③]。"榕树下"网站自 1999 年就开始举办网文大赛，从中诞生了一批优秀网文作者，如今何在、蔡骏、零之等。为了更好地扩大人才、作品池，阅文集团把目光对准了"90 后"们，鼓励他们积极开展文学创作。为了全面升级作家运作模式，阅文集团推出"星计划"，针对优秀明星作者投入"一人一千万"的预算规模。此外，阅文集团还招揽传统作家，如莫言、阿来、苏童、刘震云等，并获得了他们部分作品的网上出版权。截至 2017 年底，各类网络文学作品累计高达 1647 万部（种），其中签约作品 132.7 万部

---

① 在第 12 届作家榜之"网络作家榜"排行中，唐家三少以 1.3 亿的版税登顶，这也是他第六度霸榜，天蚕土豆以 1.05 亿版税紧随其后。从排行榜来看，排名前 15 的网络作家，版税都在 1000 万之上。

② 《阅文集团重磅发布 2017 年中国原创文学白金、大神作家名单 作家生态成产业造星"孵化器"》，http://news.xhby.net/system/2017/02/23/030615886.shtml，2017 年 2 月 23 日。

③ 郭静：《"榕树下"网站的文学生产机制及文学趣味的构建》，硕士学位论文，哈尔滨师范大学，2012 年。

（种），当年新增签约作品 22 万部（种）。以数量规模为基础，网络文学精品力作也不断涌现，《繁花》《遍地狼烟》《网络英雄传》《大江东去》等斩获多项重量级文学奖项。

第三，运用双星战略。"双星战略"即"明星作家＋明星作品"，使得网络文学不仅仅是 IP 的源头，更成为 IP 价值的双料试金石。阅文集团 CEO 吴文辉曾经表示，要"让网文大神得到明星待遇"①。阅文集团推出作品制作人制度，专业团队包装明星 IP、大神作者，运用花式榜单推荐将作品送至网站热搜榜，这些方式无疑能有效提高作者人气，使其在读者粉丝中受到众星捧月的明星待遇，促进作家作品的营销与发布。如备受广大读者关注的明星作家猫腻，其作品《将夜》在 2016 年宣布进行影视化改编，并于 2018 年 10 月 31 日正式在腾讯视频播出。它超越了《琅琊榜》《甄嬛传》等九十余部作品，获得首届网络文学双年奖金奖和 2017 年胡润原创文学 IP 价值榜第四名。"明星作家＋明星作品"的"双星战略"，打造了经典火爆的网络文学作品，也影响着未来影视作品的定位和走向。

第四，推行 IP 合伙人制度。在网络文学刚开始与资本接轨的时候，很多作家与网文平台之间签署的往往是版权卖断协议，即作家在一定时期内将作品的全部权利让渡给平台方，这也意味着作家无权参与作品影游化后续的项目分成。2016 年 6 月，阅文集团在其"IP 生态大会"上提出基于 IP 生态的"IP 共营合伙人制"模式。阅文集团副总裁罗立表示，"IP 共营合伙人制"是以 IP 为核心，链接起产业上下游，将作家、粉丝、影视游戏动漫开发方、资本方等串联起来，以"漫威"模式为参照，打造"泛娱乐"化的中国 IP 产业。以《鬼吹灯》为例，虽然已经有两部翻拍的电影，但它的 IP 价值没有被完全开发出来。未来运用 IP 共营合伙人制后，阅文可能会和下游厂商共同成立一个"鬼吹灯"公司，参照"漫威"的开发模式，对"鬼吹灯"系列作品进行深度合作开发。这种合作模式是具有持续性的，作者、合伙人共同承担开发、运营 IP 任务，把相关各方纳入运营的整体系统中来，不仅有利于发挥 IP 的资源优势，而且有助于充分调动各方

---

① 王晓鸽：《数字阅读平台的运营模式》，《青年记者》2015 年第 35 期。

积极性。

第五，成立网络文学行业组织。近几年，上海、重庆、北京等地相继成立网络文学作家协会，一方面能够更好地维护作家权益，另一方面可以对网络文学作品的社会效益进行评估，有利于网络文学作家的交流讨论以及行业的健康发展。由于版权意识淡薄，网络自媒体上违规转载作家作品的现象非常严重。随着 IP 影视改编的火热发展，IP 的版权售卖也成为很多企业争抢的重要资源。但由于原作者缺乏版权知识，加之国内版权交易市场不规范，导致他人利用合同中的漏洞侵害作者的权益。如 2007 年天下霸唱先后将《鬼吹灯Ⅰ》《鬼吹灯Ⅱ》的著作财产权全部转让给所在平台起点中文网所属公司上海玄霆娱乐信息科技，共计收到稿费 216 万元。起点将第一部前四本小说的改编权给了梦想者，后被陆川拍成《九层妖塔》；后四本改编权则到了万达手中，万达与功夫影业合作拍摄《寻龙诀》。天下霸唱不仅没能参与两部电影票房分成，还被要求不得再以"鬼吹灯"为名创作小说，因此拉开天下霸唱和起点长达多年的版权战争。中国作协曾建立作家权益工作联络网并成立中国作家法律服务团，近年通过网络维权为 30 多位作家讨回赔偿金以及转付的稿费 70 多万元。因此，建立网络文学行业组织合作进行维权显得尤为必要。

根据速途研究院统计的 2017 年中国网络文学男女作家影响力 TOP100 榜单，阅文集团旗下网站及关联平台对这些优质创作者的覆盖率超过 90%，掌阅书城、纵横中文网等有少量作家作品上榜。优质创作者一直是阅文集团的中坚力量，阅文集团超过 80% 的热门题材作品由这部分群体创作[①]。这意味着网络文学头部作家的发展与头部平台资源密不可分。头部作家在市场越来越细分的当下，不断找到契合受众喜好的新题材或新类型，使头部平台能够在探索新领域及未来的市场风向上保持敏锐度。网络文学头部平台拥有流量资源和大数据体系，能够为作家个人品牌建立和优质内容孵化提供坚实的基础。

---

① 《速途研究院 2017 年中国网络文学作家影响力榜》，http://www.sohu.com/a/209743534_412566，2017 年 12 月 11 日。

第二节　具有选择权和自主权的读者受众

传统媒体时代，受众位于传播过程的末端，在缺乏反馈互动渠道的条件下，往往只能被动地接受媒体传播的信息。新媒体带来的人人都有麦克风时代，受众可以主动参与到文化传播过程中去。媒介研究学者亨利·詹金斯提出，媒介技术的发展使普通受众也可以加入到内容生产环节中，他认为"媒介消费者通过对媒介内容的积极参与而一跃成为了媒介生产者"，这也正是他提出的"参与式文化"①的由来。由于互联网强大的互动性特征，网络文学在某种程度上可谓是"参与式文化"。阅文集团虽然提供海量的网络文学及其改编作品，但受众可以自主选择阅读平台和阅读对象。尤其值得关注的是，受众甚至可以积极参与到作者的创作中去并影响其创作。

2018 年 9 月 14 日，在第二届"网络文学＋"大会上，原国家新闻出版广电总局数字出版司指导、中国音像与数字出版协会发布了《2017 中国网络文学发展报告》，从中可以归纳出网络文学读者群体的相关特点。2018 年网络文学读者规模突破 4 亿，从 2011 年的 2.03 亿到 2018 年的4.06 亿，8 年来增长了 2 倍，为网络文学市场奠定了充分的用户基础。从地域分布看，20.3% 的读者生活在一线城市、24.7% 在二线、27.3% 在三线、27.7% 在三线以下及农村，不同城市的地域间分布较为均匀。从年龄分布看，网络文学读者中 18 岁以下的占 18.2%，30 岁以下的占 73.1%，相对年轻化。30 岁仿佛是个偏好分界线，因为报告显示 30 岁以下读者偏爱玄幻类题材，30 岁以上读者偏爱现实类题材。从性别分布看，读者中54.1% 为男性，45.9% 为女性。性别差异带来的是题材选择的不同，男性偏爱玄幻武侠，女性偏爱言情穿越。读者黏性逐年提升，阅读时长稳步增长。2017 年网络文学读者的平均阅龄为 4.9 年，77.9% 的读者阅龄在 2 年以上，6 年以上资深读者占比近三分之一。日均阅读时长从 2015 年的 48.7

---

① 转引自张允、姚玉娇《"互联网＋"时代网络 IP 剧的传播研究》，《现代传播（中国传媒大学学报）》2016 年第 6 期。

分钟增长至 2017 年的 73.4 分钟。伴随网络文学作品的内容丰富和质量提升，读者的黏性在逐年提升，由此也会带来付费规模的扩大。从付费比例看，累计有 72% 的读者为网络文学付费读者。

"使用与满足"研究把受众成员看作是有着特定"需求"的个人，把他们的媒介接触活动看作基于特定的需求动机来"使用"媒介，从而使这些需求得到"满足"的过程[①]。阅读交流是阅读行为的重要组成部分，"不管是传统纸质阅读还是现代数字阅读，用户或多或少都会在阅读过程中和阅读后与其他用户交流、讨论阅读内容"[②]。读者在阅读后存在普遍的传播动机，能满足人们不同的心理需求。其中有几种共通的基本类型，如通过谈论读书内容来获得他人赞赏的"夸示动机"；由于阅读本身的目的化，阅读后想要分享成为一种习惯；通过与其他人探讨读书内容获得启发；通过与人交流活跃社交生活等。

作者写作是满足交往和自我表达的需要，读者从某种角度来说也有这种需求。以往传统的文学传播，受限于传播媒介，读者看书时或看书后不方便反馈。但阅读从来都是"读者—作品—作者"的多向交流过程，得益于互联网、新媒体技术的进步，读者看完书或看书时遇到精品好书想要推荐，遇到想要倾吐的情节、人物等，都可以很及时地去表达。与同城的朋友、与崇拜的作者、与异国他乡的书友等，来一场跨越时空的交谈；用评论、留言、批注等形式，表述自己的观点、传达自己的思想；在微信、微博、贴吧等社交平台，实现一对一、一对多等即时的交流行为。读者作为积极的受众，在集体无意识中习惯性将自己喜欢的作品分享给他人，形成不断扩大的书友圈。在圈子里，通过谈论书中人物或情节等，可以从中找到情感共鸣，因与他人一致而获得归属感。若是听到不同的声音，则可能会产生别样的启发。阅读后的分享行为产生了一种人际关系效用，促进人们社交能力的提升并获得满足感。

在"网络文学＋"时代，读者受众既是文学活动的主体之一，也成为

---

① 转引自郭庆光《传播学教程》，中国人民大学出版社 2011 年版，第 165–166 页。

② 万健、张云、茆意宏等：《移动互联网用户阅读交流行为研究》，《图书情报工作》2014 年第 17 期。

网络文学的重要传播主体。究其原因主要是互联网技术为读者赋能。网络有匿名性、即时性、交互性等特点，每个人既是作者、读者还是传播者，导致网络上传播主体的边界模糊，使得读者群体获得空前的传播自由。传统文学的传播，读者也可以通过写信的方式进行互动，但互动机制较弱，反馈不及时也不便捷。网络文学传播中，读者可以在官方网站、社交媒体等平台传播信息，即时与他人交流。"在作者、作品和读者的三角形中，读者绝不是被动部分，绝不仅仅是反应连锁，而是一个形成历史的力量。没有作品接受者的积极参与，一部作品的历史生命是不可想象的。"①在网络传播过程中，传播的单向性被打破。阅文集团平台服务器强大的功能，为读者进行作品传播提供了良好的技术支持。简洁的界面、便捷的分享链接，在增强用户黏性的同时，还培养了用户的传播习惯。如 QQ 阅读是基于社交来活跃读者传播，读者可用 QQ 号、微信号、手机号等登录进入个人阅读账户，界面上方动态壁纸是同期影视剧同名原著作品，点击原著进入作品阅读界面，右上角的分享键可让作品快速分享到朋友圈、QQ 空间、微信好友、QQ 好友、新浪微博等各个平台。作品在读者与读者的口口相传中，获得新的生命和意义。读者群体参与传播，重新定义了网络文学作品的生命力，在某种程度上甚至可以说网络小说是读者写给读者看的作品。

　　读者的参与式传播力量不容小觑。从近年来不断涌现的爆款 IP 来看，正是有粉丝群体的团结助力，才使得一些可能只在书友圈里出名的作品，得到了广泛的关注和青睐，这也直接促成了 IP 剧的改编热。就像明星拥有自己的粉丝群，书迷们也有自己的圈子，《鬼吹灯》的书迷叫"灯丝"，《盗墓笔记》的粉丝叫"稻米"，更有大量《斗罗大陆》的读者笑称自己是唐门弟子。书粉的身影活跃在官网阅读网站、贴吧、doki 社区、粉丝群等地方，在社交中形成不同的粉丝圈，为一部部作品的热度贡献力量。"群体在智力上总是低于孤立的个体，然而，从情感以及这些情感引发的行为来看，群体可以比个体表现得更好或更差，这要看当时的情况。"②以网络文

---

① 胡经之、张首映：《西方二十世纪文论选》，中国社会科学出版社1989年版，第76页。
② ［法］古斯塔夫·勒庞：《乌合之众——大众心理研究》，陈剑译，译林出版社2016年版，第22页。

学为源头，聚集的粉丝圈极有可能成为一个持久的文化现象。读者粉丝圈自身能独立构成独特的艺术世界，一个远离媒体制作者直接控制的自我运转的世界。拉扎斯菲尔德在《人民的选择》一书中对"魔弹论"发出了挑战，受众可以自主地选择媒介信息[①]，这表明读者在传播中也同样具有能动性。网络传播带来了多样化的传播技术，读者可以在群体构建的网络中传播作品，可以在不同的平台以不同方式进行参与式传播。

读者群体利用大众文化实现文化表述和社群连结，进而构建出文化传播者形象，有力地回应着中国移动互联网时代的大众文化生产与传播经验。主要有以下几种形式。

第一，贴吧同人传播。贴吧是一个蕴藏着巨大同人能量的社交平台。网络的匿名性使得粉丝们因为纯粹的爱好聚集在一起，如"全职高手吧"拥有超过90万的关注量和1545万的发帖量[②]。有人是因为小说入坑，有人是先被动漫吸引再去阅读小说，大家聚在一起以文字、图片、视频等多媒体形式共同探讨作品的魅力，在老白与小白的交流声中，吸引更多读者入坑。读者是"自由飘移"的主体，会"从过去文化产品中数不胜数的碎片拣选重组为新的叙述、故事、对象和行为"[③]。虽然有些粉丝坚持只追捧某本书里的某个人物角色，但更多粉丝是把一本书当作更广义的粉丝圈起点，连接由其他文本构成的流行空间。正因为如此，读者从某个喜欢的人物开始，以点带面，将作品推广至更多的同道中人。

第二，粉丝应援传播。粉丝参加应援活动，助推作品在多个领域扩大传播影响力。2011到2014年，游戏竞技类小说《全职高手》首发于起点中文网，当时该书的官方营销活动并不多，主要靠读者和网友的自发传播推动了原著的走红。2018年5月29日是蝴蝶蓝同名小说《全职高手》主角叶修的生日，一场有组织有规模的粉丝应援活动拉开序幕。在2018阅

---

① 隋岩：《受众观的历史演变与跨学科研究》，《新闻与传播研究》2015年第8期。

② https://tieba.baidu.com/f?ie=utf-8&kw=%E5%85%A8%E8%81%8C%E9%AB%98%E6%89%8B，2019年1月20日。

③ ［美］亨利·詹金斯：《文本盗猎者：电视粉丝与参与式文化》，郑熙青译，北京大学出版社2017年版，第38页。

文集团 IP 生态大会上，CEO 吴文辉表示，粉丝通过投票和分享，提高了该书的应援值，最后总值高达一亿，其中 5000 多万是由海外粉丝贡献的。

第三，微博话题传播。在新浪微博"0529 叶修生日快乐"的话题里，有 4.9 亿的阅读量，网友们纷纷晒出他们为叶修庆生的各种方式，有的为他制作明信片，有的为他画肖像，还有的为他录制祝福视频。为何大家会记得一位虚拟人物的生日呢？作者蝴蝶蓝认为，这是大家对网络文化的追捧，叶修所表现出的勤奋、坚持、执着、努力的品质，感动了很多小说迷。粉丝组成的"0529 叶修生贺组"以叶修的名义，联合"免费午餐"，发起叶修粉丝爱心免费午餐捐助专属通道，"与叶修一起把爱传出去"并宣布通道永不关闭，将追星上升到公益事业的层面，这样的传播主题无疑会带来良好的社会反响。

当然，读者既然是群体，就必然带有群体的一些特性。古斯塔夫·勒庞从"道德"的角度对群体进行了矛盾的阐释："群体太易冲动、太易变化，因此不可能是道德的"，但群体有时又表现出"忘我、奉献、不计私利、自我牺牲、追求公正"等短暂出现的品质，"有着非常高的道德境界"①。网络文学读者的素养正是如此，他们在传播中有时表现出偏执的狂热，有时又能理性地推理。

一方面，不文明的传播事件时有发生。当红小生杨洋出演《全职高手》的男主叶修一角，官宣之后一些《全职高手》书粉对杨洋出演同名电视剧表示不满，并做出谩骂、污蔑、造谣等网络暴力行为，对演员造成了极大伤害。对此，《全职高手》剧组发表声明，称已采取相应的法律措施，同时对杨洋在剧组的表现给予了认可。作者蝴蝶蓝在微博上为杨洋发声："文字塑造的角色在每个人心目都有自己的想象，无论喜欢还是不喜欢这样的选择都很正常，都能理解，但请保持礼貌和尊重。对演员的攻击实在不应该。"在书粉心中叶修是荣耀游戏界的叶神，重庆商报报道叶修的第一个生日就有 20 万人为其庆生。杨洋则是一个拥有 4690 万微博粉丝的流量明星，在粉丝眼中他自然也是绝无仅有的存在。粉丝间的狂热掐架，固

---

① ［法］古斯塔夫·勒庞：《乌合之众——大众心理研究》，陈剑译，译林出版社 2016 年版，第 37 页。

然将书和剧的热度都送上了热榜，但难免给小白读者、新人观众留下不好的印象。理想的状态是，双方粉丝在传播中都能理性地发表意见、相互尊重，而不是循着心中的刻板印象相互捆绑、相互攻讦。

另一方面，读者群体有时会受到理性的约束，进行一些力所能及的合作来完成共同目标。阅文集团白金大神作家宅猪的作品《牧神记》之所以能取得很好的成绩，书迷们功不可没，许多读者自发帮忙宣传，还有读者接连不断打赏。宅猪是一个勤奋的网络作家，在 2018 年阅文集团生态大会上他说："在过去的七年，我写了 1700 万字，每天更新 6000 字，每年写出 200 万字。"当作家个人精力有限无法一一顾及时，书迷们自发帮忙管理书评区和书友群，他们没有天天跑去作者主页下面催更，而是为喜欢的作者安心出精品营造出一个宽松的环境，这俨然是一群理性书粉的表现。

如此庞大群体参与的媒介传播环境里，如果读者媒介素养不佳，网络传播乱象会成为一个社会问题。网络文学是一种流行于大众的媒介内容，读者受众有必要提高媒介素养，做高素养的网络文学传播者。在群体传播时代，诺依曼笔下"沉默的大多数"可以积极地从幕后走到台前，这对网络传播是很有贡献的。虽然他们个体的声音并不强大，但声音汇聚起来后带有集体传播的话语特征，可以形成一种舆论的力量，影响到网络中的传播格局，进而参与到社会文化的构建中去。

第三节　全方位和多形式的内容运营

"网络文学 +"时代的内容运营主要是指为不同媒介生产不同的媒介内容。或图文、或视频、或现场演出，利用报纸、电台、电视台和网站、微信公众号、微博等，全方位地对每一项 IP 内容进行全网推广。把力量集中在一个 IP 内容的曝光，统一策划、相互协调、取长补短，根据各自媒体和受众特点对信息进行加工，发挥各自的传播优势，有针对性地传播给特定受众。

一 网络文学原著内容质量的不断提升

阅文集团虽拥有至上渠道，但内容为王同等重要。阅文集团旗下囊括原创阅读网站、音频听书、图书出版、移动阅读 APP、移动写作 APP 等知名阅读品牌，拥有 200 多种类近千万部作品储备。笔者在统计阅文原创网站的各类榜单时发现，受欢迎的男榜作品多以玄幻、奇幻和仙侠为主，女榜作品多以穿越、言情和都市为主。近几年改编的热门网文 IP，如《花千骨》《三生三世十里桃花》《上古情歌》《醉玲珑》等，因融合了玄幻、仙侠类题材而广受热捧。这类作品里的神魔鬼怪等有着中国古代神话故事的色彩，开篇便是远古而来、人妖魔并存。从仙界、人界、魔界的场景特点到武功心法的段位级别，大都带有天地玄黄、太极八卦的设定，从角色安排、情节走向到教派分类、江湖风雨亦有着国术流的影子。此外，还有爱情这一永恒主题交织其中。玄幻仙侠类作品少了宫廷剧的勾心斗角、权谋之争，多了江湖儿女的爱恨情长、快意恩仇，使得不同年龄、不同性别的受众都能从中找到萌点、痛点、笑点、泪点。

架空穿越剧近年来也被频频搬上荧屏，从被吐槽没有文化内涵到渐成时下改编宠儿。综观穿越剧的发展，作品主题隐含了从男权意识向女权意识的变迁。早期《寻秦记》里的琴清无疑是从男性意识出发来刻画，完全符合男性心目中的择偶标准①。《楚乔传》和《凤囚凰》则是以女性为主角，展现她们搅动时代风云的能力与魅力。《楚乔传》在 2017 年获得收视大丰收，拿下电视剧盘点多项大奖；《凤囚凰》也于 2018 年 1 月在湖南卫视钻石独播剧场首播，并在爱奇艺、芒果 TV 同步播出，不少原著书粉表示是慕名剧中魏晋风流而来。网络历史小说第一人月关，其人气作品《回到明朝当王爷》则打破穿越架空的固有模式，通过虚构的主角展示真实的时代背景，让穿越剧也具有一种历史教育意义。

但在内容质量上，阅文集团的网文仍需不断提高，向精品化进军。从篇幅看，网文小说受按字付费的影响，故大多宏幅巨制、内容冗长，动辄几百万字，如《斗破苍穹》有 523 万字，《择天记》有 314 万字。当然这几部作品的写手既有天马行空的想象，又能自圆其说，形成相对独立的

---

① 欧阳友权：《网络与文学变局》，中国文史出版社 2014 年版，第 268 页。

故事情节，避免读者长时间阅读仍看不到尽头而弃文。但有的作品存在很多凑字章节，严重影响读者阅读体验。中国原创网络文学获奖作品《微微一笑很倾城》中写道："『世界』［莪愛伱］：吥煋夊怎仫啦，地瑺夊很坊鉌起仫，伱煋瑺歧视！""微微欲哭无泪，无力地敲字回过去：'同学，我只是来看……热……闹……而……已……'""微微看了半晌，发过去：'大神……你被盗号了么＝＝'。"① 网络流行语和符号表情的应用，构成轻快的文风和爽快的情节，体现了新的写作风格和写作方式，但明显缺乏传统文学写作的严谨性和逻辑性。因此，为提高作品内容质量，阅文集团建立了优秀作品奖励机制。

一是原创作品优先推介。通过举办各类推介活动，鼓励原创内容作品之外，还需要对优质内容产品进行优先推介。优先将优质网络文学作品进行开发，有利于扩大其影响力，为后续的开发奠定良好基础。阅文集团积极开展合作，不仅与上海市新闻出版局推出"原创网络文学现实题材征文大赛"，同时与新华社联手举办"QQ 阅读杯网文创作大赛"等，给社会推选出诸多优秀的原创网络文学作品。在国家新闻出版广电总局与中国作家协会联合主办的 2017 年优秀网络文学原创作品推介活动中，阅文集团是最大的赢家，旗下《复兴之路》《草根石布衣》《君九龄》《如果深海忘记了》《天域苍穹》《完美世界》《雪鹰领主》《原始战记》以及《择天记》共 9 部作品成功入选，并获各位评审一致好评。阅文集团旗下的入选作品占总数的近四成，这也展现了阅文集团旗下作家对于社会、时代的思考与观察，传递了积极向上的价值观。此次推介活动自 2015 年成立以来，向社会共推介了 39 部原创网络文学作品。作品内容涵盖各个方面，兼顾艺术性与文学性，赢得了社会的青睐。

二是引入其他领域 IP。高人气的网络小说、动漫、音乐、综艺节目等都可以成为 IP 的来源。通过跨领域引入其他类型 IP 扩充网络来源，不仅有利于网络文学优秀作品的沉淀，更有利于文创行业的融合发展。在文娱产业逐渐进入成熟期之后，大型传媒集团席位的争夺将会成为接下来行业竞争的焦点。平台性公司既要做基础设施，做开放连接、布局更多的内容

---

① 顾漫：《微微一笑很倾城》，江苏文艺出版社 2009 年版，第 5 页。

公司；又要保证自己在市场上能够优先拿到头部内容，因为精品内容是广告、会员、IP 衍生价值的首要条件。在新媒体技术迅猛发展的背景下，内容生产的融合化发展趋势改变了内容传播的固定范式。如果仅从内容的物理性质看，IP 可以分为文字、视频、音频、表情动图、图片等。在对 IP 进行内容运营时，应该打破产品的物理特性壁垒，对 IP 进行"一次生产、多次加工、多功能服务、多载体多渠道传播"的 IP 运营原则。即使是表情包这种轻质、快捷传播的方式，也曾覆盖社交平台，为受众传递品牌个性、实现产品的衍生开发。

二　网络文学 IP 培养的精细化运作

关于文学 IP 的培养，平台利用资源优势进行整合营销传播。版权运营得好，则可以继续延伸网络文学原著的价值和传播影响力；反之，以粗放的方式孵化，则会影响作品口碑。

阅文集团经过多年耕耘，作为中国文学 IP 的主要源头、顶级 IP 的阵地，无论在数量还是质量上都是实力雄厚。由阅文集团、企鹅影视、腾讯影业等联合出品的改编电视剧《将夜》在豆瓣获 7.4 分，虽然主角陈飞宇、宋伊人是荧屏新人，但是贴合原著的改编节奏，使剧集开播后口碑一路高升。在电视剧的观看界面，随着剧情的深入，右下角不时会弹出原著小说的阅读链接，掀起了原著《将夜》的一波阅读热。网友表示："比起《回到明朝当王爷》不尊重原著的改编，猫腻的读者看到《将夜》是幸福的。"由此可以看出阅文集团用平台思维赋能 IP 的影视化作品，通过联合造势、ToC 端的粉丝导流，持续推动原著增值。与《将夜》同期播放的《回到明朝当王爷》因改编不慎影响作品口碑。《回到明朝当王爷》是素有历史小说第一人之名的月关所著，2007 年出版，经过 11 年沉淀，伴着 2976 万点击量、505 万的总推荐，无数粉丝的期待，终被搬上荧幕。主角蒋劲夫、袁冰妍等是当红明星，然而这部改编剧在豆瓣评分只有 4.2 分。豆瓣评论不乏类似言辞："胡编乱造，改的四不像。原著粉看不懂，新人也看不懂"[1]，

---

① https://movie.douban.com/subject/26705728/discussion/?start=100&sort_by=time，2018 年 11 月 2 日。

"编剧尊重一下史实可好！原著里可不是这样写的"①，"如果不是原著的支撑，这部剧实在没法看。原著开头的情节确实很棒，拍成电视剧完全没体现出来啊，编剧的剧作功底显然不行"②。原著粉对剧情改编的不满，导致原著作者和编剧纷纷站出来发表声明。原著作者关月明确表示自己不是编剧，也是等剧播了才能看到剧情，原著作者对作品没有半点权力干涉。在编剧里名列第一位的蔡郁玲也在微博上解释，自己原本改编的剧本被影视公司另外找人改的剧本替换了，关于《回明》电视剧剧本问题的一切质疑和意见，请直接找出品方慈文传媒—东阳紫风影视制作有限公司。由这两则文学 IP 改编成电视剧的实践，可以反思作品的开发方式。对于网络文学IP，之前的粗放型开发造成了一定程度的浪费，应该进行精细化运作，着力打造细分领域。纵深、全方位的精品 IP 开发和价值挖掘逐渐受到用户追捧，市场需要更具丰富价值内涵、更具生命力的高品质 IP。

阅文 IP 的养成依托"大数据＋编辑"把关和培养的双重筛选，经由数亿粉丝优胜劣汰，在开发体系上表现出专业化、系统化，取得了不俗成绩。基于大数据分析技术，信息的传递变得更加智能化，以前是受众上网找内容的搜索引擎模式，现在是内容找受众的算法推荐模式。基于受众搜索数据的分析筛选出优质作品，并对筛选内容做相应的市场分析，之后算法推荐给各个受众。这样选出来的作品更有针对性，也比之前的编辑精选内容更加快捷、高效。这种直达受众的垂直分发体系是新技术环境下出现的新推荐方式。如今，阅文对 IP 的多元开发并非浅层次的版权售卖，而是以出品方等形式参与到 IP 改编或再创作中。与用户的直接对接使阅文更了解他们的喜好，因此，IP 改编在顾及语言体系差异的基础上，阅文的参与在更大程度上保证了更多呈现契合观众口味的内容，进而提升 IP 的改编成功率。

阅文集团对网络文学 IP 的改编，主要可以分为两大类别：一类是明星 IP，一类是潜在 IP。对于明星 IP，采用的是深度开发策略。明星 IP 是"具有较高曝光度、知名度和稳定粉丝群的优质 IP"，它包含五项基本要

---

① https://movie.douban.com/subject/26705728/discussion/615858352/，2018 年 11 月 3 日。

② https://movie.douban.com/subject/26705728/discussion/615862311/，2018 年 11 月 6 日。

素，各要素的构成类似由内到外层层包裹的洋葱型结构，"最中心的要素是核心价值观（Values），然后依次向外展开的要素为鲜明形象（Image）、故事（Story）、多元演绎（Adaptation）与商业变现（Commercialization）"①。

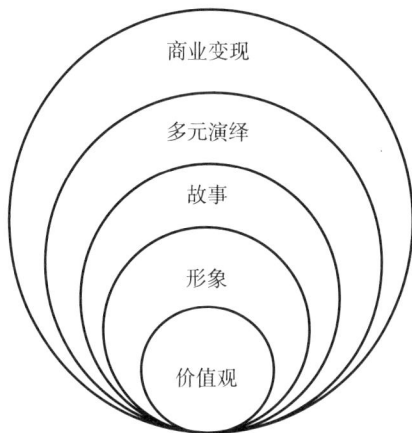

图 1　明星 IP 基本要素的洋葱模型

根据上图显示，越处于内层，IP 价值的实现越由内容创意者决定，IP 的文化属性越强；越向外层，IP 价值的实现越由企业决定，IP 的商业属性越强。由此可见，对于优质明星 IP 而言，它具有广泛的受众基础和多元开发价值。因此，要实现其市场价值的最大化，首先应该把价值观作为内容基石，其次还需要赋予 IP 时代化、个性鲜明的典型形象，与受众的生活环境发生连接。《择天记》是阅文集团实施"泛娱乐"战略操作的优秀明星 IP，荣获了 2017 年优秀影视改编 IP 奖。这部由腾讯影业和湖南卫视联合制作的 IP 大作，全网播放总量达到 300 亿，600 万粉丝收藏。作品讲述十四岁的孤儿陈长生，为拯救自己的命运离开师父和师兄，带着一纸婚书前往神都，经历重重磨练逆天改命的故事。在《择天记》连载期间，其版权已经开始同步运营，形式包括出版、影视、游戏、舞台剧、漫画、动画

---

① 向勇、白晓晴：《明星 IP 五要素：价值观、形象、故事、多元演绎与商业变现》，https://www.sohu.com/a/205020035_351788，2017 年 11 月 17 日。

等。在明星 IP 的开发过程中，制片方需要衡量作品是否具有深度开发潜力，是否具有强大的内容性和可转化性，是否符合观众的兴趣。《择天记》凭借其突出的多态化 IP 开发，为朝着系统化、品牌化的 IP 产业前景提供了绝佳示范。

对于潜在 IP，则采取着力发掘的策略。潜在 IP 是除了明星 IP 之外优质未开发，且具备潜在商业价值的 IP。对于这一类 IP 应进行发掘，使其成为明星 IP 的重要储备力量。通过举办原创作品大赛，挖掘粉丝经济价值，拓展多媒介传播，用话题讨论的形式来吸引更广大的受众，从而挖掘潜在 IP 源。粉丝基础雄厚、自带宣传话题是 IP 剧最典型的特征[①]。潜在 IP 的发掘也离不开这两个要素，尤其对于部分具有一定粉丝基础的作品更是如此。这样的作品翻拍成影视剧之后，既可以吸引新粉丝，又能引起原有粉丝的怀旧与共鸣，进而达到未播先火的号召效应。利用粉丝带动话题，从而为潜在 IP 的开发打下了基础。与此同时，线下的作者见面会、签售会、明星见面会等也可以在短时间达到良好的宣传效果。通过线上线下的结合，多媒体平台传播实现了受众的全方位覆盖。根据前期的宣传效果，将 IP 合理开发出受众喜爱的形式，结合受众反馈不断修正，不仅可以充分发掘出适合开发、受众喜爱的 IP，还可以充分挖掘 IP 的剩余价值。

自 2015 年以来，阅文集团每年都会与福布斯联合推出"中国原创文学风云榜"，包括最佳电影改编奖、最佳电视剧、最佳游戏、最佳动画改编奖等多个奖项，以原创文学界通行十余年的权威选票——月票作为核心衡量依据，分为月度榜单和年度榜单。2016 年的中国原创文学最佳改编奖中，最佳改编电视剧《如果蜗牛有爱情》由企鹅影业、东阳正午阳光影视有限公司联合出品，作品改编自阅文白金作家萧鼎的同名人气 IP。游戏《雪鹰领主》改编自阅文同名人气异界玄幻小说，游戏人物设定、情节走向都与小说相呼应。根据《三生三世十里桃花》《全职高手》等同名小说改编的游戏，渐成手游市场的生力军。网络剧《老九门》也是出自阅文集团的超人气 IP，由慈文传媒、爱奇艺、南派投资、国奥影业、乐道互娱联

---

① 李爽：《从传播学角度出发深入挖掘潜在 IP 价值》，《视听》2017 年第 5 期。

合出品。2018 年 1 月 28 日，由阅文集团与湖南卫视共同举办的"阅文超级 IP 风云盛典暨第三届中国原创文学风云榜盛典"在湖南卫视播出。这一方面可以提高现象级 IP 的品牌效应和价值，另一方面也可以吸引众多投资商前来购买潜力 IP 版权。在泛娱乐化的背景下，这场盛会牵动着泛娱乐市场上千亿产值的孵化发展。

中国的网络文学已经是继美国好莱坞、日本动漫和韩国电视剧之后的世界第四大文化现象。阅文集团作家唐家三少接受采访时曾说："我相信未来中国的网络文学会走到更高的位置，甚至会超过它们。"[①] 作为文化输出的内容，网络文学有着不可言喻的意义。阅文集团作为一个强大的内容生产平台，很大程度上影响着新媒体时代文化生产的质量。因此，唯有创造更多有文化内涵的原创作品，方能当之无愧地将我国网络文学的潜藏力量发掘出来。

第四节　全媒体和立体化的渠道运营

渠道运营，即借助内容传播媒介，如视频、音频、多媒体、APP、平面等，对内容产品的多层次利用，以提高内容产品的使用效率。阅文集团 PC 端阅读渠道市场占有率达 70%，此外，阅文还与微信读书、多看阅读、搜狗阅读等移动渠道合作，进一步拓展内容分发渠道。阅文集团的全渠道运营包括：跨平台、跨企业资源支持和聚合；产品和渠道的全面整合、自主运营；一书多渠道的超级推荐模式；作品和读者的双向精确推荐。

新媒体时代，"全"字体现了媒介融合理论的特征。盛大当年收购榕树下、起点中文网、红袖添香等文学网站，而今腾讯文学与盛大合并为阅文集团，这是资本的融合、媒介组织的融合。阅文集团包装明星 IP，不仅向影游漫投资商售卖版权，而且参与改编的制作过程，使行业壁垒从相互交融到渐渐模糊。阅文集团吸收传统畅销书入网上架，网络人气书授权线下出版社出版，这里又体现了传统媒体与新媒体的融合、发行渠道的融

[①]《唐家三少：网络文学能成超越好莱坞电影的文化现象》，http://www.dzwww.com/xinwen/guoneixinwen/201803/t20180305_17111156.htm，2018 年 3 月 5 日。

合。新旧这两个对立面，在互联网的牵引下逐渐走上互帮互助、共同发展的道路。在"网络文学+"大放异彩的时代，媒介融合体现在文化产业发展的方方面面，包括组织、内容、平台、渠道等。

从内部构架来看，阅文集团背靠腾讯，腾讯公司七大架构体系之一的互动娱乐事业群（IEG）生产游戏、动漫、影视等多元化娱乐内容产品。阅文集团的优质 IP 可与腾讯动漫、腾讯影业等合作开发运营，借助腾讯的渠道和流量这两个核心优势，打通上下游产业链，获得健康持续的盈利。如 2016 年中国原创文学风云榜获奖作品、原创最佳改编动画《全职法师》就是阅文集团和腾讯视频联合出品的，每周五一集，首周点击量破 1000万。阅文与企鹅影视合作的人气动漫《全职高手》，第一季全网播放量突破 12 亿。

从外部环境来看，阅文集团从成立之初起就不断与影视、出版公司合作。不同类型的企业有着自身的优势特点，若合作得当可以增强团队改编能力，提高作品改编质量。截至 2017 年 12 月 31 日，阅文集团已与 200多家内容改编合作伙伴建立了合作关系，开发了参投 IP、开发制作等多种版权变现形式。2015 年阅文集团与小米携手，为其提供正版内容；与音频巨头喜马拉雅 FM 合作，推动网文作品的有声传播。2017 年阅文集团与金色传媒、猫片、天神影业、企鹅影视合作出品白金作家猫腻的小说《将夜》。2018 年 2 月 1 日，阅文集团在"融媒体·新使命"文化产业跨界融合高端论坛暨战略合作签约仪式上与深圳广电集团、安徽出版集团达成三方战略合作[①]。在移动终端上，阅文集团则与包括 OPPO、VIVO、华为等手机制造商合作预装移动应用程序[②]。这些无不昭示阅文向全版权全渠道拓展的雄心。

早期的文学网站，自身内容储备有限，对受众市场的把握也不是很清晰。随着时间的变迁，大型专业网站崛起，如阅文旗下 200 多个类型近

---

① 《阅文集团、深圳广电集团、安徽出版集团达成战略合作 探索产业创新融合新模式》，http://news.ifeng.com/a/20180202/55706086_0.shtml，2018 年 2 月 2 日。

② 《解读阅文 2017 财报：净利润 5.56 亿 暴增 14 倍 IP 运营撬动万亿级市场》，https://finance.china.com/cydt/20000860/20181112/25303489_1.html，2018 年 11 月 12 日。

千万部作品，近乎全面地覆盖了大众和小众市场。阅文集团坐拥腾讯的大量用户数据信息，及时关注受众的动向，分析广播听众、影视观众、游戏玩家等的兴趣偏好，借助大数据技术，从而能够进行精准营销，定向推送个性化内容。阅文集团CEO吴文辉曾表示："在阅文内容生态中，'全'将成为发展的关键字，具体表现为全内容聚合、全渠道运营、全社群互动。"[①]全渠道运营是阅文集团今后发展的重点方向。

第一，搭建全媒体平台，有利于将内容产品在渠道上全面展现，增强受众对于内容产品的了解。网络文学平台可以通过收购或自办其他的业务平台实现业务的全覆盖，也可以通过合作拓展全媒体平台。要搭建全媒体平台，首先要依托自身资源通过收购或自办拓展业务的覆盖面。如收购影视公司，可以拓展阅文集团在IP开发运营下游产业链即影视领域的布局；自办电子阅读器，可以拓展移动终端的业务。腾讯利用微信阅读、手机QQ、QQ浏览器和腾讯新闻这些渠道来帮助阅文进行网文的分发，其中微信拥有月活9.6亿，QQ月活8.5亿，都是中国最带流量的软件。2018年3月，腾讯先行收购新丽传媒，这是阅文集团整个收购计划的一环。新丽传媒是影视行业的B级免审核公司，在业界的地位不容小觑。阅文收购新丽传媒之后，对其IP内容的影视化无疑会成为一种强力的助推。

阅文集团还在社区建设和互动功能创新方面进行了多方探索，分别于QQ阅读、微信读书、红袖读书等阅读平台，推出了书友圈、书友沙龙、搜一搜、扫一扫，以及角色榜单、角色配音等特色功能，来增强数字阅读的趣味性。2015年8月，腾讯推出"微信读书"APP，这款读书类APP和其他同类APP的主要区别在于，它可以充分调动微信好友关系链。基于微信的真实社交关系，用户可以在"微信读书"里看到好友的微信排名、给他们点赞；点击某个好友的头像之后还能看到他的书架、推荐的书籍以及读书时的想法。

阅文集团旗下的热门网文IP《全职高手》的跨界开发，也随着动画的

---

① 卢扬、郑蕊：《起底阅文集团》，《北京商报》2017年10月27日。

全面大热迅速铺开。截至目前,《全职高手》动画系列全网播放量已经突破 15 亿次大关。通过与全球快餐领导品牌麦当劳、主流饮料品牌美年达、新锐手游《梦间集》等品牌和产品合作,展开了丰富多彩的跨界营销项目,并取得了卓越的商业效果。同时,阅文集团与上海邮政携手,将《全职高手》IP 的跨界营销,从餐饮、手游、汽车领域,拓展到集邮收藏领域,再次刷新了《全职高手》IP 宇宙的营销次元。

个性化精准投放。在新的网络社会中,"千人千面"已经不是很难的事情。在传播方面,可以通过人工智能及大数据做千人千面的智能识别与推荐,针对不同受众做出不同的推荐产品。根据用户的阅读习惯,即可自动生成相应的推荐极其重要。"大数据在读者数据信息分析方面表现出来的科学性、权威性、预见性,能够帮助网络文学写作实现大众化,在充分尊重、认识读者的基础上最大限度地迎合大众审美心理与审美趣味。"[1]2013年 Netflix 在美剧《纸牌屋》制作中运用大数据总结用户收视习惯,并根据用户喜好精准制作的方式在业内还是"头一份"。正如麦克卢汉所说的那样:"技术是整个文化结构的动因和塑造力量,媒介是'社会的先锋',也是'新的自然'。"[2]阅文集团进一步创新平台运营模式,以智能化服务、社交化体验带动数字阅读快速发展。为此,阅文集团持续革新大数据技术和内容推荐算法,促进平台内容与用户的精准匹配,从而实现"千人千面"的个性化阅读。

如阅文旗下与 QQ 阅读同为兄弟产品的"微信读书电台"小程序,它通过结合系统推荐与个性定制,为读者推荐每日最热门、有趣的内容,同时还支持读者订阅上线的专栏节目,为读者打造专属个性化的"听书"电台。此外,用户还可在"微信读书电台"小程序看到他人的点赞与评论,一键分享小程序,让好友直达你正在收听的节目。根据每个平台的特点,分不同的品类推送内容,同时使用大数据、云计算技术,精准分析每一个

---

① 宋学清、乔焕江:《大数据背景下网络文学的新生产机制与新景观》,《文艺评论》2017 年第 3 期。

② [加]埃里克·麦克卢汉、弗兰克·秦格龙:《麦克卢汉精粹》,何道宽译,南京大学出版社 2000 年版,第 371 页。

用户的偏好，做到智能化精准推送。

第三，开拓海外市场。如今，网络文学从一叶扁舟成长为一艘巨轮，承载着中国文化漂洋过海。网络小说在海外网站被翻译成多种语言，吸引了欧美、东南亚等多个国家的读者追更新、发评论。由网络小说改编的影视作品，如《全职高手》《琅琊榜》《无证之罪》等，登陆多个国家地区，网络文学正在以文艺的形态走出国门。2017年阅文在海外拓展上取得了实质性的进展。据其财报披露，起点国际（Webnovel）截至2017年12月31日，已上线124部作品，包括多部中英文版本同步首发的作品，累计访问用户达到600万。除此之外，阅文通过海外授权纸质出版及电子版权的作品（不包括繁体）共计200余部，其中包括与企鹅兰登出版集团合作推出的《鬼吹灯》系列英文版和法语版。

中国的网络小说能够在国外迅速占领市场，是因为具备了吸引网络文化受众群体的两个基本要素：类ACG架构和中式符号。作为网络小说的主力受众，他们伴随着ACG（动画、漫画、游戏）或是武侠小说长大，喜欢跳脱现实进行幻想，对现实之外充满了憧憬。同时，他们也不喜欢过于厚重冗长的表述，更倾向于快速轻松的文学样式。中国网络小说的崛起正是把对了这部分人群的脉搏，在题材和写作形式上融入了很多类ACG的表达方式。比如拥有广大受众群的仙侠类网络小说，就为读者打造了一个完全区别于现实的魔幻世界，这是在动漫作品中才能够体现的二次元思维。还有诸如穿越重生题材的网络小说，也为读者提供了"另外一种可能性"的想象空间。再如《盘龙》这部首次在世界舞台大放异彩的网络小说，利用通俗的表达方式，构筑了一个西方思维中的魔法世界，其人物命名和设定也考虑到了欧美读者的思维习惯，让外国的读者很容易融入进故事情节中来。对网络文学而言，传播的速度和广度是衡量其成功与否的标准之一，因此受众的互动感受成为网络文学创作者需要重点关注的问题，即选择适当的题材、表述方式和表现手法以期实现更好的传播效果。

另一个让中国网络小说魅力升值的要素是典型的中式符号。想要在世界文化的大环境中独树一帜需要融合中国特色元素开发优质IP，这一点不仅体现在网络文学的创作中，也适用于其他文化作品的创作。例如《功夫熊猫》和《大圣归来》就是文化传播中典型的范例。《功夫熊猫》利用中国特有的元素——熊猫作为主角，表达了美式个人英雄主义的思想；而《大圣归来》则选取了中国的传统故事《西游记》作为题材，利用迪士尼动画式的表达方式，宣扬了中国文化中的礼义仁爱思想。在某种程度上说，它们集中表现了中国特有的"江湖文化"。"江湖文化"中不仅有出神入化的武功绝学，还融入了中国五千年思想文化中的侠义、忠义，以及与美国文化中个人英雄主义异曲同工的"大侠情节"。这些典型的中式符号不仅对于中国受众有着强烈的吸引力，其独特性和共通性也让中国的网络小说能够在外国市场迅速地异军突起。

阅文集团通过自有平台、腾讯渠道和第三方平台实现全渠道传播，秉持将优质内容以合适形式呈现出来的理念，为文学作品提供了集中展现和大范围传播的渠道，将阅读、发表、交流融会贯通，颠覆了传统的文学生产和传播途径。互联网时代，谁抢占了流量入口谁就是兵家必争之地。谁拥有更多的用户，谁就可以获得更多的主动权。在这里，流量入口是用户聚集的地方，同时它也是渠道运营的关键所在。网络文学平台与渠道的深度合作、立体化推广，能够助力产品整体价值的实现。

第五节　网络文学 IP 的产业链运营

如果单纯依靠网络文学、数字出版等单一模式运营，企业不会有很强的生命力。在 IP 改编运营方面，业内一直在探寻可持续之法。网络文学 IP 发展至今，历经了四个阶段：IP1.0 阶段侧重内容积累、讲好故事，主要是对内容的大力开发，文学类型的扩展，但缺乏资产运作也没有突破现有承载媒介；IP2.0 阶段侧重产业联动与跨界传播，内容产业链开始延伸，产品表现形式丰富，通过影游联动实现内容二级跳模式；IP3.0 阶段侧重纵向开发、全版权运营，它将纵向产业链打通，并在电影、音乐、动漫等领域进行多领域、跨平台等商业合作；IP4.0 阶段侧重世界观主导、合纵连横，基于同一世界观多个内容 IP 进行深入挖掘与多角度纵横开发，实现由平台方主导推动多媒介的良性互动①。

阅文集团对此也有自己的战略布局，它通过统筹产业链上中下游企业，共同合作开发优质 IP，充分发挥 IP 的社会价值、经济价值。阅文集团、腾讯影业、腾讯动漫、腾讯游戏挑起了腾讯公司泛娱乐化战略的大梁，IP 产业链在文化和经济领域开疆拓土。

一　多种形式的产业拓展

文学改编影视作品最容易，但是改编成其他的形态并不简单。因而，在影视赋予文字形象的同时，积极开展 IP 其他形态的衍生就显得尤为必要。

第一，以影剧漫为主，出版图书、周边等为辅。IP 的多领域开发，强调对于 IP 的运营应该是持续性、精细化的开发。以前，网络文学平台多是单纯的售卖版权。现在，各个网络文学平台通过战略合作或者参投共同开发的形式参与到 IP 的后续开发中，让 IP 的开发不仅仅只局限于影剧游三种形式，更凸显其可持续的运作、开发，最终会打造出不同形态的文化产品或服务。这种文化产品或服务会逐渐形成"以 IP 内容为信息链接，实现跨媒介、多屏联动的受众整合，受众可以随时随地选择便于接收的信息形态"，"这既加快了网络文学 IP 内容的扩散速度和广度，增强了网络文学 IP 的互动参与和价值分享，又能够保持受众对网络文学 IP 的黏性和忠诚度"②。如比较热门的"密室逃生"游戏推出了《盗墓笔记》版，它选取该书中的典型情节进行二次创作，让粉丝置身其中开动脑筋探险闯关，吸引了又一批"粉丝"。《择天记》在连载后不久，腾讯文学便开始出售相关明信片、书签、礼品袋等商品，将周边生产纳入了官方"正版授权"的产业中。再如曾红极一时的《甄嬛传》也在播出后产生出很多文化衍生品，在海宝网上搜索"甄嬛传"就可以找到上百件同款饰品、服装、耳环等。

第二，新技术在网络游戏、版权保护方面的运用。针对 IP 开发成的

---

① 艾瑞咨询：《2018 年中国网络文学 IP 影响力研究报告》，http://report.iresearch.cn/report/201801/3125.shtml，2018 年 1 月 10 日。

② 秦枫、周荣庭：《网络文学 IP 运营与影视产业发展》，《科技与出版》2017 年第 3 期。

游戏，进一步呈现原著的游戏世界，可以给观众更好的观感体验。如改编剧《我家徒弟又挂了》创新融入了 VR 元素，多款客户端游戏推出了 VR 版本，游戏设备也积极引进 VR 玩法，这一虚拟现实技术的运用，更能增加受众的代入感、沉浸感。在版权保护方面，为了防止盗版抄袭，2017 年阅文集团基于自身数据库开发出了一套特殊算法模型数据库，在编辑后台可以直观比对出作者的文本是否存在抄袭现象。目前，这一系统已经应用于整个阅文集团旗下的平台，编辑可以利用系统实时对作者上传的作品进行查重。作者每更新一章，系统会自动对比全网书库，当重复率超过 50% 时，平台会自动报警。该做法有效降低了内容监管风险，提高了人工审核效率，有利于防范盗版抄袭。新技术的运用也催生出许多商业新场景、新机遇和新空间，打通了泛娱乐产业的供给侧和需求侧，可以重新赋能行业的新发展。这对于网络文学 IP 运营来说，不仅可以促进产业升级，而且还可以带动周边其他产业发展。

二 布局良性 IP 产业链生态

一个优质的 IP 可以产生非常大的经济价值，但是拥有一个优质 IP 并不意味着必然可以获得相应的价值。因此，发挥 IP 产业链上下游各个主体的协同作用，对于布局良性发展的 IP 生态链十分重要。IP 生态的良好运作，需要各个主体之间的协调运作，从而有利于充分释放 IP 价值。

面对日益增长的市场需求，作为行业的领军者和先行者，阅文集团在整个 IP 产业链里，力求在涉及 IP 开发的各个主体间协调高效运作。网络文学 IP 涉及上游的内容提供平台——网络文学在线阅读平台，中游的影视剧制作、开发公司，下游的衍生品开发公司。只有将小说、动漫、游戏、周边、跨界等，融合成一个巨大的产业生态，才能更好地连接产业之间的各个主体，逐步形成内容提供商、IP 产品制作者、衍生品开发公司三个主体之间的协调高效运作。网文平台深入产业的中下游生态发挥主观能动性，通过与出版、影视等相关产业链合作者的联合，布局良性 IP 产业链生态，帮助原创文学作品实现更广阔的人群覆盖和更大的影响力。

阅文集团的目标是做成 IP 全产业链公司，因此需要向下游寻求支撑点。阅文在与优质的制作公司合作的同时，也开始布局基于 IP 的产业链生态。2018年9月，阅文以5000万人民币投资动画制作团队Kaca。Kaca不仅拥有独立研发的工业化"影视级二维风格卡通渲染"技术（俗称三渲二），还形成了自主知识产权HR2D幻睿全流程工艺Pipeline。未来，Kaca将运用最新技术配合阅文IP的动漫化战略。在2018年8月，阅文集团还以155亿收购新丽传媒，为IP的影视化呈现铺路。通过打通网络文学IP行业上下游企业，才能真正让优质IP的商业价值实现最大化。

三 IP产业链开发案例

笔者将通过超人气IP《斗破苍穹》这一典型案例来展示IP产业链开发的基本过程，从文学作品到动漫、电视剧、电影、游戏等全方位挖掘其价值。这条产业链的开发正是阅文"IP共营合伙人制"实践成果的缩影。阅文集团在2016年率先提出"IP共营合伙人"模式，即以IP为核心，让产业链上的所有人都能共享IP的收益，确保在不同层次的IP开发中，粉丝都能流转，对品牌产生增益。

原著：《斗破苍穹》

作者：天蚕土豆

类型：东方玄幻

来源：起点中文网

1. 上游创作：2009年4月14日连载于起点中文网，2011年7月20日完结，这是天蚕土豆的第二部长篇小说，也是他在起点的封白金之作。

2. 中游转化与传播：阅文集团既借道腾讯旗下的优势品牌，如腾讯视频、天美工作室、企鹅影视等，又加强与其他制作公司、播放平台的合作，如幻维数码、B站、万达等。在网文IP的转化过程中，一般会遵循二次元先行的IP孵化策略，先投资改编成本相对较低的动漫，提升IP人气。

动画《斗破苍穹》第一季由阅文集团、腾讯视频联合出品，已于2017年1月7日在腾讯视频上映，B站同步跟播。截至2018年7月，在腾讯视频上已达15.4亿的播放量，动画开播首日，点击迅速过亿，无疑是一个开门红的好兆头。2018年3月3日，动漫第二季强势回归，由阅文集团、腾讯视频、万达影业联合出品，在腾讯视频独播首日点击量破1.6亿，截至7月腾讯视频播放量达3.4亿。广大受众在评论中表示第二季动漫质量有所提高：一方面对场景精雕细琢，宫殿楼宇、溪水泉流，有着与影视剧场景比肩的精美之处；另一方面在人物塑造上下足功夫，使其更加鲜活立体，在打斗时画面流畅且富有艺术美感。动漫的成功改编，使阅文看到了市场的广泛认可和继续拓展的价值。因此，除了动画之外，《斗破苍穹》还分为电视剧、电影、游戏等方面的开发。

电视剧《斗破苍穹》第一季由万达影视、新丽传媒出品，腾讯影业、阅文集团、企鹅影视联合出品，于 2018 年 9 月 3 日在湖南卫视青春进行时剧场播出。十年磨一剑的积淀，自然唤醒不少原著书粉的记忆和热情。担任主演的吴磊、林允、辛芷蕾都是带有高流量与高话题量的人气偶像，也有着较强的吸粉能力，为电视剧热播打下基础。

游戏《斗破苍穹》由腾讯游戏旗下推出过《王者荣耀》《穿越火线》《天天爱消除》等多款热门游戏的天美工作室负责开发。在开发初期，团队就奉行题材、角色、剧情等的还原原则。此外，身为作者的天蚕土豆在网游中担任首席架构师，确保游戏与原著相符合。

3. 下游进一步扩大影响与增加变现：网络文学作品或者其改编作品完成后，进入到线上线下变现的渠道。团队加紧进行宣传，《斗破苍穹》前两季动漫在播出后就积累了不少人气，电视剧的拍摄也紧随动漫播出的步伐，汲取动漫积累的热度，3 月发布的宣传片在微博播放量达 700 多万次，官方网站宣布定档 8 月 27 日，在湖南卫视这一粉丝拥趸的平台播出，进一步扩大其影响力，吸引更多的粉丝。由粉丝拉动网络文学产业经济，为各方带来营收，形成产业链上多方共赢的局面。

但从整个市场来看，国内以 IP 为核心的全产业链开发实质上仍处于起步阶段。2017 年，阅文 41 亿的营收几乎全部依赖于在线阅读板块，占比达到了 83.6%，版权运营仅贡献了 8.9% 的收入。IP 虽经过几年的发展，但其泛娱乐生态仍处于逐步完善过程。对于文创产业来说，内容是该行业的核心，IP 则是内容的核心。随着越来越多精品 IP 的推出，该行业中的各个部门也逐步进行生态化升级，在此过程中制作方、投资方、运营方都在协同中介入 IP 经营的"全产业链"运作，供求关系、产业生态、商业模式都在发生一系列的变革，逐渐形成一条"文—艺—娱"一体化的全媒体经营产业链。

第九章 "网络文学+"与新媒体时代的泛娱乐生态

　　泛娱乐,指的是基于互联网与移动互联网的多领域共生,打造明星IP的粉丝经济,其核心是IP,可以是一个故事、一个角色或者其他任何大量用户喜爱的事物。这一概念最早由腾讯集团副总裁程武于2011年提出,并在2015年发展成为业界公认的"互联网发展八大趋势之一"。随着泛娱乐产业的不断发展,以IP为核心的网络文学、动漫、影视、游戏和音乐等多产业联动的泛娱乐生态体系成型。

　　目前,整个泛娱乐产业进入到一个高速前行的阶段,其发展之迅猛让行业产值不断攀升。尤其是移动互联网普及之后,产业链更是不断完善,行业的黄金时代似乎已经来临。《2018年泛娱乐产业白皮书》显示,2017年,中国泛娱乐核心产业产值约为5484亿元,同比增长32%,预计占数字经济的比重将会超过1/5,成为数字经济的重要支柱和新经济发展的重要引擎。

第一节　阅文集团与以粉丝经济为核心的文化产业模式

　　网络文学之所以成为IP,是因为有用户在消费和追捧,其本质是一种基于受众对作品及作者的粉丝经济。"粉丝"是崇拜明星、艺人的一种群体,他们在崇拜过程中会做出一些应援行为,这就在"粉丝"和被关注者关系之上架构了一种经营性创收行为,进而创造出一种通过提升用户黏性并以口碑营销形式获取经济利益与社会效益的文化产业模式，即"粉丝经济"。在 IP 粉丝经济下，用户的忠诚度高，可替换性弱。企业通过引爆细分市场，运用社交分享属性成功吸粉，并将粉丝转化为变现的受众，从而实现内容价值到商业价值的转化。在互联网时代，由 IP 形成的粉丝经济会持续带来更大的经济价值，这也是文创行业得以发展、繁荣的巨大推动力。

中国网络文学经过近 20 年的发展，截至 2017 年 12 月，作品累计高达 1647 万部，出版纸质图书 6942 部，改编电影 1195 部。从文字到影视、从追星到粉丝、从影碟到票房，娱乐产业的偶像崇拜完成了从观看迷恋到购买消费的蜕变。粉丝愿意且有能力为偶像买单，这就造就了明星 IP 的诞生，也成为了粉丝经济存在的基础。文化娱乐 IP 作品从根本上促成了粉丝经济结构的成熟，IP 作品在各种营销手段的带动下与明星 IP 走向融合。如在《全职高手》动画开发过程中，阅文集团延续了"以粉丝为核心"的 IP 开发原则，IP 授权之后继续投入力量、整合资源，联手合作方对《全职高手》的营销进行深度开发。首先，邀请《全职高手》动画粉丝中享有极高人气的官方画师炎铃亲临活动现场；其次，阅文基于粉丝喜好，在现场的互动环节上进行精心设计；最后，阅文还安排炎铃在活动现场独家发布最新手稿，充分调动粉丝的热情，为活动现场的高人气奠定了坚实基础，也为《全职高手》主题收藏邮品的发售创造了完美的营销环境。

2018 年 3 月 19 日，阅文集团公布了年度综合业绩，财报显示 2017 年阅文集团的总收入达人民币 41 亿元[①]。目前，阅文集团靠线上付费阅读、线下出版发行、改编版权、游戏开发版权售卖、电影票房、广告植入、媒体衍生产品销售等方式盈利。阅文集团的盈利模式虽然向多元化发展，但归根结底都绕不开粉丝经济。在激烈的行业竞争中，吸引受众有限的注意力，活跃粉丝量是经营的核心。

---

① 阅文集团官方微信公众号：《阅文集团 2017 年营收达人民币 41 亿，同比增长逾六成》，2018 年 3 月 19 日。

一 在线阅读付费

从上市以来的第一份财报中可以看出,阅文目前主要依靠在线阅读收入,即用户的付费阅读。2017 年在线阅读方面的收入为 34.2 亿元,其中来自自有平台产品收入为 18.73 亿元,来自腾讯产品自营渠道收入为 10.81 亿元,第三方平台收入为 4.65 亿元[①]。腾讯旗下的 QQ 作为国内数一数二的主打年轻人交往的移动社交软件,拥有 7.83 亿的月活用户。以此作为后盾,阅文集团的起点中文网、创世中文网、QQ 阅读等有代表性的自有平台对在线创收功不可没。

2003 年 10 月,起点中文网建立付费阅读制度,开启了探索中国网络文学商业发展之路。一些在网站连载的热门作品,经作者允许,将试读后的章节设为 VIP 章节,读者需在该网站注册并购买"起点币"成为会员才能继续阅读。初级会员在按章付费中每千字 3 分,一本十万字的书追完需 3 元,若一次性充值达 30 元则成为高级会员,享每千字 2 分优惠。如今的在线阅读付费方式更加多样化。例如 QQ 阅读移动 APP 设立 VIP 收费制度,读者可以在注册账号里充值书币,1 元 100 书币,用来按章节购买或整本购买电子书,还可以充值包月 VIP(15 元 / 月)、包年 VIP(10.7 元 / 月)等,享包月免费读、折扣特权、专享限免等优惠。QQ 阅读账户里还有月票和推荐票等读者鼓励方式。月票是 VIP 等级用户专有票种,可以通过两种方式获得,一是订阅章节消费达到指定标准后根据 VIP 等级赠送月票,二是读者单次打赏[②]作品 10000 书币(100 元)后自动给该作品投出一张月票。推荐票是读者表达对一部作品喜爱程度的票种,VIP 等级越高,每日可获推荐票越多。因此月票和推荐票是核心受众对作品人气质量认可的直接体现,在历届中国原创文学风云榜、百度小说风云榜排名中,这二者有着决定性的作用。再如微信读书,这是一款与微信密切关联用社交撬

---

① 阅文集团官方微信公众号:《阅文集团 2017 年营收达人民币 41 亿,同比增长逾六成》,2018 年 3 月 19 日。

② 阅文旗下的很多品牌都有打赏功能,就是读者对自己中意的书额外打赏任意金额。由于微信支付、QQ 钱包、网银支付的便捷化,打赏成为读书兴尽之余的顺手之举。如《皮囊》这本书获得读者打赏从 99 元到 1 元不等,唐家三少在起点中文网连载的《斗罗大陆 2 绝世唐门》就被名叫"zxingli"的读者累积打赏达 100 万元。

动消费的移动阅读 APP。该平台的购书币可以自行充值 3 元、6 元到 98 元不等，也可以根据阅读时长获得平台赠币。微信读书里的活动颇多，时不时赠一二十限时书币，刺激读者购买欲。

如此一来，作品的影响力主要体现在作品流量和作品付费率上。作品流量通过知名度、曝光度呈现，如点击、收藏、榜单等表现；作品付费则通过销量、订阅、打赏等粉丝行为体现，付费粉丝规模决定作品的商业影响力。作家如果停止创作，粉丝会逐渐流失，影响力也会持续下降[①]。

二 版权经营收入

早期的版权经营方式大多是直接卖断文学版权，文学网站并没有介入产业链下游开发，也未能从中获得很大利益。现在阅文集团的版权经营覆盖了实体书出版、影视剧版权销售、游戏开发版权销售、周边衍生品的版权授予、海外发行商授权等全版权多角度的运营。根据阅文集团财报显示，2017 年版权运营业务收入同比增长 48%，达到人民币 3.662 亿元[②]，在阅文集团总体营收中位居第二。

在书籍出版方面，泛娱乐开发扩大了 IP 作品的价值空间，线下出版与线上联动增加了盈利空间。2017 年阅文集团纸质图书收入为 2.011 亿元。如《盗墓笔记》最初连载于起点中文网，后来由中国友谊、时代文艺、上海文化于 2007—2011 年陆续出版发行，9 本实体书总销量超过1200 万册。起点中文网与湖北少年儿童出版社合作出版《斗破苍穹》，总销量突破 430 万册。阅文集团广泛与京东、搜狗等第三方平台合作，拓展纸质图书的线上销售渠道。

在影视版权销售方面，从不断上涨的版权费用中可以窥见人气 IP 的价值潜力。2012 年《甄嬛传》1 集的版权费不足 100 万，2017 年《择天记》上涨到 1 集 900 万。爱奇艺签署了网络剧《盗墓笔记 3》的独家定制协议，授权费 2.88 亿元。《盗墓笔记 3》计划拍摄 12 集，那么单集授权

---

① 速途研究院：《2017 年中国网络文学作家影响力榜》，http://www.sohu.com/a/209749368_174789，2017 年 12 月 11 日。

② 阅文集团官方微信公众号：《阅文集团 2017 年营收达人民币 41 亿，同比增长逾六成》，2018 年 3 月 19 日。

费用将达到惊人的 2400 万元[①]。这不得不让人感叹，IP 变现的好时代已然来临。

在游戏开发版权方面，网络游戏的高利润必然吸引众多资本的加入。截至 2017 年 12 月，我国网络游戏用户规模达到 4.42 亿，占整体网民的 57.2%，较 2016 年增长 2457 万人[②]。随着网络游戏用户不断增长，阅文集团也十分重视该领域的版权分销。综观网络文学的 IP 泛娱乐战略，从某种意义上，游戏才是产业变现的重要基础。如 2017 年全国电影总票房为 559.11 亿元[③]；而根据前瞻产业研究院的数据，同年中国网游行业市场规模高达 1893.5 亿元。近几年，阅文集团不断根据网络文学 IP 的热度，推广一部又一部手游，如《诛仙》《择天记》《星辰变》《绝世唐门》等。

阅文集团还开始在全球范围内挖掘泛娱乐 IP 的商业价值。2017 年 5 月 15 日开通的起点国际，以英文版为主打，将逐步覆盖泰语、韩语、日语、越南语等多语种阅读服务[④]。起点国际开通近 1 年之后，已上线 124 部作品，累积访问用户达 600 万，加强了中国文化输出力度。阅文大神横扫天涯的《天道图书馆》长期占据起点国际的海外点击、推荐榜双榜第一，在第三届中国原创文学风云榜中被推荐为"年度受海外欢迎 IP"。《飞剑问道》《大道朝天》等作品在起点网与起点国际同步首发。2018 年 3 月 19 日至 22 日，阅文集团首次携旗下人气 IP《全职高手》《斗破苍穹》《武动乾坤》《将夜》等参加香港国际影视展，一起参展的还有来自 37 个国家和地区的约 850 家公司。由此可见，阅文集团正致力于扩大旗下作品的全球知名度，海外市场是阅文集团进行宏观布局的一部分，只待时机成熟又将带来不错的版权收益。

用阅文集团联席 CEO 梁晓东的话来总结："我们不仅售出了优质作品

---

① 《阅文集团 IPO：网络文学第一股为什么值一千亿？》，https://finance.sina.cn/hkstock/ggyw/2017-11-09/detail-ifynsait6507757.d.html?wm=3049_0015，2017 年 11 月 8 日。

② 《2017 年中国网游用户规模年增长率达 5.9%，小游戏带来新机遇》，http://youxi.youth.cn/yjxw/201801/t20180131_11361329.htm，2018 年 1 月 31 日。

③ 《2017 中国电影成绩喜人》，http://www.sohu.com/a/214712169_162758，2018 年 1 月 5 日。

④ 《海外中国网文粉丝可以看正版了　起点国际上线》，https://www.guancha.cn/culture/2017_05_15_408458.shtml，2017 年 5 月 15 日。

的改编权，同时加大了对一些作品改编项目的参与程度。"① 阅文集团在版权销售方面，以全局视野深度挖掘作品的潜在价值，通过将文学内容改编成电视剧、网络剧、动画、网络游戏及电影等娱乐形态，不断延长文学作品的变现周期。

三 广告等其他营收

阅文集团 2017 年底的财报显示其他收入已达 1.072 亿元②，其他收入虽然在阅文总体营收中所占比重不大，但也是重要来源之一。

据艾瑞咨询研究发现，2016 年中国网络广告市场规模达到 2902.7 亿元，2018 年整体规模有望超过六千亿元。③ 网络广告市场蕴藏着巨大的获利空间，阅文集团在新媒体时代将旗下产品排兵布阵，移动端是重点发展方向。2019 年 5G 网络投入商用，这对移动端来说更是插上了腾飞的翅膀。根据阅文 2017 年财报显示，阅文产品及腾讯产品上自营渠道的平均月活跃用户为 1.915 亿人④。因此在阅文平台投广告，对广告商来说也是不小的诱惑。若对网络广告做好布局，这对阅文来说也将是一块不菲的收益。广告的形式因阅文旗下产品的差异而有所不同，在阅文自营的文学网站或 APP 上，投放的多为网页平面广告；在阅文背靠的腾讯视频，则多为影视剧播放前的视频广告。

其他收入中网络游戏主要靠售卖道具、皮肤、装备等盈利。吴文辉在接受媒体采访时表示，希望阅文和腾讯、万达合资成立的子公司能效仿美国的漫威宇宙，"拥有很多经典的人物形象或者是故事，让它持续 10 年甚

---

① 《解读阅文 2017 年财报：净利润 5.56 亿 暴增 14 倍 IP 运营撬动万亿级市场》，https://finance.china.com/cydt/20000860/20181112/25303489_1.html，2018 年 11 月 12 日。

② 阅文集团官方微信公众号：《阅文集团 2017 年营收达人民币 41 亿，同比增长逾六成》，2018 年 3 月 19 日。

③ 艾欣：《艾瑞：网络广告规模 2902.7 亿元，电商广告首超搜索居榜首》，http://report.iresearch.cn/content/2017/05/268319.shtml，2017 年 5 月 22 日。

④ 阅文集团官方微信公众号：《阅文集团 2017 年营收达人民币 41 亿，同比增长逾六成》，2018 年 3 月 19 日。

至 20 年的影响力"①。这里提到的人物形象或故事便是周边变现的核心。围绕明星 IP 进行打造的周边衍生市场潜力巨大，在产业链下游为变现提供动力。在微店 APP 中，有阅文正版周边店，特别是游戏动漫的周边较多，可以围绕主角人物印制文化衫、书包图案、钥匙扣吊饰、玩偶等。

网络文学网站的粉丝效应及影响力，使得一批有商业头脑的人看到了其中潜在的巨大商机。文学网站相继获得风险投资，TOM 在线以 2000 万收购"幻剑书盟"80% 股权，大众书局收购逐浪网，中文在线投资 17k 文学网站。2017 年 7 月 4 日，阅文集团递交招股说明书，2016 年营收 25.68 亿。8 月 12 日，中文在线拟 14.73 亿元收购晨之科 80% 股权。9 月 21 日，掌阅科技在上海交易所主板所挂牌上市，市值 23.38 亿元。

新媒体环境下，粉丝占有主动优势，粉丝经济是文化产业市场上举足轻重的力量。目前有几种主要的经济模式：一是以偶像为核心的明星经济；二是围绕媒介内容的 IP 经济，通过调动粉丝的参与性建构以内容为核心的纵横联合的文化产业链；三是以社群为核心的合伙人商业模式②。以内容为核心的传统娱乐正在向以粉丝为核心的新型娱乐转变。

第二节　新媒体时代以商业化为主导的文化文学生态

从 1998 年网络小说作家痞子蔡（蔡智恒）的《第一次的亲密接触》发布算起，中国的网络文学已经走过了 20 多个年头。有数据显示，2017 年中国网络文学市场规模稳步上升至 127.6 亿元，同比增长 32.1%；2017 年中国网络文学用户规模达到 3.6 亿，同比增长 6.6%。网络文学的井喷式发展，不得不归功于互联网的普及和强大。余秋雨曾说："网络文学是当代文学的一片新天地。"北京大学中文系邵燕君也说："随着网络文学和时代的发展，未来的网络文学或会成为中国的主流文学，因为网络已经成为主流媒介。"但随着资本的不断渗透，专业文学网站以及签约作家制度

---

① 《解读阅文 2017 财报：净利润 5.56 亿 暴增 14 倍 IP 运营撬动万亿级市场》，https://finance. china.com/cydt/20000860/20181112/25303489_1.html，2018 年 11 月 12 日。

② 蔡骐：《社会化网络时代的粉丝经济模式》，《中国青年研究》2015 年 11 月 5 日。

等的逐步完善，网络文学的商业化特征日益明显且逐渐增强。从写作到阅读、从创作到传播，网络文学逐步建立起工业化运作的体系，形成一种倚重商业、强化产业的文化文学生态。

最初网络写手因为自己的文学理想和热情而写作，他们并不靠写作来获取经济收入。2003年文学网站开始实行VIP收费制度之后，给网络写手带来了新的生存方式。具体来说就是，读者每阅读一千字要付2分钱或者3分钱的费用，这其中的30%归网站、70%归作者。例如当时上海大学生命科学学院生物工程专业大四学生张磊，写作3本网络小说，收入就超过了10万元。他用自己做网络写手一年半赚的钱买了一部车，成为校园里令人羡慕的有车一族。网络文学发展到今天，网络写手间的收入差距很大。以阅文集团为例，五星的"大神级"作家只占到9.8%，二星到四星的作者占到23.3%，一星的小作者比例超过50%。2016年阅文集团发放稿酬近10亿，稿酬在100万元以上的超过了100人，即"大神级"作家包揽了十分之一的稿酬。据国信证券《网络文学市场深度报告》显示，阅文集团与签署分成合约的作者一般为七三或五五分成，签署买断合约的作者稿酬从千字50-5000元不等；掌阅的分成模式则为五五分或四六分（发行人40%）。由此可以看到，整个网络文学平台的薪资分布很不均匀，这也是导致当前网络文学领域乱象频出、优秀作品不多的主要原因。

当代著名小说家、编剧麦家曾说："网络写作者追求的是市场、是速度。"唐家三少曾连写96个月未断更新，创作速度是每月三十万字，目前已申请吉尼斯纪录。因此，他以1.1亿的收入在2016年中国网络作家富豪榜中位居榜首，是首位收入破亿的网络作家。有人统计，网络写手为了能够在互联网上生存，平均每写3000字就必须构思一个惊险刺激情节来吸引读者，否则就没人会继续看下去。这是一个快节奏生活下的网上阅读标准，也导致网络写作成为快餐化的写作方式。起点中文网的签约作者血红表示，自己就像是一个快餐式的作家，写的很多作品都不是经典的文学作品。网络写手们善于在互联网的大环境下，分析读者点击率并从中得出哪类人比较喜欢看哪些类型的作品，哪些读者更具有付费的能力，哪些情况或者情节下设置付费阅读。这些基于大数据总结出来的更加商业化的网络创作捷径，不断迎合受众的的阅读偏好，将文学创作演变成一种商业行为。

这首先导致网络文学内容同质化、类型化问题突出。在网络文学表面繁荣的背后，大多数作者盲目跟风写同类型作品，以至于类型小说已经成为当前网络文学的主流，且尤以玄幻奇幻、武侠仙侠、穿越、职场、爱情居多。以目前主流文学网站作品分类为例：起点中文网作品数量排名前五位的分别是女生网（分为古代言情、仙侠奇缘、现代言情、浪漫青春、玄幻言情、悬疑灵异、科幻空间、游戏竞技、N次元等类型）、玄幻、都市、仙侠和奇幻，创世中文网作品分类依次为玄幻奇幻、武侠仙侠、都市现实、历史军事和游戏体育等，纵横中文网作品分类依次为奇幻玄幻、武侠仙侠、历史军事、都市娱乐和竞技同人等，晋江文学城则将作品分为言情小说、纯爱／无CP、衍生／轻小说和原创小说等，17k小说网作品包括男生类（玄幻奇幻、仙侠武侠、都市小说、历史军事、游戏竞技、科幻末世）、女生类（古装言情、都市言情、浪漫青春、幻想言情）和个性化（悬疑小说、情感小说、二次元、自述小说、爆笑小说、青春小说）。从作品引发的效应来看，《宫锁心玉》的大热引来穿越题材网络文学的泛滥，《失恋33天》引来失恋题材的跟风，《致我们终将逝去的青春》引来青春题材的蔓延。在这个商业化的社会，为获得眼球经济，网络文学作品跟风投机地流行什么炒什么，看似品类众多题材丰富，其实内容情节都极为相似。这些类型化的写作方式让整个行业的多元性受到侵害，对文学的严肃性和社会责任感提出了挑战。

文学的高雅性与神圣性在互联网时代逐渐消失，有人说机器印刷术将文学从精英化书写及阅读拉下曲高和寡的神坛，那么网络文学更是将文学生活化，使之变成每个人触手可及的文化，网络文学与大众的距离在逐渐缩短。当网络文学以整个大众文化为背景不断发展时，娱乐性也成为其中一个比较突出的特点。文化产业不断被商业资本浸透之后，一些网络文学作品只注重娱乐效果，忽视了对于作品本身的思想内涵及艺术价值的深入追求，越来越呈现娱乐化的倾向。近几年，网络文学作品的题材主题和艺术特色主要体现在以下几个方面：一是感官的欲望化，故事情节多以性爱、暴力等吸引读者；二是时尚的生活话题，多以网恋、异性合租等故事情节展开；三是梦想的激励与制造，写人物的成长与强大；四是混搭的知识美学，在小说中增加悬疑、破案、伦理等增强故事吸引力；五是形式的变化，多以活泼的语言、跌宕的情节、丰富的想象为主要元素。网络文学作家慕容雪村曾说过："现在网络上作者多、作品多，类型小说初露端倪，是谓'进步巨大'；但至今都没出现一部真正的好小说，写手们态度太过随意，文字太过粗糙，没什么高级题材，也没什么想象力，大多书都是平庸之作，是谓'毛病太多'。"①

随着网络文学商业价值的逐渐凸显，也带来了诸多的版权纠葛。从网络文学本身再到各个产业的衍生产品，出现了涉及面广、涉及方较多的复杂的版权问题，有高达九成的网民接触过或者经常接触盗版。可见，网络文学的版权保护已经迫在眉睫。由于网络侵权行为非常普遍并且取证困难，网络写手的著作权也成为目前影响网络写手写作积极性的一个重要因素。在互联网上，一篇受到欢迎的网文很快便会被个人或网站转载，有些会注明转载，但也存在不少将他人作品据为己有的行为。由于网络的特殊性，网络作品很容易被网友在转贴的过程中进行修改、增删。虽然有关部门会组织支持正版、打击网络盗版的活动，网站也会利用技术手段禁止转载，但效果似乎并不明显，很多盗版的网络小说仍然可以在网上免费获得。2016年底播出的《锦绣未央》出自秦简的网络小说《庶女有毒》，这部剧一经播出就引来网友对其原作抄袭的众多议论。该小说最早发布在潇湘书院，抄袭事件一经爆出，原著作者则已经因为涉嫌抄袭被维权作家们告上了法庭。有网友花费近三年的时间进行对比得出，该书一共抄袭了209本书，更有甚者不少细节一字未改，全书270万字294个章节中仅9章没有抄袭。随后作者给出了道歉说明，论坛也提出了整改，但是一直没有发布整改结果。

在《锦绣未央》原作抄袭事件闹得沸沸扬扬时，网上部分作者对《锦绣未央》原作抄袭的后续进展情况表达不满，潇湘书院则以"你敢保证每

----

① 烟雨：《网络文学十年：进步挺大，毛病挺多》，http://www.ccmedu.com/bbs20_83551.html，2009年2月26日。

一句话都是原创，百度里找不到任何类似的内容"回复大众，同时还以发表恶意言论、破坏网站声誉为由，对指责秦简抄袭的自家作者予以惩罚，取消一切推荐及福利还扣除三位作者所有经验值。这种事件的发生，让原创网络文学的维权变得更难。文学网站有规范其作者不抄袭的义务，而像潇湘书院这样维护自己的作者，为了既得经济利益丝毫不顾其他作者的知识创作，便是对原创文学版权极不尊重的示范。这种不规范的行为也给网络文学行业带来很多弊端。掌阅联合创始人王良表示，网络文学的日益主流化要借助平台的力量，在内容上平台必须承担更多的责任。平台的发展，在一定程度上会对网络作者及其作品造成一定影响。如果一个平台是规范有序的，那么旗下的作者也会受到平台的规范制约，从而在一定程度上减少失范行为的发生。反过来，如果该平台发展不好，旗下作者入不敷出，创作激情也会大打折扣，这既不利于该平台的健康发展，也不利于作者的文学创作。

网络文化产业直接面对的是个体消费者，对于一个有独立思考能力的社会个人来说，对产品和服务的需求既有共性又有千差万别的个性。个体消费者的需求不仅是个性化的，而且一般是独立决策，是出于使个人满足程度最大化而主动进行的理性选择。个性化需求加上独立决策，决定了个体消费者的选择，一定是非垄断性的。根据 Analysys 易观发布的《中国移动阅读市场季度监测报告 2017 年第 3 季度》数据显示，2017 年第 3 季度中国移动阅读市场主流移动阅读应用中，头部厂商用户黏性持续上升，尾部厂商受到不同程度的挤压。其中 QQ 阅读以 262.95 次人均启动次数再度蝉联榜首。掌阅 iReader 人均启动次数达到 230.72 次，位居第二。TOP10格局发生变化，爱阅读跌出前十，当当阅读成功进军前十[①]。从表中我们还可以看到，如果一个季度按 90 天计算的话，那么表中前三名 QQ 阅读、掌阅 iReader、塔读文学已经占了半壁江山。最少的网易云阅读在一个季度内的人均启动只有 8.85 次，使用时长 48.35 小时，也就是说平均到一天用户人均只使用 5 分多钟，而最多的 QQ 阅读则可以达到人均每天近 2.9 个

---

① 《易观：2017 年第 3 季度中国移动阅读市场 数字阅读竞争升级，各方逐步完善 IP 产业链条，IP 运营将逐步规范化》，https://www.analysys.cn/article/analysis/detail/1001071，2017 年 12 月 6 日。

小时，这其中的差距显而易见。在用户使用分级明显的移动阅读市场内，没有一定的阅读时间保障，没有用户的黏性支撑，很难在行业中维持发展。因此对于网络文化产业来说，只要能开发出满足消费者个性化需求的内容，任何企业甚至个人都有可能成为内容供给者。这样相对公平的行业格局才最有利于网络文学产业的良性发展。

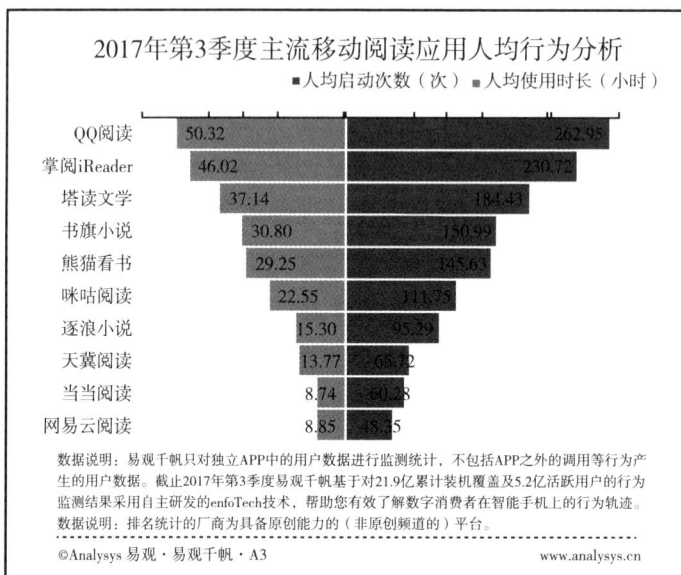

图2 2017年第三季度主流移动阅读应用人均行为分析

网络文学产业在当今的中国有着巨大的发展机遇，网络将人与人之间的距离缩短，同时也加快了信息的传播速度。当前移动互联网普及更是给网络文学产业带来了无限的未来，在众多与网络相关的新兴产业中，网络文化产业是富有生气和引人注目的一部分。网络文学产业需要不断延长产业链条，整合产业上下游资源优化发展，形成适合网络文学的商业模式，共同促进网络文学市场的健康发展。

结　　语

威尔伯·施拉姆曾指出："大众媒介一经出现，就介入了一切意义重大的社会变革，包括智力革命、政治革命、工业革命，以及兴趣爱好、愿望抱负和价值观念的革命。这些革命使我们懂得了一条基本规律：由于传播是基本的社会过程，由于人首先是处理信息的动物，因此，信息状态的重大变革，以及传播在社会变革里的介入，总是和重大的社会变革相生相伴的。"[①] 在这种意义上，文化文学的变革，与传播、媒介的变革密不可分。

19 世纪晚期的中国，随着印刷技术和报刊出版的成熟，传媒在改变社会文化氛围方面的重要作用立刻显现出来。对于文化文学精英们而言，面对各种新的教育和职业道路，"职业化"和"专业化"取代"政治化"成为重要的发展趋势。文人团体参与出版，承担包括出版书籍、编辑报纸和定期出版物的责任，写作、教育和政治间的直接联系开始消失，文学活动和出版物呈现更自治、更专业的特点。文学社团流派和文学杂志，在民国时期的文坛上遂占据了支配地位，这种特定的文学共同体成为最具魅力、引人入胜的研究对象。以"同人"（或"同仁"）自称的文人团体，依靠大致相同的教育背景、阅读习惯和审美趣味联结起来，一般强调自己缺少意识形态或组织，以同人性质的期刊作为实际聚会场所，恰恰造成了多元共存、异彩纷呈的文化局面。

然而，一些有组织的社团，开始使用文学生产和意识形态论争的各种

[①] ［美］威尔伯·施拉姆、威廉·波特：《传播学概论》（第二版），何道宽译，中国人民大学出版社 2010 年版，第 16–17 页。

策略，构建出体制性的团体形式。它一般是包括被社会承认的知识分子和作家在内且具备组织网络的大型集体，或依赖会员、股东来资助大量出版活动，或受到政府、政党的赞助，成为公共文化组织或政治性组织。前者以文学研究会为代表，后者较为典型的是 1930 年代的中国左翼作家联盟。在这种文学机制中，一系列无形的文学规范被造就出来。正如王晓明在《一份杂志和一个"社团"——重评五四文学传统》一文中反思所说："那种文学应该有主流、有中心的观念，那种文学进程是可以设计和制造的观念，那种集体的文学目标高于个人的文学梦想的观念……如果把这一切都看成五四文学传统的组成部分，而且是非常重要的组成部分，我们对三十年代中期以后文学大转变的内在原因，是不是就能有一些新的解释呢？"①新中国成立后"十七年"期间，"组织化期刊"的唯一合法性和文学的体制化、一体化，都可以溯源于此。

文学，可能是最难被规训的，因此文学的体制化绝非几份文件、几次通知可以完成的任务，这一过程实际上是建立组织文化、统一意识形态、构建符号体系、最终形成共识的组织传播行为。因此，"组织化期刊"从创办之初就被赋予意识形态属性，并为不同的意识形态提供了斗争舞台；但"组织化期刊"上不同观点的论争不是为了形成各据其理的局面，而是一方彻底压倒另一方的意识形态统一的斗争，最终目的是为了贯彻最高意志。正是在传播媒介高度介入的过程中，确立了党和政府所提倡的无产阶级文艺的绝对地位，文艺界坚守"文艺为政治"服务的原则，对资产阶级思想、唯心主义论等问题进行批判，形成了在很长一段时间内通过传播媒介编发社论、新闻、评论文章大造舆论声势的模式。被高度组织化的媒介，不但折射出不断调整的文艺政策，而且引导作者和读者共同建立起当代文学体制。

电子媒介的出现，尤其是 20 世纪晚期互联网媒介引入中国，它极大地改变了文化传播的方式乃至文化自身的形态，甚至改变了生存于其中的人类的生活。文学的变化同样是惊人的，从创作到发表，从阅读到传播，

---

① 王晓明：《一份杂志和一个"社团"——重评五四文学传统》，《批评空间的开创：二十世纪中国文学研究》，东方出版中心 1998 年版，第 209 页。

媒介再一次深刻地影响到文学的存在方式。与印刷时代的文学杂志相似，"网络杂志"（Webzine）也通过设置各种栏目来呈现不同的写作文类，它们不受时间空间的限制，并且为受众提供共同体和参与意识，让印刷文化无法匹敌。网络文学已经诞生了被称为各路大神的文学名流，每年颁发自己的文学奖项。网络文学与传统文学的跨界互生越来越普遍，很多时候已经难以区分彼此。

在 20 世纪的文学场中，经济法则和政治法则常常遭致尖锐的批判。如沈从文 1933 年 10 月在《大公报·文艺副刊》上发表题为《文学者的态度》的文章，引发了现代文坛上旷日持久的"海派""京派"之争；1936年 10 月又发表《作家间需要一种新运动》，指出当时文学创作中普遍存在的"差不多"现象，对创作的公式化、概念化现象提出批评；这两篇文章究其主要意图，分别针对的就是文学与商业的结合、文学与政治的结合。但是，电子媒介与市场的结合，必然形成消费主义意识形态以及相应的文化行为。在以互联网为技术支撑的新媒体文化时代，"符号暴力"强有力地摧毁了一切传统的边界，文化趋于同质化和类型化，但又为各种异质因素的萌发和生长提供了最大可能性。

笔者一直认为，中国文学第一次真正意义上的现代转型是由五四文学革命来完成的，那么再一次的文学变革或许将由网络文学来承担和实现。尽管目前对网络文学以及"网络文学 +"的评价仍存在较大争议，但它已经成为一股不可阻遏的潮流奔涌向前，显示出旺盛的生命活力和强大的市场效应。以至于我们不得不开始反思：传统文学与网络文学，谁才是当今中国的主流文学？

参考文献

一　原始文献

1.《新月》月刊第 1 卷第 1 号至第 4 卷第 7 号。

2.《文艺报》（1949—1966 年）。

3. 陈建功主编：《百年中文文学期刊图典（上）》，文化艺术出版社 2009 年版。

4. 全国图书联合目录编辑组编：《全国中文期刊联合目录 1833—1949》，北京图书馆出版社 1961 年版。

5. 山东师范学院中文系编辑：《1937—1949 主要文学期刊目录索引》，山东师范学院中文系 1962 年版。

6. 唐沅等编：《中国现代文学期刊目录汇编》，知识产权出版社 2010 年版。

7. 吴秀明主编、郭剑敏分册主编：《中国当代文学史料丛书·文学期刊、社团与流派史料卷》，浙江大学出版社 2016 年版。

8. 吴泰昌主编：《文艺报创刊五十周年纪念图集》，作家出版社 1999 年版。

9.《为保卫社会主义文艺路线而斗争》，新文艺出版社 1957 年版。

10. 现代文学期刊联合调查小组编：《中国现代文学期刊目录（初稿）》，上海文艺出版社 1961 年版。

11.《中国现代文艺资料丛刊》（1—8 辑），上海文艺出版社 1962—1984 年版。

12. 张静庐辑注：《中国近现代出版史料》（1—8卷），上海书店2011年版。

13. 张允侯、殷叙彝、洪清祥、王云开：《五四时期的社团》（1—4册），生活·读书·新知三联书店1979年版。

二 研究专著

1.［美］埃里克·M.艾森伯格、小H.L.古多尔：《组织传播——平衡创造性和约束》，白春生、王秀丽、张璟译，北京广播学院出版社2004年版。

2.［美］爱德华·W.赛义德：《赛义德自选集》，谢少波、韩刚等译，中国社会科学出版社1999年版。

3.［美］爱德华·霍尔：《超越文化》，何道宽译，北京大学出版社2010年版。

4.［加］埃里克·麦克卢汉、弗兰克·秦格龙编：《麦克卢汉精粹》，何道宽译，南京大学出版社2000年版。

5.［俄］巴赫金：《文本·对话与人文》，河北教育出版社1998年版。

6.［荷兰］丹尼斯·麦奎尔：《受众分析》，刘燕南、李颖、杨振荣译，中国人民大学出版社2016年版。

7.［美］丹尼尔·伯斯坦、戴维·克莱恩：《征服世界——数字时代的现实与未来》，吕传俊、沈明译，作家出版社1998年版。

8.［美］道格拉斯·凯尔纳：《媒体文化——介于现代与后现代之间的文化研究、认同性与政治》，丁宁译，商务印书馆2004年版。

9.［美］费正清编：《剑桥中国晚清史（1800—1911）》（上卷），中国社会科学出版社1993年版。

10.［美］佛雷德里克·S.西伯特、西奥多·彼得森、威尔伯·施拉姆：《传媒的四种理论》，戴鑫译，中国人民大学出版社2008年版。

11.［法］古斯塔夫·勒庞：《乌合之众——大众心理研究》，陈剑译，译林出版社2016年版。

12.［荷兰］贺麦晓著，陈太胜译：《文体问题——现代中国的文学社团和文学杂志（1911—1937）》，北京大学出版社2016年版。

13.Michel Hockx, *Internet Literature in China*, New York: Columbia University Press, 2015.

14.［美］赫伯特·马尔库塞：《单向度的人——发达工业社会意识形态研究》，刘继译，上海译文出版社 2008 年版。

15.［美］亨利·詹金斯：《文本盗猎者：电视粉丝与参与式文化》，郑熙青译，北京大学出版社 2016 年版。

16.［联邦德国］H·R.姚斯、［美］R·C.霍拉勃：《接受美学与接受理论》，周宁、金元浦译，辽宁人民出版社 1987 年版。

17.［美］凯瑟琳·米勒：《组织传播》（第二版），袁军等译，华夏出版社 2000 年版。

18.［美］罗杰·菲德勒：《认识新媒介：媒介形态变化》，华夏出版社 2000 年版。

19.［法］罗兰·巴尔特：《罗兰·巴尔特文集：符号学原理》，李幼蒸译，中国人民大学出版社 2008 年版。

20.［加］马歇尔·麦克卢汉：《机器新娘：工业人的民俗》，何道宽译，中国人民大学出版社 2004 年版。

21.［加］马歇尔·麦克卢汉：《理解媒介——论人的延伸（增订评注本）》，何道宽译，译林出版社 2011 年版。

22.［加］马歇尔·麦克卢汉著，［美］昆廷·菲奥里、杰罗姆·阿吉尔编：《媒介与文明》，何道宽译，机械工业出版社 2016 年版。

23.［德］马克斯·霍克海默、特奥多·阿尔多诺：《启蒙辩证法》，洪佩郁、蔺月峰译，重庆出版社 1990 年版。

24.［美］马克·波斯特：《第二媒介时代》，范静哗译，南京大学出版社 2000 年版。

25.［英］迈克尔·费瑟斯通：《消费文化与后现代主义》，刘精明译，译林出版社 2000 年版。

26.［美］尼古拉·尼葛洛庞帝：《数字化生存》，胡泳、范海燕译，海南出版社 1997 年版。

27.［美］尼尔·波兹曼：《娱乐至死》，章艳译，中信出版社 2015

年版。

28.〔法〕皮埃尔·布迪厄:《论符号权力》,吴飞译,辽宁大学出版社1999年版。

29.〔美〕威尔伯·施拉姆、威廉·波特:《传播学概论》(第二版),中国人民大学出版社2010年版。

30.〔美〕约翰·菲斯克:《电视文化》,祁阿红、张鲲译,商务印书馆2005年版。

31.〔美〕约书亚·梅罗维茨:《消失的地域:电子媒介对社会行为的影响》,清华大学出版社2002年版。

32.〔德〕伊丽莎白·诺尔-诺依曼:《沉默的螺旋:舆论——我们的社会皮肤》,董璐译,北京大学出版社2013年版。

33.〔美〕詹姆斯·罗尔;《媒介、传播、文化——一个全球性的途径》,董洪川译,商务印书馆2012年版。

34.〔美〕周策纵:《五四运动:现代中国的思想革命》,周子平等译,江苏人民出版社2005年版。

35.白烨:《中国文情报告(2012—2018)》,社会科学文献出版社2018年版。

36.白润生主编:《中国新闻传播史新编》,郑州大学出版社2008年版。

37.柏定国:《网络传播与文学》,中国文史出版社2008年版。

38.崔波:《清末民初媒介空间演化论》,北京大学出版社2012年版。

39.陈钢:《晚清媒介技术发展与传媒制度变迁》,上海交通大学出版社2011年版。

40.陈从周:《徐志摩:年谱与述评》,上海书店2008年版。

41.陈宝良:《中国的社与会》,浙江人民出版社1996年版。

42.陈平原、〔日〕山口守编:《大众传媒与现代文学》,新世界出版社2003年版。

43.陈玉申:《晚清报业史》,山东画报出版社2003年版。

44.陈顺馨:《社会主义现实主义理论在中国的接受与转化》,安徽教育出版社 2000 年版。

45. 丁淦林主编:《中国新闻事业史》,高等教育出版社 2002 年版。

46. 范泉:《中国现代文学社团流派辞典》,上海书店出版社 1993 年版。

47. 方汉奇主编:《中国新闻传播史》(第三版),中国人民大学出版社 2014 年版。

48. 戈公振:《中国报学史》,生活·读书·新知三联书店 1955 年版。

49. 高永亮:《网络传播消费主义现象批判》,中国传媒大学出版社 2014 年版。

50. 郭庆光:《传播学教程》(第二版),中国人民大学出版社 2011 年版。

51. 胡河宁:《组织传播学——结构与关系的象征性互动》,北京大学出版社 2010 年版。

52. 胡经之、张首映:《西方二十世纪文论选》,中国社会科学出版社 1989 年版。

53. 蒋述卓、李凤亮主编:《传媒时代的文学存在方式》,广西师范大学出版社 2010 年版。

54. 金观涛、刘青峰:《兴盛与危机——论中国封建社会的超稳定结构》,湖南人民出版社 1984 年版。

55. 贾植芳:《中国现代文学社团流派》,江苏教育出版社 1989 年版。

56. 姜英:《网络文学的价值》,巴蜀书社 2013 年版。

57. 匡文波:《网络传播学概论》,高等教育出版社 2004 年版。

58. 林语堂:《中国新闻舆论史》,王海、何洪亮主译,中国人民大学出版社 2008 年版。

59. 刘兴豪:《报刊舆论与近代中国政治——从维新变法说起》,中央编译出版社 2011 年版。

60. 刘增人等纂著:《中国现代文学期刊史论》,新华出版社 2005 年版。

61. 赖敏:《文化产业境域的网络文学研究》,科学出版社 2017 年版。

62. 蓝爱国、何学威：《网络文学的民间视野》，中国文联出版社 2004 版。

63. 李白坚：《中国出版文化概观》，广西教育出版社 1999 年版。

64. 李河：《得乐园·失乐园——网络与文明的传说》，中国人民大学出版社 1997 年版。

65. 李礼：《转向大众：晚清报人的兴起与转变（1872—1912）》，北京师范大学出版社 2017 年版。

66. 李频：《大众期刊运作》，中国大百科全书出版社 2003 年版。

67. 李文明、吕福玉：《网络文化产业研究》，经济科学出版社 2011 年版。

68. 李星辉：《网络文学语言论》，中国文史出版社 2007 年版。

69. 李岩：《传播与文化》，浙江大学出版社 2009 年版。

70. 李玮：《新闻符号学》，四川大学出版社 2014 年版。

71. 柳珊：《在历史缝隙间挣扎——1910—1920 年间的〈小说月报〉研究》，百花洲文艺出版社 2004 年版。

72. 梅红：《网络文学》（第二版），西南交通大学出版社 2016 年版。

73. 马季：《网络文学透视与备忘》，中国社会科学出版社 2010 年版。

74. 欧阳友权：《网络文学概论》，北京大学出版社 2008 年版。

75. 欧阳友权：《网络文学发展史》，中国广播电视出版社 2008 年版。

76. 欧阳友权：《数字媒介下的文艺转型》，中国社会科学出版社 2011 年版。

77. 欧阳友权：《网络与文学变局》，中国文史出版社 2014 年版。

78. 欧阳友权主编：《网络文学研究成果集成》，中国文联出版社 2015 年版。

79. 欧阳友权、袁星洁编著：《中国网络文学编年史》，中国文联出版社 2015 年版。

80. 潘祥辉：《媒介演化论：历史制度主义视野下的中国媒介制度变迁研究》，中国传媒大学出版社 2009 年版。

81. 潘建国：《物质技术视域中的文学景观——近代出版与小说研究》，

北京大学出版社 2016 年版。

82. 史习斌：《〈新月〉：一种同人期刊与自由媒介的综合透视》，中国社会科学出版社 2017 年版。

83. 邵培仁、陈兵：《媒介管理学概论》，高等教育出版社 2010 年版。

84. 邵燕君：《倾斜的文学场——当代文学生产机制的市场化转型》，江苏人民出版社 2003 年版。

85. 苏晓芳：《网络与新世纪文学》，中国社会科学出版社 2011 年版。

86. 孙祥飞：《2017 新闻与传播学热点专题 80 讲》，人民日报出版社 2017 年版。

87. 沈志华主编：《中苏关系史纲》，新华出版社 2007 年版。

88. 图雅：《图雅的涂鸦》，现代出版社 2002 年版。

89. 谭德晶：《网络文学批评论》，中国文联出版社 2004 年版。

90. 陶东风：《大众文化教程》，广西师范大学出版社 2008 年版。

91. 汪晖：《去政治化的政治：短 20 世纪的终结与 90 年代》，生活·读书·新知三联书店 2008 年版。

92. 王本朝：《中国现代文学制度研究》，西南师范大学出版社 2002 年版。

93. 王绯：《21 世纪新媒体与文学发展》，社会科学文献出版社 2012 年版。

94. 王喆：《社交媒体新世代的互动传播》，社会科学出版社 2018 年版。

95. 王烨：《新文学与现代传媒》，学林出版社 2008 年版。

96. 王维：《中国文学界"检讨"研究：1949—1955》，群言出版社 2015 年版。

97. 王余光、吴永贵：《中国出版通史·民国卷》，中国书籍出版社 2008 年版。

98. 武新军：《意识形态结构与中国当代文学——〈文艺报〉（1949—1989）研究》，中国社会科学出版社 2010 年版。

99. 谢波：《媒介与文艺形态——〈文艺报〉研究（1949—1966）》，复旦大学出版社 2013 年版。

100. 谢静：《组织传播学》，复旦大学出版社 2014 年版。

101. 许纪霖：《公共空间中的知识分子》，江苏人民出版社 2007 年版。

102. 叶再生：《中国近代现代出版通史 第 1 卷》，华文出版社 2002 年版。

103. 颜浩：《北京的舆论环境与文人团体：1920—1928》，北京大学出版社 2008 年版。

104. 杨早：《清末民初北京舆论环境与新文化的登场》，北京大学出版社 2008 年版。

105. 应星：《新教育场域的兴起，1895—1926》，生活·读书·新知三联书店 2017 年版。

106. 俞平伯：《红楼梦辨》，岳麓书社 2010 年版。

107. 庄晓东主编：《文化传播：历史、理论与现实》，人民出版社 2003 年版。

108. 庄晓东：《传播与文化概论》，人民出版社 2008 年版。

109. 张隆栋主编：《大众传播学总论》，中国人民大学出版社 1993 年版。

110. 张立、介晶、高宁、梁楠楠：《网络文学发展现状及其评价体系研究》，中国书籍出版社 2016 年版。

111. 张嫱：《粉丝力量大》，中国人民大学出版社 2010 年版。

112. 张新民：《期刊类型与中国现代文学生产（1917—1937）》，中国社会科学出版社 2014 年版。

113. 张勇：《1921—1925：中国文学档案——"五四"传媒语境中的前期创造社期刊研究》，山东人民出版社 2012 年版。

114. 周葱秀、涂明：《中国近现代文化期刊史》，山西教育出版社 1999 年版。

115. 周海波：《传媒与现代文学之间》，中国社会科学出版社 2004 年版。

116. 周晓明：《多源与多元：从中国留学族到新月派》，华中师范大学出版社 2001 年版。

117. 周晓明：《人类交流与传播》，上海文艺出版社 1990 年版。

118. 郑保卫主编：《中国共产党新闻思想史》，福建人民出版社 2004 年版。

119. 赵云泽：《作为政治的传播：中国新闻传播解释史》，中国人民大学出版社 2017 年版。

120. 支庭荣：《媒介管理》，暨南大学出版社 2004 年版。

三　期刊论文

（一）上编部分

1. 巴彦：《三十年代的大型文学杂志——〈现代〉月刊》，《新文学史料》1990 年第 2 期。

2. 陈平原：《思想史视野中的文学——〈新青年〉研究（上）》，《中国现代文学研究丛刊》2002 年第 3 期。

3. 陈平原：《思想史视野中的文学——〈新青年〉研究（下）》，《中国现代文学研究丛刊》2003 年第 1 期。

4. 陈离、王昭君：《〈莽原〉周刊与莽原社》，《江西师范大学学报》（哲学社会科学版）2006 年第 3 期。

5. 陈定家：《作为文学阵地的文学期刊》，《新疆大学学报》（社会科学版）2001 年第 1 期。

6. 陈斯华：《〈新青年〉杂志同人作者群的演化》，《山东社会科学》2003 年第 5 期。

7. 陈树萍：《期刊的中间姿态与新文学的建构——以〈北新〉为例》，《云南社会科学》2005 年第 1 期。

8. 陈树萍：《北新书局：新文化运动的推动者》，《新文学史料》2006 年第 1 期。

9. 蔡秋彦：《〈新潮〉的历史、内容与编辑思想》，《汕头大学学报》（人文社会科学版）2008 年第 5 期。

10. 程丽蓉：《大众传播与制度控制：中国现代作家的创作生态论》，

《重庆师范大学学报》2006 年第 4 期。

11. 董国强：《论 1910—1930 年代中国自由主义知识分子的发展流变——以〈新青年〉同人群体、"新月派"和"独立评论派"的结构分析为视角》，《民国档案》2003 年第 2 期。

12. 董丽敏：《文化场域、左翼政治与自由主义——重识〈现代〉杂志的基本立场》，《社会科学》2007 年第 3 期。

13. 郭浩帆：《〈新小说社征文启〉及其价值和意义》，《济南大学学报》2001 年第 3 期。

14. 管宁、谭雪芳：《大众传媒视野下的现代文学——以现代通俗小说与散文文体变革为考察中心》，《中山大学学报》（社会科学版）2008 年第 3 期。

15. 韩晗：《都市文明、大众传媒与文艺消费的现代性发生——以 1920—1930 年代期刊生产模式为核心的史料考察》，《出版广角》2011 年第 11 期。

16. 黄旦：《"把关人"研究及其演变》，《国际新闻界》1996 年第 4 期。

17. 蒋超、夏泉：《民国学人的学术生态——以"新月派学人群"与上海国立暨南大学为视角》，《社会科学论坛》2016 年第 10 期。

18. 李欧梵：《探索"现代"——施蛰存及〈现代〉杂志的文学实践》，《文艺理论研究》1998 年第 5 期。

19. 李良：《商业传媒语境与"语丝体"散文》，《德州学院学报》2014 年第 1 期。

20. 凌云岚：《"北京学"的研究空间——兼评〈北京的舆论环境与文人团体：1920—1928〉》，《北京社会科学》2009 年第 6 期。

21. 刘纳：《社团、势力及其他——从一个角度介入"五四"文学史》，《中国现代文学研究丛刊》1999 年第 3 期。

22. 刘增人：《试注现代人文期刊的历史与规律》，《出版发行研究》2002 年第 2 期。

23. 刘增人：《四十年代文学期刊扫描》，《中国现代文学研究丛刊》2003 年第 2 期。

24. 刘霁：《传播媒体与文学译介——从〈学衡〉到〈大公报·文学副刊〉》，《理论界》2007 年第 2 期。

25. 刘震：《〈新青年〉与"公共空间"——以〈新青年〉"通信"栏目为中心的考察》，《延边大学学报》（社会科学版）2003 年第 3 期。

26. 刘忠：《同人期刊的知识谱系及文学史评价》，《学术研究》2013 年第 2 期。

27. 刘忠：《学校、社团与期刊的互动共生——论新文学的生产传播与文脉制衡》，《中山大学学报》（社会科学版）2015 年第 6 期。

28. 刘忠：《自由撰稿人、同人社团和期刊的互动关系》，《福建师范大学学报》（哲学社会科学版）2016 年第 1 期。

29. 刘保昌：《论中国现代文学史上的编辑群体》，《学术论坛》1999 年第 5 期。

30. 卢建军：《开启另一种"文本"的阅读空间——以〈新潮〉杂志为例》，《江淮论坛》2006 年第 4 期。

31. 马少华：《〈努力〉周报的新闻实践与"同人期刊"的运作特征》，《国际新闻界》2006 年第 8 期。

32. 权赫律：《韩国"同人杂志"的发展与流变——以对〈文学与知性〉的考察为中心》，《当代作家评论》2011 年第 6 期。

33. 孙霞、陈国恩：《1928 年至 1934 年文学论争与俄苏文学文论传播中的期刊》，《湘潭大学学报》（哲学社会科学版）2008 年第 3 期。

34. 汤哲声：《生产体系：中国现代文学生成发展的社会基础》，《文艺研究》2002 年第 6 期。

35. 唐国琪：《〈新青年〉为什么成为中共党刊》，《党史纵览》2011 年第 2 期。

36. 王富仁：《传播学与中国现代文学研究》，《读书》2004 年第 5 期。

37. 王晓明：《一份杂志和一个"社团"——重评五四文学传统》，《批评空间的开创：二十世纪中国文学研究》，东方出版中心 1998 年版。

38. 王奇生：《新文化是如何"运动"起来的——以〈新青年〉为视点》，《近代史研究》2007 年第 1 期。

39. 王天定：《为什么会有"小册子新闻事业的黄金时代"——从一个侧面考察五四前后至抗战开始前中国媒体的生存环境》，《西北大学学报》（哲学社会科学版）2009 年第 6 期。

40. 薛晖：《论 30 年代林语堂的期刊编辑思想》，《新闻传播》2010 年第 4 期。

41. 咸立强：《从"文学"社团到文学"社团"——从社团的角度切入创造社研究（一）》，《克山师专学报》2004 年第 4 期。

42. 叶子善：《文学研究会的文学明信片》，《新文学史料》1994 年第 3 期。

43. 杨文忠：《〈七月〉等刊物的成功于文学期刊的借鉴意义》，《出版广角》2006 年第 5 期。

44. 颜浩：《民间化：现代同人杂志的出版策略——20 世纪 20 年代的〈语丝〉杂志和北新书局》，《北京社会科学》2005 年第 2 期。

45. 赵林：《多元语境制约下的〈语丝〉周刊》，《山西师大学报》（社会科学版）2008 年第 3 期。

46. 张勇：《论前期创造社期刊的创办对中国现代文学进程的影响》，《山东师范大学学报》（人文社会科学版）2010 年第 3 期。

47. 张永胜：《试论〈现代〉杂志作者群的构成特点》，《上海交通大学学报》（哲学社会科学版）2002 年第 4 期。

48. 张玲丽：《透视〈七月〉〈希望〉的"同人"定位》，《赣南师范学院学报》2010 年第 4 期。

49. 朱晓进：《论三十年代文学杂志》，《南京师大学报》（社会科学版）1999 年第 3 期。

50. 朱晓进：《从政治文化的角度研究三十年代文学》，《中国现代文学研究丛刊》1999 年第 1 期。

51. 周逢琴：《期刊·流派·文学史》，《出版科学》2015 年第 4 期。

52. 陈思广、宋海婷：《引领与设计：新文学社团与现代长篇小说的传播接受——以文学研究会、创造社与新月社为中心》，《湖北大学学报》（哲学社会科学版）2017 年第 2 期。

53. 付祥喜：《新月社若干史实考辨》，《中国现代文学研究丛刊》2007年第6期。

54. 霍俊明：《"新月"的"小脚"与"西服"》，《文艺报》2013年5月20日第6版。

55. 黄昌勇：《新月派发展轨迹新论》，《武陵学刊》1995年第1期。

56. 黄昌勇：《新月派文学思想论》，《文学评论》1995年第3期。

57. 侯群雄：《一份杂志和一个群体——以〈新月〉为中心》，《新文学史料》2004年第2期。

58. 胡博：《"新月书店"考》，《文学评论》2015年第6期。

59. 胡博：《〈晨报副刊〉与早期新月派》，《河南大学学报》（社会科学版）2007年第2期。

60. 胡博：《新月派前期的"文学梦"》，《中国现代文学研究丛刊》2004年第2期。

61. 胡梅仙：《个体贵族文学意识：〈新月〉的自由话语策略》，《名作欣赏》2018年第2期。

62. 姜德明：《新月的广告》，《中国图书评论》1996年第2期。

63. 刘群：《关于新月社成立的时间、地点及相关情况的考述》，《中国现代文学研究丛刊》2007年第3期。

64. 李慧贞：《〈新月〉小说初探》，《暨南学报》（哲学社会科学版）1985年第4期。

65. 倪平：《新月派的两个支柱：书店、月刊的起讫》，《中国现代文学研究丛刊》2005年第6期。

66. 倪平：《〈新月〉月刊若干史实之考证》，《编辑学刊》2004年第6期。

67. 彭耀春：《戏剧，新月派组合的契机》，《杭州大学学报》1990年第4期。

68. 覃宝凤：《为新月找一个坐标——1925—1926年徐志摩与〈晨报副刊〉》，《延安大学学报》（社会科学版）2006年第1期。

69. 史习斌：《〈新月〉月刊与梁、鲁论争》，《沈阳师范大学学报》（社会科学版）2011年第6期。

70. 史习斌：《一体化：〈新月〉月刊的传播方式》，《湖北社会科学》2011 年第 10 期。

71. 史习斌：《言论空间拓展与公共领域建构——〈新月〉月刊的媒介影响》，《湛江师范学院学报》2013 年第 4 期。

72. 史习斌：《〈新月〉月刊的媒介体制》，《湖北社会科学》2016 年第 6 期。

73. 宋炳辉：《"新月"群体的历史命运及其文化贡献》，《文艺报》2013 年 5 月 20 日第 5 版。

74. 童晓薇：《创造社与新月派知识群体的比照分析》，《广东社会科学》2005 年第 3 期。

75. 王强：《关于"新月派"的形成和发展》，《中国现代文学研究丛刊》1983 年第 3 期。

76. 王强：《新月社四题》，《齐鲁学刊》1983 年第 5 期。

77. 王强：《必须历史地评析"新月"》，《上海师范大学学报》1995 年第 4 期。

78. 王强：《揭看"新月"的真光》，《常州教育学院学报》（综合版）1995 年第 4 期。

79. 王耀文：《胡适、〈新月〉与梁启超纪念专号》，《书屋》2008 年第 6 期。

80. 吴立昌：《1930 年前后之〈新月〉》，《中文自学指导》2006 年第 2 期。

81. 吴奔星：《试论新月诗派》，《文学评论》1980 年第 2 期。

82. 吴福辉：《现代文化移植的困厄及历史命运——论胡适与〈现代评论〉、〈新月〉派》，《文艺争鸣》1992 年第 3 期。

83. 吴福辉：《三十年代人文期刊的品类与操作》，《新华文摘》1996 年第 2 期。

84. 吴中杰：《新月派与艺术沙龙》，《阴山学刊》（社会科学版）1997 年第 1 期。

85. 萧心：《新月诗派辩析》，《烟台师范学院学报》（哲学社会科学版）1989 年第 3 期。

86. 尹在勤：《新月社的形成——新月派研究之一》，《四川大学学报》（哲学社会科学版）1983 年第 1 期。

87. 尹在勤：《"新月"派中有派》，《四川大学学报》（哲学社会科学版）1984 年第 4 期。

88. 叶中强：《从知识体制中心走向自由媒体市场——"新月派"文人在上海》，《史林》2008 年第 6 期。

89. 俞晓霞：《从布鲁姆斯伯里集团到新月派：民国自由知识分子群体的形态建构》，《学术月刊》2014 年第 11 期。

90. 叶红：《论报刊与现代文学流派的关系——以新月诗派为例》，《哈尔滨师范大学社会科学学报》2011 年第 5 期。

91. 余荣虎：《萍踪偶聚 本为"道"同——胡适、徐志摩与英美派》，《新文学史料》2005 年第 4 期。

92. 周晓明：《留学族群视域中的新月派》，《华中师范大学学报》（人文社会科学版）2000 年第 1 期。

93. 朱晓进：《"新月派"的文学策略——中国三十年代文学群体的"亚政治文化"特征之一》，《中国现代文学研究丛刊》1999 年第 3 期。

94. 朱寿桐：《绅士气度与新月派的形成》，《江苏社会科学》1993 年第 4 期。

95. 朱寿桐：《以"感美感恋"心态走出名士传统——新月派散文的绅士文化特性考察》，《文学评论》1994 年第 1 期。

96. 郑择魁：《试论"新月派"》，《文学评论》1983 年第 1 期。

97. 张意：《新月派与布鲁斯伯里派的文化交往》，《社会科学研究》2016 年第 3 期。

98. 张劲：《闻一多与"新月派"辨析》，《贵州社会科学》1988 年第 12 期。

99. 张立群：《"新月"的历史及其几种说法》，《文艺报》2013 年 5 月 20 日第 8 版。

（二）中编部分

1. 白宁：《大众传播媒介管理中的文化范式分析》，《行政论坛》2003

年第 11 期。

2. 残石：《抗日战争时期延安出版之报纸、期刊目录初编》，《宁夏图书馆通讯》1981 年第 1 期。

3. 成海军：《计划经济时期中国社会福利制度的历史考察》，《当代中国史研究》2008 年第 5 期。

4. 陈伟军：《建国后十七年文学生产中的媒介角色》，《暨南学报》（哲学社会科学版）2007 年第 5 期。

5. 陈伟军：《建国初期文艺界关于同人刊物的倡言》，《粤海风》2007 年第 6 期。

6. 陈伟军：《从传播学视角看"十七年"小说的大众接受》，《南京社会科学》2007 年第 10 期。

7 程光炜：《〈文艺报〉"编者按"简论》，《当代作家评论》2004 年第 5 期。

8. 傅书华：《重新审视"十七年"文学》，《理论与创作》2004 年第 2 期。

9. 高文波：《胡风"三十万言书"解读》，《学术界》2010 年第 2 期。

10. 龚奎林：《〈人民日报〉对"十七年"文学传播的推动》，《学理论》2010 年第 5 期。

11. 郭剑敏：《"十七年"文学写作方式的"一体化"特征》，《广播电视大学学报》2008 年第 1 期。

12. 黄健：《"十七年文学"与现代性的重构》，《学术月刊》2007 年第 6 期。

13. 黄健：《重构现代性：建国后十七年"国家文学"的意识聚焦》，《广东社会科学》2008 年第 6 期。

14. 黄发有：《〈文艺报〉试刊与第一次文代会》，《文学批评》2014 年第 1 期。

15. 黄蓉：《由多种形式报纸并存向单一党报体系过渡——建国初报业"企业化"的制度逻辑》，《新闻记者》2012 年第 3 期。

16. 胡友峰：《〈文艺报〉与十七年（1949—1966）的文学批评》，《百家评论》2017 年第 4 期。

17. 李刚:《抗战时期延安文艺报刊的发展流变》,《人民论坛》2017 年第 24 期。

18. 李斯颐:《也谈建国初期私营传媒消亡的原因》,《当代中国史研究》2009 年第 3 期。

19. 陆高峰:《我国传媒从业人员福利变迁史》,《青年记者》2009 年第 3 期。

20. 刘江:《工农兵文学发展阶段论》,《西南科技大学学报》(哲学社会科学版) 2012 年第 2 期。

21. 刘晓红:《工农兵业余创作与十七年时期〈文艺报〉》,《汕头大学学报》(人文社会科学版) 2010 年第 2 期。

22. 刘志华:《历史、经验和新秩序——苏联社会主义现实主义理论对"十七年文学批评"的影响》,《中国文学批评》2016 年第 2 期。

23. 马研:论《〈人民日报〉对"十七年"前八年(1949—1957)文学的客观影响》,《内蒙古民族大学学报》2010 年第 1 期。

24. 宁启文:《1949 年—1956 年大陆报业企业化经营概述》,《新闻与传播研究》2001 年第 2 期。

25. 邱志武:《1950 年文艺批评状况探析——从 1950 年的〈文艺报〉和〈人民文学〉说起》,《齐齐哈尔大学学报》(哲学社会科学版) 2011 年第 1 期。

26. 齐卫平、年士萍:《1957 年整风运动的两个指示及其反右派斗争发生的原因》,《北京党史》2003 年第 2 期。

27. 孙晓忠:《当代文学中的冯雪峰——以〈文艺报〉为中心》,《文学评论》2005 年第 3 期。

28. 孙旭培:《解放初期对旧新闻事业的接收和改造》,《新闻研究资料》1988 年第 3 期。

29. 斯炎伟:《"有意味的形式"——"十七年"文艺报刊中的"读者来信"》,《中国现代文学研究丛刊》2011 年第 4 期。

30. 田源:《论建国初期现代主义审美意识的遮蔽与扭曲——以〈文艺报〉(1949—1955)为考察对象》,《华中学术》第 20 辑。

31. 吴中杰：《冯雪峰与〈文艺报〉事件》，《世纪》2011 年第 6 期。

32. 武新军：《意识形态结构与中国当代文学——"〈文艺报〉（1949—1989）研究"绪论》，《河南大学学报》2008 年第 3 期。

33. 武新军：《"十七年"文学研究的三个误区》，《湛江师范学院学报》2008 年第 5 期。

34. 武新军：《"十七年"文艺期刊管理体制的生成与变革》，《中国现代文学研究丛刊》2011 年第 10 期。

35. 武新军：《"人民文艺"的传播网络与传播机制》，《文艺研究》2011 年第 8 期。

36. 武志勇：《论"邮发合一"体制安排下的报业生态》，《现代传播（中国传媒大学学报）》2006 年第 3 期。

37. 武志勇：《论"邮发合一"体制的确立》，《历史档案》2006 年第 3 期。

38. 吴遐：《转折时期的艰难确立——论中苏建国初期的文艺政策及其经验教训》，《海南师范学院学报》（社会科学版）2006 年第 1 期。

39. 王本朝：《中国当代文学体制建构的苏联资源》，《中国文学研究》2008 年第 1 期。

40. 王学典：《"红楼梦研究"大批判缘起揭秘——两个"小人物"致函〈文艺报〉的事是否存在？》，《中华读书报》2011 年 9 月 21 日第 5 版。

41. 王秀涛：《文艺与群众："十七年"文艺通讯员运动研究——以〈文艺报〉和〈长江文艺〉为中心》，《文艺研究》2011 年第 8 期。

42. 王秀涛：《"百花时代"文学期刊改革的历史考察》，《扬子江评论》2011 年第 4 期。

43. 王亚运：《延安时期中共中央机关报纸考察》，《党史文苑》2014 年第 6 期。

44. 文宗理：《"机关刊物"与社会主义文学体制建设》，《大连大学学报》2008 年第 10 期。

45. 魏宝涛：《〈文艺报〉与"十七年"文学批评标准和模式的建构》，《广播电视大学学报》2007 年第 2 期。

46. 魏宝涛：《〈文艺报〉与"十七年"作家自我批评空间建构——以"检讨书"为中心》，《辽宁大学学报》（哲学社会科学版）2008 年第 5 期。

47. 魏宝涛：《〈文艺报〉与"十七年"文学批评文体规范建构》，《内蒙古大学学报》（哲学社会科学版）2009 年第 2 期。

48. 魏宝涛：《〈文艺报〉与"十七年"文学批评文体规范建构——以"话语修辞"为中心》，《沈阳师范大学学报》（哲学社会科学版）2010 年第 1 期。

49. 魏宝涛：《〈文艺报〉与"十七年"大众读者批评舆论建构》，《南都学坛》2012 年第 3 期。

50. 魏宏瑞：《文学场与政治场——以十七年（1949—1966）〈文艺报〉"编者按"为考察中心》，《扬子江评论》2008 年第 5 期。

51. 吴永平：《胡风与〈蚂蚁小集〉的复刊及终刊》，《阅江学刊》2009 年第 4 期。

52. 吴秀明：《关于"十七年文学"整体评价的思考》，《学术月刊》2007 年第 6 期。

53. 谢泳：《"文艺学"如何成为新意识形态的组成部分？——以 1951 年〈文艺报〉一场讨论为例》，《南方文坛》2003 年第 4 期。

54. 肖进：《重述"十七年"文学的制度框架与批评视角》，《当代作家评论》2018 年第 2 期。

55. 于风政：《建国后第一次文艺调整述评》，《湘潭大学学报》（哲学社会科学版）1998 年第 5 期。

56. 于风政：《一场批判 三种声音——试析 1954 年对〈文艺报〉的批评》，《北京党史研究》1998 年第 5 期。

57. 叶青青：《建国初期〈人民日报〉"大转变"中的制度建构与观念冲突》，《国际新闻界》2013 年第 5 期。

58. 叶青青：《建国初期〈人民日报〉的制度建构与内部纷争》，《河南大学学报》（社会科学版）2013 年第 5 期。

59. 杨晶慧：《"好干部"与"坏干部"：建国初期我国干部的培养与惩戒（1949—1956 年）——以〈人民日报〉为中心的考察》，《经济研究导刊》

2016 年第 30 期。

60. 杨军：《试论延安时期中国共产党的出版体制》，《现代传播（中国传媒大学学报）》2011 年第 11 期。

61. 周立民：《1954 年〈文艺报〉工作整顿及其他》，《南方文坛》2017 年第 3 期。

62. 周梦清：《建国初期中国新闻业的苏联倾向》，《新闻研究导刊》2016 年第 2 期。

63. 张均：《〈文艺生活〉的复刊、"新生"与停刊》，《长江学术》2014 年第 3 期。

64. 张均：《50 年代文学中的同人刊物问题》，《文艺争鸣》2008 年第 12 期。

65. 张自春：《从同人刊物到诗歌"国刊"：〈诗刊〉1980 年前的转变历程》，《文艺争鸣》2015 年第 1 期。

66. 钟媛：《1957 年〈文艺报〉的改版》，《中国现代文学研究丛刊》2017 年第 11 期。

67. 赵晓恩：《以延安为中心的革命出版工作（五）（1936—1947）》，《出版发行研究》2001 年第 5 期。

68. 祝学剑：《〈文艺报〉与 20 世纪 50 年代典型问题论争》，《南华大学学报》（社会科学版）2008 年第 4 期。

69. 张炯：《〈文艺报〉与新中国文学 60 年》，《当代文学研究资料与信息》2009 年第 6 期。

70. 张柠：《新中国文学生产机制的建构和完成——五六十年代中国文学报刊管理考》，《中国政法大学学报》2018 年第 6 期。

（三）下编部分

1. 毕文轩：《论网络文学 IP 的全产业链开发及保护》，《出版广角》2017 年第 3 期。

2. 卞磊：《使用与满足理论视域下的互联网 IP 剧》，《科技传播》2016 年第 16 期。

3. 陈维超：《数字出版产业 IP 化运营的核心逻辑和创新策略》，《出版发行研究》2017 年第 4 期。

4. 陈定家：《"超文本"的兴起与网络时代的文学》，《中国社会科学》2007 年第 3 期。

5. 陈守湖：《IP 出版的考察——流行文化、粉丝经济与媒介融合》，《出版发行研究》2016 年第 4 期。

6. 陈良启：《试论网络文学的特征及其发展》，《四川教育学院学报》2004 年第 10 期。

7. 蔡骐：《粉丝型受众探析》，《新闻与传播研究》2011 年第 2 期。

8. 蔡骐：《社会化网络时代的粉丝经济模式》，《中国青年研究》2015 年 11 月 5 日。

9. 段淳林、吕笑：《"大数据+"与 IP 内容运营及价值分享》，《现代传播（中国传媒大学学报）》2017 年第 4 期。

10. 戴华峰：《移动互联下社会化阅读研究的三个理论视角》，《中国记者》2012 年第 11 期。

11. 丁柏铨：《媒介融合：概念、动因及利弊》，《南京社会科学》2011 年第 11 期。

12. 窦新颖：《网络文学：以精品为支点撬动泛娱乐产业》，《中国知识产权报》2018 年 7 月 20 日第 9 版。

13. 傅其林：《文学网站的产业化与中国网络文学的发展》，《贵州社会科学》2008 年第 10 期。

14. 傅其林：《网络文学的付费阅读现象》，《学习与探索》2010 年第 2 期。

15. 高婷：《网络文学作品 IP 改编存在的版权问题及对策思考》，《中国出版》2018 年第 7 期。

16. 韩曙明：《提高网络文学编校质量的思考》，《出版广角》2018 年第 6 期。

17. 贺子岳、梅瑶：《泛娱乐背景下网络文学全产业链研究》，《出版广角》2018 年第 4 期。

18. 黄霄旭：《网络文学版权保护的现状与未来》，《出版科学》2012 年第 1 期。

19. 华挺：《激发"网络文学＋"的创新活力》，《人民日报》2017 年 8 月 14 日第 5 版。

20. 吉云飞：《"征服北美，走向世界"：老外为什么爱看中国网络小说？》，《文艺理论与批评》2016 年第 6 期。

21. 靳佳佳：《从爱奇艺全网独播剧〈老九门〉看热门 IP 的运营之道》，《艺术科技》2016 年第 7 期。

22. 蒋廉雄、朱辉煌：《品牌认知模式与品牌效应发生机制：超越"认知—属性"范式的理论建构》，《管理世界》2010 年第 9 期。

23. 黎杨全：《虚拟体验与文学想象——中国网络文学新论》，《中国社会科学》2018 年第 1 期。

24. 李兴旺、李军：《从网络文学的全版权运营看出版产业的新动能》，《北京印刷学院学报》2018 年第 5 期。

25. 李正良、赵顺：《影视业"IP 热"的冷思考》，《传媒观察》2016 年第 1 期。

26. 李昕揆：《我国网络文学产业化发展模式论析》，《出版科学》2015 年第 4 期。

27. 李艳平：《我国网络文学现象及发展方向浅析》，《出版广角》2016 年第 5 期。

28. 刘峰：《出版机构 IP 化经营：媒体融合背景下的创新策略探析》，《出版发行研究》2015 年第 9 期。

29. 刘峰：《基于 IP 化运营的媒体内容融合发展路径探析》，《新闻爱好者》2017 年第 3 期。

30. 刘宏：《新媒体环境中群体传播的类型和动机》，《今传媒》2013 年第 1 期。

31. 刘锦宏、闵梦颖：《IP 产业链的多维联动品牌运营策略——以电视剧〈微微一笑很倾城〉为例》，《中国广播电视学刊》2017 年第 5 期。

32. 刘星：《IP 热的冷观察——对于电视媒体 IP 常态化管理模式的思考》，《中国电视》2016 年第 2 期。

33. 刘潇：《聚焦全版权时代 BAT 的资本运营》，《新闻爱好者》2016年第 3 期。

34. 刘晓兰：《网络文学版权保护问题研究》，《现代出版》2011 年第 5期。

35. 刘琛：《IP 热背景下版权价值全媒体开发策略》，《中国出版》2015年第 18 期。

36. 卢扬、郑蕊：《起底阅文集团》，《北京商报》2017 年 10 月 27 日。

37. 鲁昱晖：《危机与突围："网文剧"版权问题初探》，《编辑之友》2016 年第 4 期。

38. 赖春、赵燕：《"互联网 +"时代 IP 电影的成功之道及启示》，《传播与版权》2016 年第 2 期。

39. 陆健：《中国网络文学蓝皮书（2017）》，《光明日报》2018 年 5 月21 日第 9 版。

40. 柳颖：《从营销 4P 理论看 IP 剧的未来发展》，《当代经济》2107 年第 29 期。

41. 马季：《网络文学写作断想》，《文艺争鸣》2006 年第 4 期。

42. 马季：《十年网络文学：集体经验与民间智慧》，《南方文坛》2009年第 3 期。

43. 马季：《网络文学的三个变量》，《人民日报》2015 年 3 月 13 日第24 版。

44. 马季：《网络文学的渠道与内容关系解析》，《中国文学批评》2018年第 3 期。

45. 马明飞、张艺鸣：《论我国网络版权侵权的认定》，《中国出版》2016 年第 3 期。

46. 马晓明：《论影视作品中改编权与保护作品完整权的冲突和平衡》，《中国版权》2016 年第 1 期。

47. 马衡：《试论网络小说的电影改编》，《电影文学》2012 年第 24 期。

48. 茅硕：《商业化背景下的网络文学发展现状与前景》，《科技与出版》2016 年第 10 期。

49.孟建、赵元柯:《媒介融合:粘聚并造就新型媒介化社会》,《国际新闻界》2006年第7期。

50.孟隋:《挖掘网络文学IP价值的难度》,《文学报》2015年3月19日第7版。

51.南帆:《游荡网络的文学》,《福建论坛》(文史哲版)2000年第4期。

52.聂庆璞:《网络文学:未来文学的主流形态》,《社会科学战线》2002年第4期。

53.聂庆璞:《网络文学的文本特征》,《中南大学学报》(社会科学版)2004年第3期。

54.宁传林、夏德元:《场域理论视角下网络文学作者、编辑、读者的角色认知》,《编辑学刊》2018年第1期。

55.欧阳友权:《网络文学:挑战传统与更新观念》,《湘潭大学社会科学学报》2001年第1期。

56.欧阳友权:《论网络文学的精神取向》,《文艺研究》2002年第5期。

57.欧阳友权:《数字媒介与中国文学的转型》,《中国社会科学》2007年第1期。

58.欧阳友权:《网络文学:前行路上三道坎》,《南方文坛》2009年第3期。

59.欧阳友权:《新媒体文学:现状、问题与动向》,《湘潭大学学报》(哲学社会科学版)2012年第6期。

60.欧阳友权、邓祯:《2017年网络小说回眸》,《南方文坛》2018年第3期。

61.欧阳友权:《改革开放视野中的网络文学20年》,《中州学刊》2018年第7期。

62.彭侃:《好莱坞电影的IP开发与运营机制》,《当代电影》2015年第9期。

63.彭兰:《网络中的人际传播》,《国际新闻界》2001年第6期。

64.潘杨燕:《从〈花千骨〉火爆荧屏看网络文学IP"触电"热》,《传媒观察》2016 年第 1 期。

65. 阚政：《IP 热潮亟需冷分析》，《新民周刊》2016 年第 11 期。

66. 齐元军：《大数据时代数字出版版权保护的难点与策略研究》，《科技与出版》2014 年第 11 期。

67. 钱建军：《第 X 浪潮——华文网络文学》，《华侨大学学报》（哲社版）1999 年第 4 期。

68. 秦枫、周荣庭：《网络文学 IP 运营与影视产业发展》，《科技与出版》2017 年第 3 期。

69. 史建国：《网络文学生态调查》，《中国现代文学研究丛刊》2012 年第 8 期。

70. 史霄鸿：《新媒体书评人与网络文学批评机制的有效构建》，《出版参考》2018 年第 3 期。

71. 宋学清、乔焕江：《大数据背景下网络文学的新生产机制与新景观》，《文艺评论》2017 年第 3 期。

72. 宋晖、赖大仁：《文学生产的麦当劳化和网络化》，《文艺评论》2000 年第 5 期。

73. 宋扬：《网络小说改编 IP 剧的传播学解析》，《传播与版权》2017 年第 6 期。

74. 苏勇：《IP 热潮之下网络文学作品版权的保护路径》，《出版广角》2017 年第 22 期。

75. 孙新文：《网络文学、社交出版和传统出版的对比与分析》，《传播与版权》2018 年第 4 期。

76. 邵燕君：《"媒介融合"时代的"孵化器"——多重博弈下中国网络文学的新位置和新使命》，《当代作家评论》2015 年第 6 期。

77. 邵燕君、肖映萱、吉云飞：《媒介融合 世代更迭——中国网络文学 2016—17 年度综述》，《文艺理论与批评》2017 年第 6 期。

78. 邵燕君：《IP 时代的网络文学》，《现代视听》2017 年第 12 期。

79. 隋岩、曹飞：《论群体传播时代的莅临》，《北京大学学报》（哲学社会科学版）2012 年第 5 期。

80. 隋岩、曹飞：《互联网群体传播中的信息选择与倾向》，《编辑之友》2013 年第 6 期。

81. 隋岩：《受众观的历史演变与跨学科研究》，《新闻与传播研究》2015 年第 8 期。

82. 汤俏：《网络文学发展与文学主体性问题——网络文学与商业"联姻"之忧》，《当代文坛》2016 年第 5 期。

83. 汤雪梅：《踟蹰中前行：2012 年中国数字出版产业发展与趋势综述》，《编辑之友》2013 年第 2 期。

84. 王晗：《"诗意表达"与"工匠精神"：IP 剧创作的核心价值及艺术表现》，《青年记者》2017 年第 3 期。

85. 王晓明：《面对新的文学生产机制》，《文艺理论研究》2003 年第 2 期。

86. 王晓鸽：《数字阅读平台的运营模式》，《青年记者》2015 年第 35 期。

87. 王爽：《"IP"热的传播学解读》，《传媒观察》2015 年第 8 期。

88. 王旗：《湖南广播电视台的 IP 化管理及其成效》，《青年记者》2015 年第 7 期。

89. 王艳萍：《网络文学 IP 价值几何》，《中国新闻出版广电报》2015 年 8 月 13 日第 6 版。

90. 王建：《我国网络文学版权保护存在的问题及应对措施》，《科技与法律》2018 年第 1 期。

91. 万健、张云、茆意宏等：《移动互联网用户阅读交流行为研究》，《图书情报工作》2014 年第 17 期。

92. 吴昊：《IP 电视剧创作热潮的冷思考》，《青年记者》2016 年第 18 期。

93. 维佳：《流放、自由与无奈的消遣——论中国网络文学》，《贵州民族学院学报》2001 年第 1 期。

94. 向勇、白晓晴：《场域共振：网络文学 IP 价值的跨界开发策略》，《现代传播（中国传媒大学学报）》2016 年第 8 期。

95. 向勇、白晓晴：《新常态下文化产业 IP 开发的受众定位和价值演进》，《北京大学学报》（哲学社会科学版）2017 年第 1 期。

96. 徐伟杰：《从网络小说抄袭成风浅谈网络文学作品的著作权保护现状及策略》，《法制与社会》2017 年第 35 期。

97. 许列星：《网络文学及其文化思考》，《当代文坛》2002 年第 3 期。

98. 夏震宁：《漫谈出版企业多元化经营趋势》，《出版广角》2007 年第 12 期。

99. 夏颖：《我国传媒企业网络文学版权运营的动因探析》，《东南传播》2018 年第 4 期。

100. 于准：《全民阅读背景下的移动网络文学内容建设》，《中国编辑》2018 年第 6 期。

101. 尹鸿、袁宏舟：《从渠道到内容 从内容到 IP 综艺大电影与多屏融合时代的电视发展》，《电视研究》2015 年第 6 期。

102. 闫伟华：《网络文学 IP 热的成因、本质及影响——一种"注意力经济"的解释视角》，《中国出版》2016 年第 24 期。

103. 闫伟华：《移动互联网崛起与网络文学产业变革》，《编辑之友》2017 年第 12 期。

104. 闫伟华：《网络文学出版市场发展的经济逻辑与未来市场格局》，《出版发行研究》2015 年第 5 期。

105. 闫伟华：《网络文学发展的赢利模式及增长空间——以盛大文学为例》，《中国出版》2010 年第 24 期。

107. 闫丽娜：《IP 剧的传播学分析》，《新媒体研究》2017 年第 7 期。

108. 杨雅莲：《网络文学不应成为 IP 附属品》，《中国新闻出版广电报》2016 年 7 月 15 日第 5 版。

109. 杨新敏：《网络文学刍议》，《文学评论》2000 年第 5 期。

110. 杨剑虹：《汉语网络文学的分期》，《河南师范大学学报》（哲学社会科学版）2009 年第 4 期。

111. 杨勇：《一代文学崛起：2017 年中国网络文学大事记》，《出版广角》2018 年第 3 期。

112. 杨海平：《电子图书版权问题研究》，《图书馆论坛》2004 年第 6 期。

113. 袁立庠：《论网络文学传播特性》，《现代传播（中国传媒大学学报〉》2002 年第 4 期。

114.禹建湘:《产业化背景下的文学网站景观》,《中南大学学报》(社会科学版）2012 年第 2 期。

115.张杰:《收入单一在线阅读占比超七成 阅文 IPO 如何撑起高估值》,《华夏时报》2017 年 10 月 30 日第 18 版。

116.张允、姚玉娇:《"互联网 +"时代网络 IP 剧的传播研究》,《现代传播（中国传媒大学学报）》2016 年第 6 期。

117.张光芒:《论中国当代文学的"第三次转型"》,《当代作家评论》2004 年第 5 期。

118.张开:《媒介素养理论框架下的受众研究新论》,《现代传播（中国传媒大学学报）》2018 年第 2 期。

119.张春梅:《冲突与反哺:网络文学与传统文学》,《中国文艺评论》2017 年第 11 期。

120.张敏:《泛娱乐语境下的网络文学发展》,《广西社会科学》2017 年第 5 期。

121.赵林欢:《IP 影视剧开发热潮的成因及未来发展》,《青年记者》2016 年第 2 期。

122.庄庸、张瑞霞:《2017 "中国网络文学 +"发展报告》,《中国出版》2018 年第 2 期。

123.周凯、张燕:《数字出版背景下的网络文学产业化发展路径》,《出版发行研究》2017 年第 11 期。

124.周志雄:《网络文学的发展与研究现状》,《沈阳大学学报》2010 年第 1 期。

125.周玉宁、希利斯·米勒:《"我对文学的未来是有安全感的"》,刘蓓译,《文艺报》2004 年 6 月 24 日第 2 版。

四　学位论文

（一）上编部分

1.刘群:《新月社研究》,复旦大学博士学位论文,2006 年。

2.邓集田:《中国现代文学的出版平台——晚清民国时期文学出版情

况统计与分析（1902—1949）》，华东师范大学博士学位论文，2009 年。

3. 史习斌：《〈新月〉月刊研究——一种自由媒介与文化现象的综合透视》，华中师范大学博士学位论文，2010 年。

4. 叶红：《生成与走势：新月诗派研究》，东北师范大学博士学位论文，2010 年。

5. 顾金春：《1928—1937 年中国现代作家群落现象研究》，南京师范大学博士学位论文，2012 年。

6. 刘希云：《"自由派"作家的抗争与无奈——以〈现代评论〉〈新月〉为考察中心》，南开大学博士学位论文，2013 年。

7. 黄红春：《新月派文学观念研究》，江西师范大学博士学位论文，2013 年。

8. 余荣虎：《契合与互补——沈从文与英美派作家关系研究》，华中师范大学硕士学位论文，2003 年。

9. 赖斯捷：《〈晨报副刊〉与现代中国文学的发生和流变》，湖南师范大学硕士学位论文，2004 年。

10. 石柳：《论徐志摩刊物编辑的现代性》，东北师范大学硕士学位论文，2005 年。

11. 姜青松：《〈新月〉：纸上的沙龙》，青岛大学硕士学位论文，2007 年。

12. 姬玉：《〈新月〉月刊小说研究》，河北大学硕士学位论文，2010 年。

13. 廖文远：《"同人"性的"非同人"刊物——〈现代〉杂志的定位》，济南大学硕士学位论文，2007 年。

14. 田晓英：《论〈新月〉之变》，湖南大学硕士学位论文，2010 年。

15. 伍娟娟：《二十世纪三十年代新月派对布鲁斯伯里的接受》，华东师范大学硕士学位论文，2010 年。

16. 余慧敏：《胡适传播思想与自由主义的媒介建构（1905—1937）》，安徽大学硕士学位论文，2010 年。

17. 李冬杰：《传播学视域中的新月派文人书信研究》，西南大学硕士学位论文，2011 年。

18. 王宣人：《"同人园地"里的"新月态度"——〈新月〉杂志"书

报春秋"研究》，青岛大学硕士学位论文，2011 年。

19. 郑玉芳：《〈新月〉〈诗刊〉诗歌写作群及现代特征研究》，福建师范大学硕士学位论文，2011 年。

20. 金鑫：《〈新月〉——中国现代自由主义文学话语的兴衰》，辽宁大学硕士学位论文，2012 年。

21. 郭美容：《〈语丝〉与 1920 年代社会文化思潮论争》，辽宁师范大学硕士学位论文，2013 年。

22. 王菁：《二十世纪早期同人杂志中"人权"话语的传播与流变》，上海外国语大学硕士学位论文，2013 年。

23. 宣慧晴：《自由的转向：文艺和政治之间的〈新月〉》，安徽大学硕士学位论文，2013 年。

24. 韩松：《新月书店的文学出版研究（1927—1933）》，青岛大学硕士学位论文，2014 年。

25. 向寻真：《〈诗镌〉〈新月〉〈诗刊〉与新月诗派的发生与流变》，湖南师范大学硕士学位论文，2014 年。

（二）中编部分

1. 李卫国：《互动中的盘旋——"十七年"的读者与文学》，复旦大学博士学位论文，2004 年。

2. 王本朝：《中国当代文学体制研究（1949—1976 年）》，武汉大学博士学位论文，2005 年。

3. 陈伟军：《传媒视域中的文学——论"文革"前十七年小说的生产机制与传播方式》，暨南大学博士学位论文，2006 年。

4. 李明德：《当代中国文化语境中的文学期刊研究》，兰州大学博士学位论文，2006 年。

5. 李迎春：《建国初期〈文艺报〉研究（1949—1957）》，河南大学博士学位论文，2006 年。

6. 宋黎明：《中国共产党的政治传播机制研究》，中共中央党校博士学位论文，2007 年。

7. 斯炎伟：《全国第一次文代会与"十七年"文学体制的生成》，浙江大学博士学位论文，2007 年。

8. 韩晓芹：《延安〈解放日报〉副刊与现代文学的转型》，东北师范大学博士学位论文，2009 年。

9. 马研：《〈人民日报〉〈文艺报〉对中国当代文学的影响》，吉林大学博士学位论文，2010 年。

10. 王维：《建国初期文学界"检讨"研究》，武汉大学博士学位论文，2010 年。

11. 袁洪权：《"统一战线"政策下的"整合"——1951 年的新中国"文艺界"研究》，华东师范大学博士学位论文，2010 年。

12. 陈宁：《一体与异质——阶级论思维及其对十七年文学批评中异质理念的批评》，山东师范大学博士学位论文，2011 年。

13. 王梦湖：《期刊媒介与文学理论关系问题研究——以建国初期的〈文艺报〉为主要研究对象》，南京大学博士学位论文，2011 年。

14. 吕东亮：《十七年文学批评研究——以文体批评为中心》，武汉大学博士学位论文，2013 年。

15. 徐玉松：《中国当代文学范式的嬗变（1949—1985）——基于第一次至第四次文代会的考察》，苏州大学博士学位论文，2016 年。

16. 陈立平：《延安时期毛泽东新闻思想研究》，湖南师范大学硕士学位论文，2003 年。

17. 齐鸿雁：《鉴照文坛的一面镜子——1949 年至 1957 年〈人民文学〉透析》，天津师范大学硕士学位论文，2003 年。

18. 黄家勇：《建国初期政治传播研究》，华南师范大学硕士学位论文，2004 年。

19. 覃林：《延安时期党报理论的创新》，湖南大学硕士学位论文，2007 年。

20. 祁媛：《延安时期陕甘宁边区新闻体制研究》，兰州大学硕士学位论文，2007 年。

21. 吴春兰：《论中国当代文学生成中的"苏联影响"》，福建师范大学硕士学位论文，2009 年。

22. 张锐:《我国党报经营模式探讨》,大连理工大学硕士学位论文,2009 年。

23. 王成诚:《建国初期传统文化政策研究(1949—1966)》,山东师范大学硕士学位论文,2010 年。

24. 王灏:《延安整风运动与中共党报生产体制的形成》,湖南大学硕士学位论文,2011 年。

25. 陈灵强:《十七年"革命历史叙事"生成与建构研究》,福建师范大学硕士学位论文,2011 年。

26. 陈晶:《试论〈文艺报〉与中国城市大众文艺的改造与建构——以电影、连环画为中心(1949 年—1952 年)》,湖南大学硕士学位论文,2011 年。

27. 罗舒予:《〈文艺报〉关键词研究(1956—1965)》,吉林大学硕士学位论文,2011 年。

28. 赵冬妮:《(1949—1966)〈人民文学〉与"人民文学"——十七年时期〈人民文学〉对"人民文学"的传播与扩展》,浙江师范大学硕士学位论文,2011 年。

29. 姚荣露:《论"十七年"时期〈文艺报〉的文学批评》,沈阳师范大学硕士学位论文,2012 年。

30. 张倩:《建国初期对〈讲话〉的阐释与接受(1949—1956)》,渤海大学硕士学位论文,2013 年。

31. 叶婷婷:《建国初期思想政治教育文化载体研究》,江西师范大学硕士学位论文,2015 年。

32. 刘晓璐:《1949 年—1966 年〈文艺报〉转载研究》,河南师范大学硕士学位论文,2016 年。

33. 陈龙:《建国初期中国共产党新闻宣传工作研究》,天津商业大学硕士学位论文,2016 年。

34. 赵云辉:《中国共产党文艺管理思想研究》,安徽大学硕士学位论文,2016 年。

35. 周田淑:《建国初期媒介生态与知识分子精神形态研究(1949 年—

1967 年)》，山西大学硕士学位论文，2016 年。

36. 程新蕾：《〈人民日报〉对三大改造宣传报道研究》，河北大学硕士学位论文，2017 年。

37. 杨晶慧：《建国初期我国干部的培养与惩戒（1949—1956）——以〈人民日报〉为考察中心》，山西大学硕士学位论文，2017 年。

38. 陈萌：《建国初期党内思想政治工作研究》，南京师范大学硕士学位论文，2018 年。

39. 李志昂：《建国初期中共对党外知识分子的思想政治教育研究》，江苏师范大学硕士学位论文，2018 年。

（三）下编部分

1. 谢家浩：《网络文学研究》，苏州大学博士学位论文，2002 年。

2. 欧阳友权：《网络文学本体研究》，四川大学博士学位论文，2004 年。

3. 顾宁：《网络社会环境下的当下中国文学研究》，辽宁大学博士学位论文，2009 年。

4. 崔宰溶：《中国网络文学研究的困境与突破——网络文学的土著理论与网络性》，北京大学博士学位论文，2011 年。

5. 方维：《中国文学网站网络小说盈利模式研究》，上海社会科学院硕士学位论文，2011 年。

6. 李静：《原创网络文学出版经营策略探析——以"起点中文网"为例》，河南大学硕士学位论文，2012 年。

7. 郭静：《"榕树下"网站的文学生产机制及文学趣味的构建》，哈尔滨师范大学硕士学位论文，2012 年。

8. 刘志礼：《新媒体时代下的网络文学发展研究》，南京理工大学硕士学位论文，2013 年。

9. 郭妍：《网络文学全媒体版权运营发展模式研究——以盛大文学为例》，复旦大学硕士学位论文，2014 年。

10. 李庆云：《网络文学出版经营管理研究——以盛大文学为例》，安徽大学硕士学位论文，2014 年。

11. 何慧龙：《我国网络文学网站产业链发展研究》，河南大学硕士学位论文，2015 年。

12. 李柏瑾：《我国网络文学的全版权运营模式研究》，北京印刷学院硕士学位论文，2015 年。

13 李金花：《新媒体时代的中国文学生产机制研究》，沈阳师范大学硕士学位论文，2015 年。

14. 潘青青：《中国网络文学与读者之关系研究》，上海师范大学硕士学位论文，2015 年。

15. 王鹏：《国内文学网站的版权运营模式研究——以盛大文学为例》，吉林大学硕士学位论文，2015 年。

16. 谢易霖：《基于"5W"模式的网络文学传播研究》，广西大学硕士学位论文，2015 年。

17. 陈龙：《中国电影 IP 开发研究》，湖南大学硕士学位论文，2016 年。

18. 程一帆：《腾讯文学的全版权运营模式研究》，河南大学硕士学位论文，2016 年。

19. 邓晓诗：《网络文学企业写作人才的管理模式研究——以"阅文集团"为例》，西南财经大学硕士学位论文，2016 年。

20. 姚婷婷：《阅文集团 IP 运营研究》，南京大学硕士学位论文，2016 年。

21. 于梦溪：《我国网络文学 IP 运营研究》，南京大学硕士学位论文，2016 年。

22. 张旭：《出版企业利用网络文学 IP 实现增值的策略研究》，河北经贸大学硕士学位论文，2016 年。

23. 独凯悦：《泛娱乐时代 IP 剧粉丝消费行为研究》，四川省社会科学院硕士学位论文，2017 年。

24. 董婷：《网络文学版权开发策略研究》，北京印刷学院硕士学位论文，2017 年。

后　记

　　本书是国家社会科学基金项目"现代中国文化传播的类型、模式和机制研究"的最终成果。在高校从事学术研究工作，项目获得立项的那一刻无疑是高兴的、激动的，完成项目的过程却是漫长而艰难的。

　　一方面，项目选题本身并非自己研究所长。我的研究领域集中于晚清至五四时期的思想史和文学思潮，但工作所在的学院涵盖了新闻、文学和艺术三大学科，为了能够将个人的学术研究与学院整体的学科发展相融合，才有了这样一个聚焦中国现代文学和新闻与传播学两大研究领域的宏大选题。作为一个人文学科的"年轻"研究者，我深知自己相对擅长对某个具体问题做较为细致、深入地探究，在宏观视野和整体把握方面的学术积淀和修养还远远不够。因为存有知难、畏难的心理，对于这个选题不敢真正动手，很长一段时间都处于阅读原始文献和传播学理论的学术积累过程中。这种跨学科的学术难题带来的挑战，对于拓宽学术视野、提升学术能力无疑是有益的。

　　另一方面，保持单纯而集中的学术研究状态极不容易。项目立项之后的几年内，自己的工作和生活状态都发生了一些变化。先是申请、联系出国访学，之后到英国伦敦大学亚非学院访学一年，面对社会、经济、文化的迥然之别，我把更大的兴趣都放在了对这个新世界的探索之中，当然这段经历也极大地开阔了自己的眼界。回国之后相继接手中文系主任、院长助理、院长等工作，因为是最基层的行政管理工作，牵涉诸多繁杂事务、人事纠葛，耗费占用了大量的时间和精力，而且即便有所成效也很难从中

248

获得满足感。只有在宝贵的假期和空余时间里，专注于阅读、思考和写作的时候，才会真切感受到思维的活跃和生命的充盈！

正因为如此，课题从立项到结项长达六年时间，这期间特别感谢我的硕士生参与到研究和写作中来。覃倢曼、郑敏、付陈陈是我指导的第一批硕士，她们主要承担"网络文学＋"与新媒体文化研究这部分的任务，比较而言，她们对网络文学和新媒体的熟悉程度远远超过我。尤其值得高兴的是，郑敏和付陈陈的硕士学位论文选题都与课题相关并进一步加以深化，付陈陈的学位论文还获评学校优秀硕士学位论文。黄炳蔚主要负责对组织化期刊的理论阐释和历史梳理，李银常和刘灿重点分析组织化期刊的媒介性质与传播方式，方玉瑶对现代中国"组织化期刊"与文学体制化、一体化的关系进行考察，他们面对自己并不熟悉的知识领域能够认真钻研、积极思考，拿出了很值得肯定的成果。如今这几位学生都已经毕业并走上了工作岗位，真心希望他们能够按照自己的意愿去生活，引用鲁迅的一句话来祝福——"幸福的度日，合理的做人"！

项目的完成和出版，要感谢的人很多！特别值得提到的是学校科研部赖思源老师，每次去找她办事都如沐春风，让人心里感到非常温暖，尤其最后结项时间紧迫，赖老师给了我很多鼓励才让项目得以按时结项！另外，我的学术专著一直在中国社会科学出版社出版，出版社和作者之间的学术缘分也格外值得珍惜，感谢本书责编张潜老师的辛苦付出！

每当成果交付出版之际，就意味着一段学术思考和经历的结束，也注定会留下许多的不足和遗憾！正所谓"吾生也有涯，而知也无涯"，此生能够从事学术研究是一件幸运的事情，永远有着更理想、自由的境界要去追求和实现！

罗晓静

2021 年 9 月 10 日于武昌晓南湖畔